Harald Weinrich

Wie zivilisiert ist der Teufel?

Dabei hat nun wohl wieder Zeus höchstpersönlich die Hand im Spiel gehabt. Von ihm ist nämlich aus Homers «Ilias» bekannt, daß er auf dem Olymp zwei große Krüge dieser Art vor seinem Palast stehen hatte. Der eine war mit allem Guten, der andere mit allem Bösen gefüllt. Wenn nun Hesiod, wie wir wohl annehmen dürfen, seinen Homer gut gelesen hat, so ist zu vermuten, daß Zeus als Hochzeitsgeschenk für Pandora eben jenen «bösen» Krug genommen hat, während er, man weiß es nicht genau, den «guten» Krug für sich behalten oder anderswie verwendet hat.[4]

Was ist nun die Moral dieser kleinen mythologischen Geschichte? Ihre Moral lehrt als erstes, daß sich schon die frühesten Menschen mit dem Problem von Gut und Böse abmühen mußten, da es ein Erbteil der Götter war. Des weiteren warnt die Moral der Geschichte, daß es in der Welt möglicherweise beträchtliche Vorräte an Gut und Böse gibt, die am besten in großen Gefäßen von der Art griechischer *pithoi* aufzubewahren sind und, wenigstens was die «bösen» Krüge betrifft, mit schweren Deckeln fest verschlossen werden sollten. Wenn dann aber die Menschen, Männer oder Frauen, in dieser moralisch-moralistischen Geschichte mitspielen wollen, kann es nicht ausbleiben, daß da bald eine neugierige Person den Deckel abhebt – und wer weiß, was dann alles passiert.

In den zwanzig Essays, die aus deutschen und romanischen Lektüren zu diesem Buch zusammengestellt sind und zu kurzen Besuchen bei Gut und Böse einladen sollen, habe ich den Deckel von ein paar kleineren und von mir zu verschiedenen Anlässen genutzten Krüge für kurze Zeit abgehoben, eher aus Neugierde und nur so zum Versuch. Was daraus geworden ist, kann man sich beim Lesen ja denken.

Was kostet die Zeit?

Drei Wörter der englischen Sprache mit zusammen vier Silben haben im Jahre 1748 dem amerikanischen Buchdrucker und Selfmademan Benjamin Franklin ausgereicht, um eine Maxime zu formulieren, die alsbald ihren Weg um die Welt angetreten und der Welt Beine gemacht hat: «Zeit ist Geld» (*Remember that time is money*).[1] Das ist nun einer jener metaphorischen Sätze, die wie Gleichungen daherkommen wie zum Beispiel auch: «Wissen ist Macht», «Genie ist Irrsinn», «Eigentum ist Diebstahl», «Akkord ist Mord». Wir können sie als Metaphern mit beschränkter Haftung ansehen, da sie bestenfalls in der einen oder anderen Hinsicht stimmen, in jeder denkbaren Hinsicht stimmen sie nie. Doch selbst mit einem solchen Mangel behaftet, können diese keck formulierten Metaphern dem Nachdenken von einigem Nutzen sein. Sie sind nämlich mindestens dazu gut, daß sie zu allerhand Fragen anstiften können, die nicht ohne weiteres auf der Hand liegen, zum Beispiel diese: Na, was kostet sie denn, die Zeit?[2]

Auf diese Frage will ich als erstes eine Antwort geben, die sich am altehrwürdigen Glaubensbestand der Christenheit orientiert. Ich will nämlich nach frommem Christenglauben die Lebenszeit als *donum Dei* ansehen, als Gottesgabe also, wie selbst der fromme Heide Goethe sie einmal genannt hat. Als Gottesgabe ist die Zeit zweifellos ein unendlich kostbares Gut. Sie ist ja, was allerdings diesseitigem Verständnis kaum zu vermitteln ist, eine kleines Stück von Gottes Ewigkeit, eine vage Ahnung seiner Unendlichkeit. Doch klingt diese Rede erbaulicher, als sie nach theologischem Verständnis aufzufassen ist. Sie ist nämlich von den Theologen durchaus ökonomisch gemeint, heilsökonomisch, wenn man so will. Denn jener Augenblick der Ewigkeit, den wir Zeitlichkeit nennen, wird zwar bei der

Geburt gratis verliehen, ist den Menschenkindern jedoch auf Treu und Glauben überlassen, anders ausgedrückt auf Kredit. Am Ende des irdischen Daseins muß dieses Stäubchen Lebenszeit doch in die Valuta Ewigkeit rückgetauscht werden, und zwar – mit einer theologisch höchst strengen Alternative – entweder in eine unendlich gute oder eine unendlich schlechte Ewigkeit. Das ist der unvorstellbar hohe Preis, der nach altem Christenglauben für die Gottesgabe der Menschenzeit gezahlt werden muß, aber vorläufig noch nicht, sondern erst wenn dereinst, zu unbekannter Stunde, die Sanduhr abgelaufen ist.

Kann wohl jedermann diesen Preis bezahlen? Das ist eine Besorgnis, die viele fromme Denker und nicht wenige Autoren unserer Literatur in ihren Schriften und Gedichten bewegt hat. Für Hugo von Hofmannsthals Salzburger Jedermann zum Beispiel muß wohl angenommen werden, daß er die zeitliche Schuld, die er bis nahe an sein Ende auf sich geladen hat, schwerlich an die Ewigkeit zurückzahlen könnte, wenn er nicht zu seinen Gunsten in Christus einen mächtigen Mitzahler hätte, von dem der Autor gegen Ende seines modernen Mysterienspiels schreibt:[3]

> Gott hat geworfen in die Schal
> sein Opfertod und Marterqual
> und jedermannes Schuldigkeit
> vorausbezahlt in Ewigkeit.

Die hier andeutungsweise skizzierte Heilsrechnung wird wie in einem Zerrspiegel bestätigt von zwei anderen und sehr großen Autoren der deutschen Literatur, Goethe und Thomas Mann. Bei Goethe stellt sich für seinen Doktor Faust die Frage, ob es nicht doch für die allzu kurze Zeit seines Menschenlebens, und sei es mit des Teufels Hilfe, einen Ausweg gibt, um der Umklammerung durch die Ewigkeit zu entkommen. Das sind einige der Gedanken, die den Italienreisenden Goethe zur Zeit seiner Lebensmitte auch in Rom nicht losgelassen haben, während er diese kostbare «Aus-Zeit» zugleich als wunderbare Verjüngung seiner Existenz als Mensch und Dichter erlebte. Und sogleich hat er diese Erfahrung zu Papier gebracht, und zwar in der einzigen Szene seines Faust-Dramas, die er in Rom geschrieben hat: der Hexenküche. In dieser Szene wird dem alternden Doktor Faust ein magischer Trank verabreicht, der nach Mephistos Rezeptur aus eingekochter und alchimistisch eingedickter Zeit besteht. Dieses

Konzentrat bringt dem Patienten tatsächlich die ersehnte Verjüngung ein, und zwar als Zeitzuwachs von genau dreißig Jahren, der Zeitmenge einer Generation. Wenig schert es Faust beim Abschluß dieses Handels, daß er am Ende seines Lebens, als auch dieser Bonus verbraucht ist, sein Zeitkonto gleichwohl, wie unter Christenmenschen üblich, in Ewigkeitsvaluta bilanzieren muß, mit dem hochnotpeinlichen Differenzbetrag zwischen der guten und der vielleicht nur knapp vermiedenen schlechten Ewigkeit.

Ein Gaukler und Falschrechner zwischen Zeit und Ewigkeit ist Mephistopheles auch bei Thomas Mann, der seinen Doktor Faustus alias Adrian Leverkühn gerade an seiner empfindlichsten Stelle wie ein Marktschreier betört: «Zeit verkaufen wir!» Vierundzwanzig Jahre Zeitgewinn sollen es sein, die bei diesem Handel auf dem Spiel stehen. Das ist wenig genug *sub specie aeternitatis*, doch täuscht dieser Teufel seinen Geschäftspartner über die fatale Nebenabrede mit dem Versprechen hinweg, er habe ihm bei dem Handel nicht «bloß so Zeit» anzubieten, sondern eine besondere Sorte Zeit, in seinen Worten: «Große Zeit, tolle Zeit, ganz verteufelte Zeit ...». In dieser betörenden Form erscheint hier wieder die Jenseitsrechnung, für deren Zahltermin die Sanduhr bereits gestellt ist, so daß ihr feiner Sand unaufhaltsam aus dem oberen in das untere Stundenglas rinnt.[4]

Für eine zweite Antwort auf unsere Frage nach den Kosten der Zeit kann man sich bei der griechisch-römischen Mythologie Rat holen. Wem verdanken denn die Menschen nach deren heidnischen Auskünften ihre wertvolle Lebenszeit? Den Parzen. Es sind ihrer drei: Klotho, Lachesis und Atropos.

Klotho ist die jüngste der Parzen. Ihre Aufgabe ist es, den Lebensfaden zu spinnen. Dieser erhält die Menschen am Leben, bis eines Tages Atropos, die älteste der Parzen, den Faden abschneidet. Zwischen Klotho und Atropos ist Lachesis am Werk, die mittlere der Parzen auch an Jahren. Aber was hat sie eigentlich genau zu tun? Die Quellen geben unterschiedliche und ungenaue Auskünfte. Das ist schade, denn offenbar hat Lachesis ein Leben lang mit dem von Klotho gesponnenen Lebensfaden zu schaffen. Erst wenn sie von ihrer langen Handarbeit, Hausarbeit, Heimarbeit und anderen Dienstleistungen müde geworden ist, tritt – so nehme ich an – Atropos auf den Plan.[5]

Ich denke, daß uns der Mythos von den drei Parzen sehr fein und sehr weise zu verstehen gibt, was es mit der Menschenzeit elementar auf sich hat. Ja, täten nur Klotho und Atropos ihr Werk, um die bloße Menschenzeit nach Anfang und Ende zu begrenzen, so wäre der Chronologie wohl Genüge getan. Es bliebe jedoch ungesagt und unverstanden, wie wenig die Zeit eines Menschenwesens doch wert wäre, nicht nur in seinen kindlichen Jahren, sondern auch noch in vielen späteren Situationen der Schwäche und Krankheit, wenn nicht zu seiner Fürsorge viele helfende, heilende und sonst wie sorgende Hände – Frauenhände, Männerhände – zur Stelle wären, die dieses Leben überhaupt am Leben erhalten. Hier ist offenbar, in wechselnder Gestalt, die liebenswürdige Lachesis am Werk, die an ihrer Zeit niemals spart, wenn es gilt, sie einem bedürftigen Lebewesen zukommen zu lassen. Man kann diese Zeit, die mit Geld gar nicht oder nur unzureichend zu bezahlen ist, mit leichtem Anklang an Heidegger, die Sorgezeit nennen. Es ist eine Art Zeit, die von der eigenen Zeit genommen und anderen Wesen zugeeignet wird. Manchmal gibt es dafür ein Vergelt's Gott als Dank, oft bleibt es auch nur beim Vertrauen in den sogenannten Generationenvertrag, von dem zu sagen ist, daß er in seiner Substanz ein Zeitvertrag ist, der über die Dauer eines einzelnen Menschenlebens hinaus Geltung beansprucht. Es ist ein Vertrag auf Treu und Glauben, nach dessen Bestimmungen, so wollen wir mit dem Vertrauen auf die Parzen hoffen, Zeit mit Zeit, Sorgezeit mit Sorgezeit beglichen und abgegolten wird.

Wenn man nun für eine dritte Betrachtung zu den Kosten der Zeit alle Theologie und Mythologie beiseite läßt, so kostet die Zeit, wie es scheint, rein gar nichts. Sie wird ja den Menschenkindern bei der Geburt kostenfrei in die Wiege gelegt als eine Art Grundkapital, mit dem jede Frau und jeder Mann nach Gutdünken wirtschaften kann. Zu beachten ist jedoch dabei, daß es über diesen, in seiner Quantität durchaus ungewissen Zeitbesitz hinaus für keinen Menschen einen weiteren Zuwachs an Lebenszeit, kein «Wachstum» mehr gibt, um es mit einer Beschwörungsvokabel der heutigen Ökonomen auszudrücken. Die Lebenszeit nimmt immer nur ab, nie zu. Sie ist, um es noch einmal mit einem Begriff unserer Epoche zu bezeichnen, eine «nicht erneuerbare Ressource» und hat von daher ihren einmaligen Wert.

Wer diese *conditio temporalis* von Grund auf bedenkt, so wie es der römische Philosoph Seneca in seiner vielgelesenen Schrift «Von der Kürze des Lebens» (*De brevitate vitae*) getan hat, der wird nach dieser Lektüre leicht einsehen, daß die Zeit, weit mehr als das Geld, als die «allerwertvollste Sache der Welt» (*res omnium pretiosissima*) anzusehen ist. Mit diesem Superlativ begründet Seneca auch seine eindringliche Mahnung, mit einem so kostbaren Gut höchst sorgsam umzugehen und die Zeit keinesfalls leichtfertig an nichtige Dinge zu verschwenden.[6] Daraus ist schließlich, von Senecas suggestiver Metaphorik beflügelt, ein weitverbreiteter Topos der klassischen Moralistik geworden. Bei Benjamin Franklin erscheint er in seiner prägnantesten Form: Zeit ist Geld.

Es lassen sich nun diese historischen Überlegungen etwas schärfer pointiert in der Form weiterverfolgen, die sie bei Karl Marx angenommen haben, wobei es mir nicht schwer fällt, den Klassenkampf außer Betracht zu lassen. Von Karl Marx ist im öffentlichen Diskurs nicht besonders gut bekannt, daß er sich in seiner Londoner Zeit intensiv mit Fragen der Zeit-Ökonomie und insbesondere mit den Analogien von Zeit und Geld befaßt hat. Das ist namentlich geschehen in seiner 1859 im Druck erschienenen Schrift «Zur Kritik der Politischen Ökonomie» sowie in den Vorarbeiten und Rohentwürfen zu diesem Werk aus den frühen fünfziger Jahren des 19. Jahrhunderts, in denen er sich auch ausdrücklich und zustimmend auf Benjamin Franklin bezieht.[7]

Von Franklin und einigen anderen Wortführern des ökonomischen Denkens seiner Zeit, insbesondere von John Gray, übernimmt Karl Marx in den genannten Schriften vor allem den begriffskritischen Gedanken, streng zwischen dem Wert und dem Preis einer Sache zu unterscheiden. Der Preis einer Sache ist ihr Marktwert, der sich situationsabhängig nach Angebot und Nachfrage regelt. In dieser merkantilen Perspektive ist es nur folgerichtig, daß Marx auch die Lebenszeit der Menschen, insofern diese an den modernen Wirtschaftsprozessen teilnehmen, auf ihren variablen Marktwert hin betrachtet und sie zu diesem Zweck auf die blanke Arbeitszeit reduziert. Erst in dieser reduzierten Form kann die Zeit auf dem Arbeitsmarkt gegen Geld getauscht werden, worauf dieses seinerseits wieder marktgerecht in andere Waren und Leistungen eingetauscht werden kann. Ist jedoch die Arbeitszeit erst einmal zu einem bestimmten Preis veräußert worden, so ist ein Rücktausch in Lebenszeit ausgeschlossen. An der für Marx sehr wichtigen Zirkulation des Geldes und der Waren nimmt die Zeit also nur in Richtung Verkauf, nicht in Richtung Einkauf teil. Die Arbeiter sind immer die Anbieter und Verkäufer ihrer Zeit, die ihnen von den Besitzenden als den Zeitkäufern und Zeitverwertern grundsätzlich unter Wert abgekauft oder nach marxistischem Dogma sogar gestohlen wird. «Der Diebstahl an fremder Arbeitszeit», so Karl Marx wörtlich, ist das Marktverhalten, «worauf der jetzige Reichtum beruht». Einen Mehrwert zugunsten seiner eigenen Lebenszeit kann freilich auch der rabiateste Kapitalist aus seinem Profit nicht herauswirtschaften.

Karl Marx ist sich in den genannten Schriften im klaren darüber, daß er mit der Einführung der Lebenszeit in das Zentrum des Wirtschafts- und Arbeitsprozesses einen großen Schritt von der vorkritischen zur kritischen Nationalökonomie getan hat. In diesem Zusammenhang äußert er sogar einmal die Überzeugung, daß alle Ökonomie, wenn man sie zu Ende denkt, zu einer Ökonomie der Zeit wird. Auffälligerweise hat Marx jedoch später, als er seine Kritik der Politischen Ökonomie zur Verwendung als Teiltheorie seines «Kapitals» noch einmal stark überarbeitet hat, die Bedeutung der Zeitreflexion für das Verständnis wirtschaftlicher Prozesse wieder erheblich zurückgestuft. Er spricht nun statt von Arbeitszeit lieber von Arbeitskraft, wahrscheinlich weil ihm dieser Begriff als politisch-parteilicher Kampfbegriff besser geeignet scheint. Immerhin hat noch Georg Herwegh, als er 1864 sein «Bundeslied für den Allgemeinen deutschen Arbeiterverein» schrieb, dieses Kampflied mit der folgenden Strophe eröffnet:

> Bet und arbeit! ruft die Welt,
> Bete kurz! denn Zeit ist Geld.
> An die Türe pocht die Not –
> Bete kurz! denn Zeit ist Brot.

Ein halbes Jahrhundert später klingt die Klage ganz anders und doch irgendwie gleich. Man vergleiche mit dem Gedicht «Der Arbeitsmann» von Richard Dehmel. Dessen erste Strophe lautet:

> Wir haben ein Bett, wir haben ein Kind,
>> Mein Weib!
> Wir haben auch Arbeit, und gar zu zweit,

Und haben die Sonne und Regen und Wind.
Und uns fehlt nur eine Kleinigkeit,
Um so frei zu sein, wie die Vögel sind:
    Nur Zeit!

Die materiellen Grundbedürfnisse scheinen in dieser Arbeiterfamilie befriedigt zu sein. Aber die Zeitnot ist die gleiche geblieben.[8]

Trotz dieser flankierenden Befunde hat der Marxismus seinen Weg durch die Geschichte, wie man weiß, ohne eine zentrale Berücksichtigung des Zeitdenkens gemacht. Und auch die nichtmarxistische Wirtschaftswissenschaft hat sich auf ihren von Nobelpreisen gepflasterten Wegen nur selten mit der Frage geplagt, welche Rolle eigentlich im Wirtschaftsprozeß die Arbeitszeit als Lebenszeit spielt oder spielen könnte. Als Zeugen für diese Reflexionslücke will ich den französischen Ökonomen Jacques Sapir aufrufen, der in einem Buch aus dem Jahr 2000 bei den Wirtschaftstheoretikern seiner Zeit an erster Stelle das Fehlen eines kritischen Zeitbewußtseins beklagt hat.[9]

Dieses schwarze Loch in den dominanten ökonomischen Theorien der Gegenwart macht sich, wie mir scheint, heutzutage um so spürbarer bemerkbar, als die Praxis des Wirtschaftslebens, besonders bei Tarifverhandlungen zwischen Arbeitgebern und Arbeitnehmern, längst mit wachsender Evidenz der Einsicht Raum gegeben hat, daß sich in der Wirtschaft bei weitem nicht alle Probleme mit Geld lösen lassen. Nicht nur die Arbeitskraft, sondern auch die mehr oder weniger sensibel als Lebenszeit behandelte Arbeitszeit ist längst ein Wirtschaftsfaktor ersten Ranges geworden, für Frauen übrigens noch mehr als für Männer.

Es scheint, daß in dieser Hinsicht die Literaten bisweilen die besseren Gesellschaftstheoretiker sind, auch wenn sie nicht immer mit so strenger Miene daherkommen. Diesen Eindruck wenigstens erweckt auf mich ein nicht unbekannter Autor, der im Jahre 1963 für die vom Deutschen Gewerkschaftsbund herausgegebene Wochenschrift «Welt der Arbeit» einen kurzen Prosatext geschrieben hat, von dem zu sagen ist, daß er sich leichtgewichtiger gibt, als er tatsächlich ist. Der gemeinte Autor ist Heinrich Böll. Der Titel seines Beitrags für die Gewerkschaftszeitung lautet: «Anekdote zur Senkung der Arbeitsmoral»:[10]

Die Szene spielt in einem westfranzösischen Fischerhafen, in den ein deutscher Tourist auf der Suche nach pittoresken Photomotiven geraten ist. Ein Fischer, der dort müßig in der Sonne liegt, erregt sein Erstaunen und Mißfallen. Der Mann hat am Morgen einen guten Fang gemacht, warum fährt er dann nicht noch einmal aus? So fängt der Tourist, der Landessprache mächtig, mit dem Fischer ein Gespräch an, in das wir kurz hineinhören wollen:

«Ich will mich ja nicht in Ihre persönlichen Angelegenheiten mischen», sagt er, «aber stellen Sie sich mal vor, Sie führen heute ein zweites, ein drittes, vielleicht ein viertes Mal aus und Sie würden drei, vier, fünf, vielleicht gar zehn Dutzend Makrelen fangen … stellen Sie sich das mal vor.»
Der Fischer nickt.
«Sie würden», fährt der Tourist fort, «nicht nur heute, sondern morgen, übermorgen, ja, an jedem günstigen Tag zwei-, dreimal, vielleicht viermal ausfahren – wissen Sie, was geschehen würde?»
Der Fischer schüttelt den Kopf.
«Sie würden sich in spätestens einem Jahr einen Motor kaufen können, in zwei Jahren ein zweites Boot, in drei oder vier Jahren könnten Sie vielleicht einen kleinen Kutter haben, mit zwei Booten oder dem Kutter würden Sie natürlich viel mehr fangen – eines Tages würden Sie zwei Kutter haben, Sie würden …», die Begeisterung verschlägt ihm für ein paar Augenblicke die Stimme, «Sie würden ein kleines Kühlhaus bauen, vielleicht eine Räucherei, später eine Marinadenfabrik, mit einem eigenen Hubschrauber rundfliegen, die Fischschwärme ausmachen und Ihren Kuttern per Funk Anweisung geben. Sie könnten die Lachsrechte erwerben, ein Fischrestaurant eröffnen, den Hummer ohne Zwischenhändler direkt nach Paris exportieren – und dann …», wieder verschlägt die Begeisterung dem Fremden die Sprache. Kopfschüttelnd, im tiefsten Herzen betrübt, seiner Urlaubsfreude schon fast verlustig, blickt er auf die friedlich hereinrollende Flut, in der die ungefangenen Fische munter springen. «Und dann», sagt er, aber wieder verschlägt ihm die Erregung die Sprache.
Der Fischer klopft ihm auf den Rücken, wie einem Kind, das sich verschluckt hat. «Was dann?» fragt er leise.
«Dann», sagt der Fremde mit stiller Begeisterung, «dann könnten Sie beruhigt hier im Hafen sitzen, in der Sonne dösen und auf das herrliche Meer blicken.»
«Aber das tu ich ja jetzt schon», sagt der Fischer, «ich sitze beruhigt am Hafen und döse, nur Ihr Klicken hat mich dabei gestört.» (…)

Zur Illustration dieser kleinen Geschichte von Heinrich Böll, die ich jedoch statt einer Anekdote lieber eine Parabel nennen möchte, kann man sich erinnern, daß Böll im gleichen Jahr 1963 einen kleinen Essay geschrieben hat unter dem für Schriftsteller wie für Verleger gleichermaßen belangvollen Titel «Vom Mehrwert des bedruckten Papiers».[11] Dieser Essay beginnt mit dem Satz: «Manchmal frage ich mich, warum die Volkswirte so selten, oder fast gar nicht, die nationalökonomische Seite der Literatur einmal genau unter die Lupe nehmen.» Nun, genau darin wollen wir Heinrich Böll hier zuarbeiten, indem wir nun seine Parabel in aller Kürze ökonomisch oder genauer gesagt zeitökonomisch interpretieren.

Auf Ökonomie ist tatsächlich diese Geschichte angelegt. Denn der Dialog, der sich zwischen dem Fischer und dem Touristen abspielt, ist zugleich ein kleiner, mit rheinischem Humor und Böllschem Witz inszenierter Traktat über den rechten Gebrauch der Lebenszeit im Wettlauf mit dem Geld und der Geldwirtschaft. Der Tourist – *nostra res agitur* – kann sich die Nutzung der Zeit gar nicht anders vorstellen als nach den hektischen Maßen seiner Arbeitswelt, mit Wachstum und wirtschaftlichem Erfolg als den Leitvorstellungen eines geglückten Lebens. So steigert er sich in eine leidenschaftliche Zeitpredigt hinein mit dem Ziel, auch den Fischer im Hafen zu höherer Leistung und zu einer aufs äußerste optimierten Zeitverwertung anzukurbeln. Der Tirade des Touristen bleibt jedoch der Erfolg versagt. Der Fischer hört sich die überbordende Rede des Touristen gleichmütig an, bis sich dessen enthusiastische Vision einmal ganz im Kreis gedreht hat und genau wieder an jenem Ruhepunkt angelangt ist, den der Fischer auch ohne die nutzlose Zeitspirale längst erreicht hat. Es zeigt sich am Ende dieser Parabel, daß die Zeitökonomie des Fischers der Geldökonomie des Touristen weit überlegen ist, da es letzten Endes keinen Mehrwert zu erwirtschaften gibt, der über den einfachen Wert einer vernünftig gelebten Lebenszeit hinausgeht.

Wenn also nun der Böllsche Disput zwischen dem Fischer und dem Touristen, sachlich ausgedrückt zwischen Zeit-Ökonomie und Geld-Ökonomie, mit einem klaren Sympathiesieg des Fischers ausgeht, so bleibt jenseits dieser Geschichte die Frage noch offen, ob es nicht außer der Zeit und dem Geld (und dem Grundbesitz, von dem hier nicht die Rede sein soll) noch weitere Währungen gibt, die in der Welt Kurs haben und bei verschiedenen Menschen unterschiedlich zu Buche schlagen. Denn nicht alle Zeitgenossen, die ihre Lebenszeit zu Markte tragen, tun dies um des Geldes willen, zumal dann nicht, wenn ihre elementaren Bedürfnisse mit dem als Arbeitslohn eingehandelten Tauschmittel Geld bereits befriedigt sind.

Dann kommt mehr und mehr eine andere Währung zum Tragen, deren symbolische Grundeinheit die private oder öffentliche Beachtung ist, die wir mit Pierre Bourdieu und Georg Franck auf die Währungsfunktion der Aufmerksamkeit zurückführen wollen.[12] Bei dieser Währung kommt es darauf an, von der Öffentlichkeit beachtet, geachtet, zumindest aber bemerkt zu werden, weshalb wir sie vielleicht verknappt ausgedrückt die Merkwährung nennen können. Auch diese Währung bezeichnet im psychischen Haushalt der Menschen eine begrenzte Ressource, mit der ökonomisch umgegangen werden muß. Und so hat sie auf dem Markt, den Thackeray etwas überpointiert den «Jahrmarkt der Eitelkeiten» (*Vanity Fair*) genannt hat, gleichfalls ihre Preise, die sich marktgerecht nach Angebot und Nachfrage einpendeln. Im historischen Vokabular erscheint diese Währung häufig auch unter anderen Namen und in unterschiedlicher Beleuchtung, zum Beispiel als Ansehen, Geltung, Respekt, Ehre, Ruhm, Prominenz, Reputation oder Renommee. In der theoretischen Ökonomie ist diese Währung jedoch kaum besser repräsentiert als die Zeitwährung, mit der sie im übrigen nicht wenige Merkmale gemeinsam hat, so daß die Aufmerksamkeit im Geben ebenso wie im Empfangen als eine durch Fokussierung konzentrierte Zeit aufgefaßt werden kann.

Habe ich nun wohl alle wichtigen Währungen genannt, soweit sie mit der Zeitwährung zusammenwirken oder mit ihr in Konkurrenz stehen? Das wäre sicher zu viel gesagt. Ich bin zum Beispiel der Ansicht, daß mindestens noch für die Welt des Geistes, insbesondere für Kunst und Wissenschaft und namentlich für die Literatur, eigene Zeitkostenrechnungen aufzustellen sind. So ähnlich hat es ja auch schon Heinrich Böll gesehen, wenn er in dem vorhin kurz erwähnten Aufsatz in heiter-melancholischer Verkleidung den Mehrwert des literarisch bedruckten Papiers geld- und zeitökonomisch nachrechnet. Wie setzt er nun in dieser Werkwährung, wenn ich es noch einmal mit einem solcherart verknappten Begriff ausdrücken darf, den Marktwert des Geistes und den Preis der Phantasie an? Er berücksichtigt sie gar nicht, denn – so seine Begründung – «die werden immer verschenkt, und es gehört zu ihrer Natur, verschenkt zu werden». Ja, das mag wohl für die Ökonomie des Geldes annähernd so stimmen, wie Heinrich Böll es hier ausgedrückt hat. Für die Ökonomie der Zeit möchte ich jedoch darauf bestehen, daß es in ihr eine genuine Form der Bezahlung gibt, bei der auch Autoren, sie seien pekuniär gut oder schlecht honoriert, die zeitlichen Konditionen ihrer Kunst und ihrer Werke wiedererkennen können.

Dafür nun noch ein Zeugnis aus der Feder von Thomas Mann. Es steht am Anfang seines Essays «Meerfahrt mit Don Quijote» und ist entstanden im Jahre 1934, als Thomas Mann, damals schon im Exil in der Schweiz, zusammen mit Frau Katia auf einem holländischen Passagierdampfer seine Jungfernfahrt über den Atlantik angetreten hat.[13] Auf dieser Seereise hat der Autor als Reiselektüre die zwei Bände des von ihm bisher mehr aus der Ferne bewunderten Romans «Don Quijote» des Spaniers Miguel de Cervantes mitgenommen, und er begründet seine Wahl wie folgt:

> Die Meinung ist weitverbreitet, was man auf Reisen lese, müsse vom Leichtesten und Seichtesten sein, dummes Zeug, daß «die Zeit vertreibe». Ich habe das niemals verstanden. Denn abgesehen davon, daß sogenannte Unterhaltungslektüre zweifellos die langweiligste auf Erden ist, will mir nicht eingehen, warum man gerade bei so festlich-ernster Gelegenheit, wie eine Reise sie darstellt, unter seine geistigen Gewohnheiten hinabgehen und sich aufs Alberne verlegen sollte. Ist etwa durch die enthobene und gespannte Lebenslage des Reisens eine Seelen- und Nervenverfassung geschaffen, in der das Alberne weniger anwidert als gewöhnlich? Ich schrieb vorhin vom Respekt. Da ich Achtung habe vor unserem Unternehmen, ist es recht und angemessen, daß ich auch die Lektüre achte, die es begleiten soll. Der «Don Quijote» ist ein Weltbuch, – für eine Weltreise ist das gerade das Rechte. Es war ein kühnes Abenteuer, ihn zu schreiben, und das rezeptive Abenteuer, das es bedeutet, ihn zu lesen, ist den Umständen ebenbürtig. Befremdlicherweise habe ich die Lesung noch nie systematisch zu Ende geführt. Ich will es tun an Bord und mit diesem Meer von Erzählung zu Rande kommen, wie wir zu Rande kommen werden binnen zehn Tagen mit dem Atlantischen Ozean.

Thomas Manns Essay, aus dem ich hier diesen Abschnitt vom Anfang des Textes zitiert habe, scheint mir insgesamt – wie der Autor selber zu sagen liebte – ein «buchenswertes» Stück Literatur zu sein. Die Sprache dieser Prosa fließt ruhig und bedächtig dahin, wie sie wohl zu der «sachlichen Würde der Langsamkeit» paßt, die der Autor an anderer Stelle seines Essays für sich und die Literatur reklamiert. So hat es ihm auch nicht mißfallen, daß die Seereise von Boulogne-sur-Mer bis New York so lange dauern sollte. Auf eine möglichst lange Dauer, mindestens zehn Tage, war die Reise von vornherein angelegt, gerade weil in sie die lange Lesezeit eingerechnet war, die dieser Roman verdient, weil er in Thomas Manns Worten ein «Weltbuch» ist und ein ganzes «Meer von Erzählung» mit sich bringt.

Ein solcher Roman ist zum Glück seiner Leser aus der bewegten Erfah-
rungs- und Erfindungswelt seines Autors bis zum Rand mit hochverdich-
teter Lebenszeit angefüllt, so daß auch sein Leser Thomas Mann – mit der
Vermittlung durch den Verleger als umsichtigen Zeitmakler – an dichte-
ster Lesezeit nicht sparen darf, wenn er sich diese generöse Zeitgabe aneignen, sie seiner eigenen Lebenszeit einverleiben will. Das ist, wie mir
scheint, eine Form des verdichteten Zeittransfers, wie es ihn ohne das
Medium der Literatur auf dieser Welt nicht gäbe. Ich weiß jedoch nicht genau und will es auch so genau nicht wissen, wie diese wunderbare Zeitver-
mehrung etwa psycho-physiologisch erklärbar ist. Wahrscheinlich gehört,
um es noch einmal mit den Faust-Autoren Goethe und Thomas Mann
auszudrücken, wieder eine gehörige Portion Hexenkram und Zauberei
dazu. Wie dem auch sei, es geschieht jedenfalls auf jenem holländischen
Dampfer irgendwo zwischen Europa und Nordamerika, daß ein großer Bestand an intensiv gelebter und insofern verdichteter Zeit mit gebotener
Langsamkeit von einem genialen Autor zu einem begnadeten Leser wandert, so daß dieses Plus an Zeit, wenn ich es *summa summarum* noch einmal nüchtern-merkantil ausdrücken darf, dem Zeitkonto dieses Lesers gewissermaßen «allochronisch» gutgeschrieben werden kann, mit reichem
Gewinn für Geist und Seele.

Schriften über Schriften

Palimpseste in Literatur, Kunst und Wissenschaft

Die Kultur, in der wir leben, hat seit ihren Anfängen im Altertum viele schreibfreudige Epochen hervorgebracht. Damit solche Schreibkünste möglich wurden, waren nicht geringe wirtschaftlich-technische Zurüstungen erforderlich, für die sich der Okzident manchen Rat beim Orient geholt hat. Es mußten Schreibmaterialien in ausreichender Menge und Qualität zur Verfügung stehen. Besonders schwierig und problematisch war die Bereitstellung eines handlichen Schreibstoffs, der sich zur Aufnahme der Schriftzeichen gut eignete. Viele Lämmer, Kälber, Schafe und auch wohl Esel, wie Schreibkritiker bisweilen hämisch anmerkten, mußten ihr Leben lassen, damit aus ihren ungegerbten und unter Spannung getrockneten Häuten Pergament hergestellt werden konnte. Die kleinasiatische Stadt Pergamon war für die Qualität der dort produzierten *charta pergamena* (daher auch der Name Pergament) besonders bekannt.

Einfacher als Pergament war ein anderer Schreibstoff zu benutzen, der den Paläographen unter dem Namen Papyrus geläufig ist. Die Papyrusstaude, aus deren Mark und Fasern diese Vorform des Papiers (daher auch der Name Papier) hergestellt wurde, wuchs besonders gut in Ägypten, und so wurde das Land am Nil auch für die griechischen und römischen Schreiber der wichtigste Produzent und Exporteur für diesen verhältnismäßig günstig zu beschaffenden Schreibstoff. Die Werke vieler klassischer Schriftsteller des griechisch-römischen wie auch des christlichen Altertums sind ursprünglich auf Papyrus geschrieben und in dieser Form auch in zahlreichen Handschriften erhalten. Als jedoch Caesar, der Schriftsteller-Imperator, mit seinem Erzfeind Pompeius um Ägypten Krieg führte, ging als Folge dieser Kriegshandlungen auch die Bibliothek von Alexandria, ein unschätzbares Kulturerbe der Menschheit, in Flammen auf, und

Tausende von wertvollen Papyrus-Handschriften sind seitdem für immer verloren.

Als nun in den Wirren der Spätantike und des frühen Mittelalters der Nachschub an Papyrus aus dem nunmehr islamischen Ägypten ins Stokken geriet oder ganz aussetzte, mußten nicht wenige Papyrus-Handschriften auf teures Pergament umgeschrieben werden. Zum Glück für Europa hatten jedoch inzwischen die Chinesen, die sich ebenfalls an Schreibfreudigkeit nicht überbieten lassen wollten, das Papier im eigentlichen Sinne des Wortes erfunden. Die Produktion von Papier aus den Fasern der Baumwolle oder aus Textilien wurde von den Chinesen lange Zeit als Staatsgeheimnis behandelt, bis das wertvolle Rezept anscheinend bei der Eroberung von Samarkand im Jahre 704 in die Hände der Araber fiel, die es weiterentwickelten und später über Spanien an Europa weitergaben. Nun war endlich der optimale Schreibstoff gefunden, auf dem zumal seit Erfindung des Buchdrucks mit beweglichen Lettern mehr und mehr literarische Texte an ein weites Lesepublikum verbreitet und zugleich in Bibliotheken in Sicherheit gebracht werden konnten.[1]

Je mehr nun im Laufe der Zeit der Buchdruck seine Wirkung entfaltete und die Herstellung und Verbreitung literarischer Schriften vereinfachte und verbilligte, um so mehr stieg kompensatorisch der Wert älterer Handschriften, soweit sie noch in Klöstern oder öffentlichen Bibliotheken aufbewahrt waren. Auf deren oft divergierenden Wortlaut mußte ja immer dann zurückgegriffen werden, wenn verschiedene Lesarten eines Textes in den gedruckten Ausgaben neuerer Zeit zu vergleichen und zu authentifizieren waren.

Solche oder ähnliche Gedanken mögen zu Beginn des 19. Jahrhunderts dem italienischen Philologen Angelo Mai durch den Kopf gegangen sein, als er bald nach seiner Ernennung zum Präfekten der *Bibliotheca Vaticana* die Handschriftenbestände seiner Bibliothek inspizierte. Dabei machte er im Jahre 1820 eine denkwürdige Entdeckung. Der Gelehrte, der nebenbei auch Jesuit und später Kardinal der katholischen Kirche war, fand in den Beständen seiner Bibliothek einen handschriftlichen Kodex aus Pergament mit einem lateinisch geschriebenen Kommentar des Kirchenvaters Augustinus zu den Psalmen 119–140. Bei genauerer Betrachtung erwies es sich jedoch, daß dieses Pergament in vorhergehender Zeit schon einmal mit einem anderen lateinischen Text beschrieben gewesen war, der dem humanistisch belesenen Bibliothekar in mancher Hinsicht bekannt vorkam. Es war offensichtlich der Text einer seit dem Altertum vermißten Abhandlung Ciceros über den Staat unter dem lateinischen Titel *De re publica*. Von der Existenz dieser berühmten Schrift wußte man aus vielen Zitaten bei anderen lateinischen Schriftstellern. Vielgerühmt war insbesondere der Schlußteil der Schrift, der in poetischer Prosa einen «Traum Scipios» (*Somnium Scipionis*) wiedergab. Dieser Abschnitt des Buches war sogar bei einem seiner Leser, Macrobius, *in extenso* zitiert worden und somit ganz erhalten geblieben. Wir können darin ein bemerkenswertes Zeugnis dafür erkennen, daß Träume oft dauerhafter sind als Wirkliches, Poesie oft haltbarer als Prosa.

Was war mit dem vatikanischen Manuskript geschehen? Das von Angelo Mai aufgefundene Pergament stammte aus dem Zisterzienser-Kloster der norditalienischen Stadt Bobbio. In dessen Bibliothek hatte offenbar jahrhundertelang die vollständige Handschrift der ciceronianischen Abhandlung gelegen und vergeblich auf Leser gewartet. Warum sollten auch christliche Mönche den politisch-staatsrechtlichen Traktat eines heidnischen Autors lesen? Immerhin war der Kodex im Kloster als wertvoll geschätzt, denn er war ja auf teurem Pergament geschrieben. So erinnerten sich die sparsamen Mönche des Klosters von Bobbio, als sie den Psalmen-Kommentar des Kirchenvaters Augustinus für Predigt und erbauliche Lektüre neu zugänglich machen wollten, an ein schon im Altertum nicht selten praktiziertes Verfahren, das kostbare Pergament des antiken Kodex zu aktuellerem Gebrauch zu nutzen. Sie haben nämlich in ihrem *Scriptorium* den unnütz gewordenen Text des Heiden Cicero in mühsamer Arbeit von dem Pergament abgeschabt und abgekratzt, um dieses als Schreibstoff für einen neuen und fromm-christlichen Text zu nutzen. In diesem Fall gelang es jedoch den Mönchen glücklicherweise nicht, den alten Text vollständig zum Verschwinden zu bringen. Er blieb in Spuren leserlich. Und so entstand in Bobbio, wie auch an vielen anderen klösterlichen Schreiborten des Mittelalters, ein «Palimpsest» (wörtlich: «wieder abgeschabt»), eine Handschrift also, bei der auf wertvollem Schreibstoff, meistens Pergament, eine neue Schrift eine alte Schrift so überlagert, daß diese zwar verwischt und teilweise zerstört ist, gleichwohl mit einiger Anstrengung noch in Resten gelesen werden kann.[2]

Das eigenartige Phänomen Palimpsest hat nicht nur Humanisten, Philologen und Bibliothekare beeindruckt, sondern ist auch von manchen anderen Literaturfreunden als ein emblematisches Modell unserer kulturellen Welt erkannt worden. Viel Heterogenes mußte ja unglücklich-glücklich zusammenkommen, bis der geistliche Entdecker Angelo Mai im Jahre 1822, ohne übrigens Rücksicht auf den Kirchenvater Augustinus zu nehmen, seine historisch-kritische Ausgabe des ciceronianischen Palimpsestes der Öffentlichkeit vorlegen konnte. Wir beobachten hier also zwei große Autoren, Cicero und Augustinus, die mit zweien ihrer maßgeblichen Schriften um die Gunst ihrer postumen Leser wetteifern. Materielles Medium des Streites ist der durch die Zeitläufte wesentlich verteuerte Schreibstoff Pergament, mit dem in schlechten Zeiten höchst ökonomisch umgegangen werden muß. Bei diesem «*Recycling*», so sagt man heute wohl, geschieht es also, daß der neuere über den älteren Text obsiegt, Augustinus Cicero verdrängt. Dem alten Text wird dabei ziemlich rücksichtslos Gewalt angetan. Für die Tätigkeit des *radere chartas* gab es in einigen Klöstern sogar Spezialisten. Nur die menschliche Trägheit und vielleicht das schlechte Licht hinter Klostermauern hat bisweilen verhindert, daß die gewollte oder billigend in Kauf genommene Zerstörung ihr Ziel völlig erreichte.

Darüber jedoch haben sich dann ein paar Jahrhunderte später andere Leser und Schreiber gefreut. Denn nun, nach Renaissance und Humanismus, hat sich in der Welt der Kultur die Wertordnung total umgekehrt. Die klassische Antike steht wieder hoch im Kurs. Jetzt ist es die neue, dem kostbaren Schreibstoff nachträglich aufgezwungene Schrift, die auf die Gleichgültigkeit der Leser stößt, und ihr wird nun, als regierte über der Geschichte eine *lex talionis*, Gleiches mit Gleichem vergolten. Auch ihr wird nun also Gewalt angetan, allerdings nicht mehr so sehr mit dem Kratzer oder Schabmesser als vielmehr mit allerhand chemischen Reagentien, etwas schonender neuerdings auch wohl mit ultravioletten Strahlen, so jedenfalls, daß um fast jeden Preis der alte, nunmehr allein als klassisch und kanonisch angesehene Text wieder sichtbar wird. In einem historischen Hin und Zurück verdrängt das Alte nunmehr fast ebenso rücksichtslos das Neue, wie das Neue vorher das Alte verdrängt hatte. Eine säkulare Nemesis scheint über der Geschichte zu walten und mit der Kultur ein ironisches Spiel zu treiben.

Daß aber ein Palimpsest auch mit anderen als philologisch-paläographischen Augen betrachtet werden kann, zeigt als erster der italienische Dichter Giacomo Leopardi, der unmittelbar nach der Auffindung des Cicero-Fragments in der *Bibliotheca Vaticana* seine vielgerühmte Kanzone «*Ad Angelo Mai*» schreibt.[3] In ihr wird die unerwartete Entdeckung als ein epochales Ereignis gefeiert, dessen Bedeutung weit in die politische Geschichte Italiens hineinreicht. Jenes verstaubte Pergament nämlich, in dem ein Dokument römischer Größe durch einen theologischen Gebrauchstext überschrieben ist, bezeugt für Leopardi emblematisch den beklagenswerten Zustand, in dem sich Italien am Anfang des 19. Jahrhunderts befindet, noch weit entfernt von dem für dieses Land endlich zu erhoffenden Wiedererstehen (wörtlich bei ihm schon: «*risorgimento*»). Mit anderen Worten: Italien stellt sich für Leopardi als ein großer Palimpsest dar, der noch auf seine glückliche Entdeckung und die endliche Freilegung seines wertvollen Originaltextes wartet.

Leopardis Kanzone ist also unter dem Anschauungsmodell des Palimpsests von Bobbio ein leidenschaftlicher Aufruf an das italienische Vaterland, seiner historischen Bestimmung wieder gerecht zu werden. Bestand denn damals überhaupt noch Aussicht für dieses alte Kulturland, aus seiner tiefen Lethargie («*Oh tempi, oh tempi avvolti in sonno eterno!*») zu erwachen, den Nebelschleier des Vergessens aufzureißen und die Kraft zu einem Neuanfang aufzubringen? Autoren wie Dante, Petrarca, Ariost, Tasso und Vittorio Alfieri wie auch der geniale genuesische Entdecker Christoph Kolumbus – würde man sich ihrer jemals wieder mit Stolz erinnern? Ja, das ist nunmehr für Leopardi blitzartig vorstellbar geworden, seitdem ein anderer großer Entdecker (*scopritore*), nämlich Angelo Mai, einen verloren geglaubten Text der Antike, Ciceros bedeutende Schrift über den Staat, dem Vergessen in dunklen Klöstern und Bibliotheken entrissen hat:

> Blitzschnell trug nun Frucht
> das Pergament; bis heute hatte es bewahrt für uns,
> im Klosterstaub versteckt,
> die heilig-hochsinnigen Worte aus dem Mund
> der Väter.
>
> *In un balen feconde*
> *venner le carte; alla stagion presente*

i polverosi chiostri
serbaro occulti i generosi e santi
detti degli avi.

Von seiner poetischen Huldigung an Angelo Mai, die eben diese Entdek-
kung feiert, hat Leopardi an anderer Stelle bekannt, das Schreiben ihrer
Verse habe ihm selber geholfen, aus einer tiefen Sinn- und Schaffenskri-
se herauszufinden, und das sei ihm wie ein Wunder geschehen, «*per mi-
racolo*».

Von Rom aus führt die nächste Spur des Palimpsests nach Paris, wo wir
uns auf der folgenden Etappe unserer Überlegungen besonders von Joachim Jacob und Pascal Nicklas anregen lassen wollen.[4] In Paris wird das
Palimpsest-Modell zuerst von dem Journalisten und Schriftsteller Ludwig Börne aufgenommen, der in den Jahren 1822 bis 1824 in Paris weilte,
um sich in den reich ausgestatteten Lesekabinetten dieser Stadt die neu-
esten politischen und kulturellen Informationen zu verschaffen, nach denen das deutsche Lesepublikum seiner «Schilderungen aus Paris» hun-
gerte. So ist er auch auf die für ihn sensationelle Entdeckung des Angelo
Mai aufmerksam geworden und hat ihr in einigen ironischen Bemerkungen über «die Kunst, in drei Tagen ein Originalschriftsteller zu werden»
(1823) beträchtliche Resonanz verschafft.[5] Anders als Leopardi versteht
er jedoch das Phänomen Palimpsest als kulturpsychologische Metapher
und schreibt:

> Wie die Welt jetzt beschaffen, gleichen die Köpfe der Gelehrten und also auch
> ihre Werke den alten Handschriften, von welchen man die langweiligen Zän-
> kereien eines Kirchenstiefvaters und die Faseleien eines Mönchs erst abkrat-
> zen muß, um zu einem römischen Klassiker zu kommen.

Gleich danach fügt er seinen Reflexionen eine Wendung ins Allgemein-
Emblematische an, die der Palimpsest-Metapher eine noch weitere Geltung verleiht:

> Jedem menschlichen Geiste sind schöne Gedanken und, weil mit jedem Men-
> schen die Welt neu geschaffen wird, auch neue angeboren; aber das Leben und
> der Unterricht schreiben ihre unnützen Sachen darauf und bedecken sie.

Einer der eifrigsten Leser Börnes war schon damals, lange bevor beide
Deutsche in Paris zusammentrafen, um dort zunächst enge Freunde und

bald darauf ebenso enge Feinde zu werden, Heinrich Heine. Ihm kam das Börnesche Palimpsest-Modell gerade recht, um – leicht verändert – seiner «Harzreise» (1824) ein mehr oder weniger passendes Glanzlicht einzufügen.[6] Ausgerechnet auf dem Brocken nämlich kommt es zu einer momentanen Begegnung des Erzählers mit einer kleinen Gruppe von Reisenden, die gerade von Rom aus auf der Heimreise sind. Unter ihnen befinden sich zwei recht ansehnliche Damen: Mutter und Tochter. Von der Mutter, die «einst sehr schön» gewesen sein muß, schreibt Heine:

> Ihr Gesicht glich einem Codex palimpsestus, wo, unter der neuschwarzen Mönchsschrift eines Kirchenvatertextes, die halberloschenen Verse eines altgriechischen Liebesdichters hervorlauschen.

Heines «Harzreise» war ein Erfolgsbuch, das in ganz Europa gelesen wurde, unter anderem in England von dem Schriftsteller Thomas De Quincey, der sich von den Palimpsestologen der zwanziger Jahre zu seinem Essay «*The Palimpsest*» anregen ließ.[7] Dieser gehört in den Kontext seiner Schrift «*Confessions of an English Opium-Eater*» (1821/22) oder genauer gesagt zu deren Anhang unter dem lateinischen Titel «*Suspiria de profundis*» (1845). In dem letztgenannten Text, der nun bereits nicht nur Angelo Mai, sondern auch Börne und Heine voraussetzt, finden wir eine schulmäßige Definition des philologisch-paläographischen Phänomens Palimpsest:

> Ein Palimpsest ist also ein Pergament oder eine Schriftrolle, die von ihrer Handschrift mehrfach nacheinander gereinigt worden ist. […] So bildete sich im Mittelalter als beachtliche Aufgabe für die Chemie heraus, die Schrift von der Schriftrolle abzulösen und diese solcherart für eine neue Gedankenfolge aufnahmebereit zu machen.

> A palimpsest, then, is a membrane or roll cleansed of its manuscript by reiterated successions. (…) Hence it arose in the middle ages, as a considerable object for chemistry, to discharge the writing from the roll, and thus to make it available for a new succession of thoughts.

Sehr viel mehr als für den philologisch-paläographischen Aspekt des Phänomens interessierte sich De Quincey jedoch, wie auch schon seine Vorgänger Börne und Heine, für die in ihm latent angelegte Metaphorik und Emblematik des Seelenlebens. So entwirft er in suggestiver Prosa in knappen Strichen eine ausdrücklich palimpsestologische Schichtentheorie zur Erläuterung des Ineinandergreifens von Gedächtnis und Vergessen in der menschlichen Psyche:

Ja, lieber Leser, unzählbar sind die geheimnisvollen Schriftspuren von Kummer oder Freude, die sich nacheinander dem Palimpsest deines Gehirns eingeschrieben haben, und […] ohne Ende haben im Vergessen Schichten einander überlagert. Aber in der Todesstunde, bei Fieber oder beim Experimentieren mit Opium können diese alle mit Macht wiederaufleben. Sie sind nicht tot, sondern schlafen nur.

Yes, reader, countless are the mysterious handwritings of grief or joy which have inscribed themselves successively upon the palimpsest of your brain, and […] endless strata have covered up each other in forgetfulness. But by the hour of death, but by fever, but by the searchings of opium, all theses can revive in strength. They are not dead, but sleeping.

In diesem Abschnitt begegnen wir zugleich einigen der Grundgedanken De Quinceys zur Psychologie existentieller Erfahrungen unter den extremen Bedingungen von Fieber, Drogenrausch oder Todesnähe, wie sie jedoch gleichfalls auch künstlich-kunstvoll von der Dichtung erzeugt werden können.

Von England wandert das Palimpsest-Emblem auf dem Umweg über die Vereinigten Staaten wieder nach Frankreich zurück. Es gelangt nämlich von Thomas De Quincey über Edgar Allan Poe zu Charles Baudelaire, der im Jahre 1860 seinerseits einen von De Quincey inspirierten Essay unter dem Titel «Le palimpseste» veröffentlicht.[8] Dieser Text gehört bei ihm ebenfalls in den Kontext des Drogenkonsums (Paradis artificiels). Der Anfang des Textes ist wörtlich von De Quincey übernommen:

Was ist das menschliche Gehirn anderes als ein gewaltiger und natürlicher Palimpsest? Mein Gehirn ist ein Palimpsest und deines auch, Leser. Unzählige Schichten von Vorstellungen, Bildern, Gefühlen haben sich nacheinander auf dein Gehirn gelegt, so sanft wie Licht. Jede dieser Schichten schien die frühere einzuhüllen. Aber keine ist in Wirklichkeit zugrunde gegangen.

Qu'est-ce que le cerveau humain, sinon un palimpseste; immense et naturel? Mon cerveau est un palimpseste et le vôtre aussi, lecteur. Des couches innombrables d'idées, d'images, de sentiments sont tombées successivement sur votre cerveau, aussi doucement que la lumière. Il a semblé que chacune a enseveli la précédente. Mais aucune en réalité n'a péri.

Als Dichter und Menschenbeobachter ist Baudelaire an den Schichtungen der Seele deshalb so interessiert, weil diese in bestimmten Extremsituationen (auch er nennt neben dem Drogenrausch Fieber und Todesnähe) unversehens psychische Verwerfungen hervorbringen können, durch die eine Sukzessivität des Vergessens plötzlich in die Simultaneität der Vergegenwärtigung umschlägt. Dann können diese zugleich alten und neuen Zustände in der Seele bald freudige Überraschung, bald tiefes Erschrecken auslösen, wenn ein Mensch nämlich mit den tiefsten und im Vergessen verborgenen Schichten seiner selbst konfrontiert wird. So setzt also auch Baudelaire die Seele des Menschen einem Palimpsest gleich, auf dessen Pergament nacheinander etwa ein griechisches Drama, eine fromme Legende oder ein hochsinniger Ritterroman, vielleicht aber auch eine persönliche Kindheitstragödie aufgezeichnet und festgehalten sein können. In all diesen multiplen Schichten des seelischen Palimpsests kann der Mensch sich selbst erkennen oder wiedererkennen, denn alles was je geschaffen wurde, ist für immer aufgezeichnet und bleibt irgendwie entzifferbar in der tief geschichteten Welt des Geistes gegenwärtig. Im Werk eines Dichters kann es wieder lebendig werden.

Nun beruhte allerdings auch in jenen uralten Zeiten, von denen eingangs die Rede war, nicht alle Schreibkunst auf der Beschriftung von Pergament-Codices oder Papyrus-Rollen. Für einfache und alltägliche Schreibvorgänge bediente man sich in Athen und Rom meistens einer Wachstafel, die mit einem Griffel (lateinisch *stylus,* daher unsere Wortfamilie Stil, Stilistik) so beschrieben wurde, daß die Schrift, wenn sie ihren praktischen Zweck erfüllt hatte, leicht gelöscht und die Schreibfläche zu neuem Gebrauch geglättet werden konnte. Auch war es leicht möglich, solche Tafeln oder Täfelchen durch Boten hin und her zu versenden, sozusagen als Vorformen der heutigen *e-mail* oder SMS.

Viele Philosophen des Altertums, beginnend mit Platon und Aristoteles, haben in einer so beschaffenen Wachstafel ein sinnfälliges Bild des menschlichen Geistes, insbesondere des Gedächtnisses, gesehen und den Prozeß der Wahrnehmung und Erkenntnis, vom Null-Zustand der *tabula rasa* bis zur voll beschrifteten Geistestafel, mit psychologischem Interesse verfolgt. Auch die späteren Schiefertafeln, auf denen zahllose Generationen von Schülern mit dem Griffel das Schreiben und Rechnen lernten, gehören in diesen schreibtechnischen Zusammenhang. Denn Papier war damals immer noch kostbar genug, um es nicht mit kindlichen Schreibversuchen zu vergeuden.

Verbleiben wir noch einen Augenblick bei den Kindern und begeben wir uns für einen kurzen Besuch nach Wien. Mit auffälligen Ähnlichkeiten nämlich sowohl zur antiken Wachstafel als auch zur neuzeitlichen Schiefertafel kam zu Beginn des 20. Jahrhunderts in den bürgerlichen Kinderstuben Mitteleuropas ein neues Spielzeug in Gebrauch, das als «Wunderblock» angepriesen wurde. Das war eine handliche Tafel, deren Grundfläche mit einer wachsähnlichen, jedoch mehrfarbig eingefärbten Plastikmasse bedeckt war, über die sich ein Überzug aus Cellophan spannte (wichtig in der bürgerlichen Kinderstube: kein Schmieren!). Auf einem solchen «Wunderblock» konnten die Kinder zu ihrem Vergnügen mit einem Schreibstift durch variablen Druck auf den Cellophan-Überzug in der darunter liegenden plastischen Masse spielend Schriftzeichen oder bunte Bilder erzeugen. Doch ließen sich diese Kritzeleien durch einfaches Glätten leicht wieder zum Verschwinden bringen, so daß die Schreibfläche ohne weiteres zu neuer Beschriftung frei war.

Für einen solchen «Wunderblock», wie man ihn übrigens auch heute noch in manchen Kinderzimmern finden kann, hat sich seinerzeit in Wien kein geringerer als Sigmund Freud lebhaft interessiert.[9] So hat er auch in einer seiner Schriften von diesem Spielzeug eine genaue Beschreibung gegeben, die zugleich als eine kleine Einführung in die Psychoanalyse gelesen werden kann. Dem Doktor Freud war nämlich bei einer näheren Untersuchung des «Wunderblocks» aufgefallen, daß dessen Cellophan-Überzug die Druckspuren des Griffels so aufbewahrte, daß sie noch schwach wahrzunehmen waren, wenn man sie unter einem bestimmten Lichtwinkel betrachtete. Die aufgezeichnete Botschaft schien zwar gelöscht, war aber nicht wirklich verschwunden. Ein geschulter Beobachter konnte von ihr noch manches entziffern, was dem Ich des Schreibenden nicht oder nicht mehr bewußt ist.

Man versteht ohne weiteres, wie Sigmund Freud hier mit der ihm eigenen Stilkunst den hintergründigen Witz dieses Spielwunders interpretiert und auf die bewußten und unbewußten Schichten der menschlichen Psyche angewandt hat. Zugleich hat er mit dieser einprägsamen Metapher plausibel gemacht, mit welcher Therapie einem Patienten oder einer Patientin vielleicht dadurch geholfen werden kann, daß eine ins Unbewußte verdrängte Lebensspur wieder ins helle Licht des Bewußtseins gebracht wird. Woher aber stammt nun bei Sigmund Freud, außer aus dem Kinderzimmer, dieses wunderliche, allen akademischen Lehrmeinungen zuwiderlaufende Wissen, daß gewisse Schriftspuren es zulassen und geradezu danach verlangen, gegen den Strich gelesen zu werden? Es stammt aus der hier besprochenen Palimpsest-Tradition, die Freud aus seinem ausgedehnten Bildungswissen nicht unbekannt geblieben sein kann. Aktiviert wurde dieses Wissen jedoch bei ihm in besonderem Maße durch die Lektüre von Heines «Harzreise», in die ja, wie oben näher ausgeführt, die epochale Entdeckung des Angelo Mai eingegangen war. Für diese Schrift Heines hat Freud sich besonders interessiert, als er über den Witz als Quelle des Unbewußten arbeitete. Überhaupt hat Freud für Heines Witz ein aufmerksames Ohr gehabt, wenngleich er diese Hochschätzung in seinen eigenen Schriften nicht sonderlich zu Wort kommen läßt.

Mit oder ohne Freud ist in diesem Zusammenhang des weiteren an Marcel Proust zu erinnern, der ebenfalls zu den großen Palimpsestologen des 20. Jahrhunderts zu rechnen ist, wie schon Gérard Genette als erster bemerkt hat.[10] Prousts großes Romanwerk «Auf der Suche nach der verlorenen Zeit» (*A la recherche du temps perdu*) ist nämlich in diesem Kontext zwanglos als ein großer literarischer Palimpsest zu lesen, bei dem eine tief im Vergessen ruhende Erinnerung durch solche wunderlichen Reagentien wie Tee und Teegebäck – es kann aber auch die Benzin-Ausdünstung eines Automobils sein – plötzlich wieder ins Bewußtsein zurückgerufen und in Poesie verwandelt oder rückverwandelt wird. Diese Wiederbelebung aus fernster Kindheit als einer Seelenschicht tiefsten Vergessens ist für den Erzähler mit einem überströmenden Glücksgefühl verbunden, wie es sich auch vielen sensiblen Lesern des Romans mitgeteilt hat.

Zu erwähnen ist ferner in diesem Kontext, daß Genette dem hier besprochenen Phänomen in späteren Jahren eine umfangreiche theoretische Abhandlung unter dem Titel «*Palimpsestes*» gewidmet hat, in der er versucht hat, nicht nur die von De Quincey und Baudelaire besprochenen Extremsituationen, sondern so gut wie alle intertextuellen Überlagerungen der älteren und neueren Literaturgeschichte als Palimpseste aufzufassen. Homers «Odyssee» also und James Joyce's «Ulysses», die mittelalterliche Liebesgeschichte von Abälard und Heloise und Rousseaus «*La Nouvelle Héloïse*», Goethes «Faust» und Thomas Manns «Doktor Faustus»: alle intertextuellen Paarbildungen dieser Art werden in diesem Buch als Palimpseste beschrieben, so daß fast die ganze Geschichte der Weltliteratur als ein Panorama von Palimpsesten erscheint. Diese Omnipräsenz von Palimpsesten in der Geschichte der Kultur möchte ich meinerseits so global nicht gelten lassen, sondern auf die gewichtige Einschränkung Wert legen, daß intertextuelle Bezüge zwischen literarischen Werken nur dann als Palimpseste angesehen werden können, wenn ein Text nicht glatt und harmonisch von einem anderen überlagert wird, sondern deutliche Spuren von psychischen Verwerfungen aufweist, an denen abzulesen ist, daß hier eine alte Geschichte mit einer neuen Botschaft im Streit liegt.

Daß solche Umschichtungen und Verwerfungen, wie ich sie hier aus der Literatur des 19. und des beginnenden 20. Jahrhunderts skizziert habe, auch noch in neuerer Zeit und nicht nur in der Literatur zu beobachten sind, will ich zum Abschluß damit belegen, daß Palimpseste in neuerer Zeit auch von den Bildenden Künsten als psycho-ästhetische Phänomene erkannt worden sind. Hier sind an erster Stelle die in den sechziger und siebziger Jahren des 20. Jahrhunderts entstandenen Schreibbilder des amerikanischen Künstlers Cy Twombly zu nennen, namentlich seine «Delischen Oden» (1961) und sein in Rom entstandener Zyklus «Virgil» (1973). In diesen und anderen Arbeiten auf Papier, deren literarische Bedeutung zuerst von Roland Barthes erkannt worden ist[11], hat sich der Künstler am deutlichsten die philologisch-ästhetische Doppelbotschaft der Palimpseste zu eigen gemacht. So urteilt von den Blättern des römischen Zyklus der selber von Roland Barthes angeregte Kunsthistoriker Gottfried Boehm im Katalog einer Bonner Twombly-Ausstellung (1987):

> Wir lesen Sinnträchtiges, diesen einzigen Namen: Virgil. Ihn umspielen Löschungen, helle Farbspuren, die verdecken, verschwinden lassen. Die Buchstaben sind in einigen Fällen selbst wie verwischt, radiert, von der verschlingenden Kraft des weißen Bildgrundes angegriffen.

Und diese Formelemente, in denen Twombly mit seinen vielfach überkritzelten und häufig durchstrichenen Schriftzeichen einen irritierenden Dialog zwischen Erinnern und Vergessen ins Bild gesetzt hat, nennt Boehm ausdrücklich Palimpseste. Der Ausdruck ist tatsächlich auch hier berechtigt, da der Künstler in all diesen Blättern eine vielgestaltige Wirklichkeit zu erfassen bestrebt ist, die am deutlichsten an ihren Schichtungen und Verwerfungen emblematisch erkennbar wird.[12]

Das Zeichen des Jonas

Über das sehr Große und das sehr Kleine in der Literatur

Es ist eine wahre Geschichte, daß Lukian von Samosata eines Tages mit den Gefährten seines Schiffes in äußerste Seenot geraten ist. Die entsetzten Seefahrer sehen einen riesigen Wal auf ihr Schiff zuschwimmen, der wohl 1500 Stadien, das sind 250 Kilometer, lang ist. Sie nehmen unter Tränen Abschied vom Leben und sehen dann nur noch, wie ihr Schiff im Rachen des Untieres verschwindet. Sogleich ist tiefe Finsternis um sie herum. Als sich ihre Augen aber an die Dunkelheit gewöhnt haben, bemerken sie, daß ihr Schiff gar nicht zermalmt und sie selber gar nicht tot sind. Das Schiff schwimmt vielmehr auf einem See, zusammen mit anderen Schiffen, die auf gleiche Art in den Bauch des Fisches gelangt sein müssen. Um sie herum öffnet sich eine weite Landschaft, und die Matrosen verlassen das Schiff, um auf Entdeckungsreise ins Landesinnere zu gehen. Man trifft bald andere Schiffbrüchige, ja ganze Völkerschaften, die sich dort wohnlich eingerichtet haben. Sie kultivieren das Land, bauen Obst und Wein an, errichten Tempel, bestatten ihre Toten und bekriegen ihre Nachbarn. Mit einem Wort: sie leben nach Menschenart. Aber was nützt alles Kriegen und Siegen, wenn man im Bauch eines Walfisches gefangen ist! Man muß ausbrechen! Der erste Ausbruchsversuch, nämlich einen Tunnel durch die Speckseiten des Wals zu graben, mißlingt. Der zweite Versuch ist besser durchdacht. Die Eingeschlossenen zünden einen der Wälder im Bauch des Fisches an und verbrennen seinen Leib von innen her. Nach sieben Tagen ist das Tier tot, und die Gefangenen sind frei. Sie bringen dankbar dem Poseidon ein Opfer dar.

Dies ist eine wahre Geschichte, sagte ich, denn was ich hier nacherzählt habe, steht Punkt für Punkt zu lesen in den «Wahren Geschichten» des Lukian (2. Jahrh.).[1] Hätte ich die Geschichte etwa mutwillig in der Mitte abgebrochen, um das Rätsel aufzugeben, wie es denn weitergehen werde, so hätte wohl mancher Leser seiner Phantasie keine Zügel angelegt, um den Fortgang des Geschehens bis zum glücklichen Ende zu erraten. Man kennt ja solche Geschichten, in denen ein Mensch von einem Wal oder einem anderen Untier verschlungen wird und dennoch nach einiger Zeit wieder heil ans Licht kommt. Rechte Lügengeschichten sind es. Man hat sie, was am wahrscheinlichsten ist, beim Baron Münchhausen gelesen.[2] Der Bürgersche Münchhausen hat sogar drei Abenteuer mit einem solchen Riesenfisch zu bestehen. Der eine dieser Walfische muß etwa die Größe des Lukianschen Fisches gehabt haben. Er verschlingt Schiff um Schiff und beherbergt in seinem Bauch Zehntausende von Menschen, unter ihnen den Baron aus Niedersachsen. Der zweite Walfisch ist beträchtlich kleiner. Er mißt nur noch eine halbe Meile und begnügt sich damit, das Schiff des Lügenbarons am Anker hinter sich her durch die See zu ziehen. Beim dritten Abenteuer begegnet der Baron einem noch kleineren Tier. Es ist zwar immer noch groß genug, ihn beim Bad im Meer unweit von Marseille zu verschlingen, und es wäre auch wohl noch für ein weiteres Dutzend Personen Platz gewesen, aber was ist das im Vergleich zu den Territorien im Bauch des ersten Walfisches!

Jetzt wollen wir mit unserem Bericht einen Augenblick innehalten und die Frage bedenken, bei welcher der drei Wal-Geschichten der Lügenbaron wohl am meisten gelogen hat, bei dem überaus großen, dem sehr großen oder dem ziemlich großen Wal. Ich halte dafür: je kleiner der Wal, um so größer die Lüge. Aber warum eigentlich? Sollte man nicht meinen, daß die Lüge im gleichen Maße wächst, wie die Erzählung aus den vertrauten Dimensionen ins Übergroße und Unermeßliche ausgreift? Offenbar ist es genau umgekehrt. Je weiter die Lügengeschichte von der normalen Dimension abweicht, um so harmloser ist die Lüge. Nicht die große, sondern die unauffällige, die tückische Abweichung von der Wahrheit ist besonders gefährlich.

Nun wäre es ein hübsches Gedankenspiel, die Wale unserer Lügengeschichten immer weiter schrumpfen zu lassen und dabei zu überlegen, wie sich die Geschichte verändert. Aufschlußreicher scheint es mir jedoch zu sein, sich in literarischen Texten aus aller Welt umzuschauen, um dort zu erfahren, wie in ihnen von riesigen Fischen erzählt wird. Geschichten nämlich von Menschen, die von großen Fischen verschlungen werden, ihr lebendiges Gefängnis dann aber von innen aufschlitzen und unversehrt wieder ans Licht kommen, scheinen als Mythen, Sagen oder Märchen auf dem ganzen Erdkreis bekannt zu sein, und zwar mit verblüffenden Übereinstimmungen bis in die Einzelheiten hinein. Belegt sind solche Geschichten zum Beispiel aus Finnland, dem Baltikum, Portugal, Angola, Polynesien.[3] Sicher kann man aus der griechisch-römischen Mythologie auch Perseus, der Andromeda von einem Meeresungeheuer befreit, und Herakles, der auf ähnliche Weise Hesione errettet, zum Personal dieser Mythen rechnen. Anachronistisch betrachtet, mögen sie vielleicht sogar zu jenem – ich darf es mit Herman Melvilles Worten sagen – «Club der Walfänger» gehören, die für «Ruhm und Ehre des Walfangs» Zeugnis ablegen.

Damit ist bereits das Stichwort gefallen, unter dem im 19. Jahrhundert in Amerika einer besonders eindrucksvollen Persönlichkeit unter den großen Fischen zu begegnen ist, dem weißen Wal Moby Dick, dem Helden des gleichnamigen Romans von Herman Melville.[4] Moby Dick ist immer noch ein imposanter Fisch, aber er hat das richtige Walfischmaß. Denn Herman Melville kennt sich im Walfischreich aus; er füllt ein eigenes Kapitel seines Romans mit einer streng zoologischen «*Cetology*», was man wohl mit «Walfischkunde» übersetzen muß. Das Gebäude dieser schönen Wissenschaft bleibt allerdings, so schreibt er 1851, ein unvollendetes Bauwerk, dem Kölner Dom vergleichbar, mit dem stillgelegten Kran auf dem halbfertigen Turm. Weniger um dieses Kapitels willen lesen wir jedoch heute diesen Roman. Wir bewundern in ihm vielmehr die Erzählkunst des amerikanischen Romanciers, der die große Jagd des Walfängers Ahab auf den weißen Wal Moby Dick so zu erzählen weiß, daß wir sie gleichzeitig als Parabel für den immerwährenden Kampf zwischen kühn-kunstreichem Menschenwerk und blind-elementarer Naturgewalt lesen können. Stirn gegen Stirn («*forehead to forehead*») steht Ahab gegen den Wal, der kleine Mensch gegen das sehr große Tier, Urfeinde in der Dimension.

Hemingway muß diesen Roman sehr aufmerksam gelesen haben. Seine Erzählung *The Old Man and the Sea* berichtet aufs neue, mit veränderter, aber nicht geringerer Erzählkunst, von dem ewigen Kampf des Menschen mit seinem Gegenspieler aus der großen Dimension.[5] Wie der Umfang des Romans, so sind auch seine Protagonisten geschrumpft. Das Walfangschiff ist zum Fischerboot verkleinert, und aus dem Wal ist ein anderer, aber immer noch sehr großer Fisch geworden, zu groß für die geschwächten Arme des alten Mannes. Dem Wal in Münchhausens Lügengeschichten gleich, vermag der große Fisch in Hemingways Geschichte das Fahrzeug des Fischers hinter sich her durch die See zu ziehen. Wie in Melvilles Roman endet der gnadenlose Kampf ohne Triumph. Aber noch eines verbindet Melvilles Roman und Hemingways Erzählung. Mensch und Tier sind zwar Feinde auf Leben und Tod, aber sie sind durch diese Feindschaft auch in einer geheimnisvollen Weise miteinander verbunden.

Wir haben die Lügengeschichten weit hinter uns gelassen. Wirklich? Ist es denn Wahrheit, was Melvilles Walfänger und Hemingways alter Mann erlebt haben? Natürlich nicht; Melvilles Roman gehört ebenso wie Hemingways Erzählung zur Fiktionsliteratur. So haben wir uns zu fragen, was eigentlich den Unterschied zwischen der Lügenliteratur und der Fiktionsliteratur ausmacht. Beide Bereiche der Literatur verzichten offenbar auf den Anspruch, wahre Begebenheiten wiederzugeben, und wir wissen das. Nur Kinder wissen es manchmal nicht und verwechseln Fiktion mit Realität. Sie lernen es dann mit der Zeit. Wir lehren sie nämlich die Gattungsmerkmale der Literatur erkennen, die bei bestimmten Gattungen gleichzeitig Fiktionssignale sind. In den einzelnen literarischen Werken sind diese Fiktionssignale allerdings sehr unterschiedlich ausgebildet. Wir glauben beispielsweise Alfred Döblins «Berlin Alexanderplatz» als Fiktion und Roman identifiziert zu haben, werden dann aber bei der Lektüre durch historische Daten und Ereignisse verwirrt, die wir aus anderen Quellen als nicht-fiktional kennen. Andere Bücher haben deutlichere Fiktionssignale, besonders solche Texte, die für Kinder geschrieben sind. Märchen sind daher leichter in ihrem fiktionalen Charakter erkennbar als historische Romane und folglich als Einübung in die Fiktionsliteratur besser geeignet.

Unter den verschiedenen Fiktionssignalen, die unsere Literaturtradition ausgebildet hat, hat sich nun ein Typus als besonders auffällig bewährt. Er ist sogar so deutlich, daß wir uns gar nicht bei der Feststellung aufhalten: «Das ist Fiktion», sondern sogleich den nächsten Schritt anschließen: «Das ist eine Lügengeschichte.» Es handelt sich um das Signal der Dimensionsverschiebung, das wir in unseren Geschichten bereits mehrfach kennengelernt haben. Die Dimension des sehr Großen erweist sich in ihnen als eine fiktionale Dimension, und zwar so drastisch, daß wir sie von einer bestimmten Übergröße an unfehlbar als Lügendimension empfinden.

Das gleiche läßt sich von der Dimension des sehr Kleinen sagen. Der Unterschied besteht hauptsächlich darin, daß die Literatur in der Dimension des sehr Kleinen gewöhnlich nicht Fische wählt. Andere Tiere werden hier bevorzugt: Kaninchen, Mäuse, Meerschweinchen, Raupen, Käfer – Alice begegnet ihnen allen im Wunderland. Das Wunderland ist nämlich so beschaffen, daß das Mädchen Alice geheimnisvoll durch einen Trank, einen Bissen bald zur Daumengröße schrumpft, bald ins Riesenhafte wächst, und schließlich gar nicht mehr weiß, wohin die Bewegung gehen wird: «*Which way? Which way?*» fragt sie bang.[6]

So ähnlich muß auch Swifts Gulliver zumute gewesen sein, als seine Reise ihn bald als Riesen nach Liliput, bald als Zwerg nach Brobdingnag führte.[7] Die sehr kleine Dimension ist nämlich nichts als die Umkehrung der sehr großen Dimension. Die beiden Lügenreiche sind vertauschbar.

Wir wollen uns aber im folgenden in der sehr großen Dimension aufhalten. Dort haben wir es uns nämlich mit der Wahrheit etwas zu leicht gemacht und haben das Zeichen des Jonas ausgelassen. Auch der biblische Prophet Jonas wird von einem großen Fisch (Vulgata: *cetus*) verschlungen.[8] Er hat sich dem Gebot des Herrn widersetzt und sich geweigert, der heidnischen Stadt Ninive das göttliche Strafgericht zu predigen. So hat er ein Schiff bestiegen, um dem Ruf des Herrn zu entgehen. Da läßt Gott einen Sturm aufkommen. Die Matrosen fürchten sich und werfen Jonas über Bord, um den Zorn Gottes nicht über sie kommen zu lassen. Ein Walfisch, so deutet die theologische Tradition den großen Fisch, verschlingt nun den ungehorsamen Propheten und speit ihn erst nach drei Tagen und drei Nächten wieder aus. Die Gebete des Jonas im Bauch des Fisches haben den Zorn Gottes besänftigt. Der Prophet wird nunmehr seinen Auftrag ausführen.

Angesichts der Jonas-Geschichte sind schon früh skeptische Stimmen laut geworden, die ihr die Glaubwürdigkeit abgesprochen haben. Schon die Kirchenväter, unter ihnen Augustin, hatten sich mit dieser Art Bibelkritik auseinanderzusetzen. Die Exegeten haben dann im Laufe der Jahrhunderte die verschiedensten Versuche gemacht, eine plausible Erklärung diesseits des Wunderbaren auszudenken: Jonas sei gar nicht von einem

Walfisch verschlungen worden, er habe sich vielmehr auf dem Rücken eines – lebenden oder toten – Fisches festgekrallt, oder er habe sich an einem nur metaphorisch Walfisch genannten Rettungsring festgehalten, vielleicht habe er sich auch nur im Wirtshaus «Zum Walfisch» versteckt, oder er habe schließlich das ganze Abenteuer bloß geträumt. Die neueren Erklärer halten gewöhnlich von solchen Auslegungskunststückchen nicht viel; sie verweisen statt dessen auf den christlich-theologischen Aspekt der Jonas-Geschichte.

In der Bibel und in der christlichen Tradition wird die Geschichte des Propheten Jonas typologisch behandelt. Christus selber, so berichten die Evangelisten Matthäus und Lukas, hat vor den Schriftgelehrten und Pharisäern, die von ihm ein Zeichen verlangen, an die Geschichte des Jonas erinnert: Dieses böse und ehebrecherische Geschlecht will ein Zeichen; aber es wird kein anderes Zeichen erhalten als das des Propheten Jonas. Denn so wie Jonas drei Tage und drei Nächte im Bauch des großen Fisches gefangen war, so wird der Menschensohn drei Tage und drei Nächte im Schoß der Erde ruhen.[9] Jonas im Bauch des Fisches verweist somit als Zeichen auf Christus, den Gekreuzigten, der am dritten Tage wieder auferstehen soll. Ein Ereignis des Alten Testament und ein Ereignis des Neuen Testaments werden zeichenhaft miteinander verbunden, so daß das eine Typos, *figura*, Vorbild ist, das andere Antitypos, *complementum*, Erfüllung. Man bezeichnet die Denkform, die sich hier äußert, als Typologie, gelegentlich auch – unschärfer – als Allegorie.[10]

Die Typologie wird von Paulus und den frühen Vätern der Kirche zu einer grundlegenden christlichen Denkform weiterentwickelt und beherrscht das Bibelverständnis und darüber hinaus das christliche Geschichtsdenken bis zur Erfindung des Historismus und seiner historisch-kritischen Methode in der Neuzeit. Man kann sehen, daß es sich hier um zwei grundverschiedene Konzeptionen der Geschichte und Heilsgeschichte handelt. Die Methode des Historismus betrachtet die Geschichte in ihrer chronologischen Abfolge, unter dem Bild eines Flusses. Die ältere typologische Methode hingegen, wenn ich im Bilde bleiben darf, schlägt Brücken zwischen zwei Begebenheiten, zunächst zwischen dem Alten und Neuen Testament, dann auf den weiteren Stufen des vierfachen Schriftsinnes hin zum moralischen Leben des Christen, schließlich zur Heilserwartung der eschatologischen Endzeit.

Man kann weiterhin sehen, daß die typologische Denkform offenbar von den frühen christlichen Theologen nicht vor allem deshalb entwickelt worden ist, damit auf elegante Weise diese oder jene Auslegungsschwierigkeit der Bibel aus der Welt geschafft würde. Sogar Christus selber versteht nach dem Zeugnis der Evangelisten seine Sendung typologisch als Erfüllung des Alten Testaments, nachdem schon die Propheten des Alten Testaments mit ihren Gleichnisreden den Grund für die Typologie gelegt hatten. So ist auch das «*Canticum*» des Jonas im Bauch des Fisches nicht eine bloße Wehklage über seinen Zustand, sondern ein typologisches Gebet, das seinen Zustand als Gleichnis abgrundtiefer Gottverlassenheit deutet. Jonas versteht sich selber als Zeichen. Weder die Begebenheit des Typos (Jonas im Bauch des Fisches) noch die Begebenheit des Antitypos (Christus im Schoß der Erde) steht also für sich allein, sondern erst in der typologischen Korrespondenz bilden sie eine theologisch relevante Realität, der gegenüber die Wahrheitsfrage gestellt werden kann.

Das ist etwas ganz anderes als Lügendichtung, es ist aber auch etwas ganz anderes als Mythologie. Man muß es mit seinem eigenen Maß messen. Wenn also die Christen der Urkirche ihre Gräber mit dem Zeichen des Jonas schmücken; oder wenn Pieter Bruegel zeichnet, wie die kleineren Fische von den jeweils nächstgrößeren Fischen gefressen werden, wie aber den größten Vertilger das Messer des Kreuzes aufschneidet; oder wenn Zbigniew Herbert, der große polnische Lyriker, in seinem Gedicht *Jona* den «Jonas von heute» apostrophiert als denjenigen, an dem «der Balsam dieser Geschichte versagt»[11], so scheint mir das alles ein angemessenerer Umgang mit der Jonas-Geschichte zu sein, als wenn ein Bibelerklärer mit einer undifferenziert historisch-kritischen Methode hantiert und dann natürlich ohne Fehl zu dem Ergebnis kommen muß, daß der Walfisch des biblischen Jonas kein historischer Fisch gewesen sein kann.

Die christliche Typologie wirkt auch auf weite Bezirke der europäischen Literatur. Man weiß von Erich Auerbach, daß Dantes *Göttliche Komödie* ganz aus einem typologischen Denken heraus konzipiert ist. Weniger bekannt ist gemeinhin, daß Dante auch, nämlich in seinem Lehrbrief an Cangrande della Scala sowie im zweiten Traktat seines *Convivio*, eine Theorie der literarischen Typologie entwickelt und mit ihrer Hilfe nach der «Wahrheit unter der schönen Lüge» gefragt hat.[12] Dazu ließe sich manches sagen. Wir wollen statt dessen den Blick jedoch auf einen anderen Autor Alteuropoas richten, der die Typologie wieder in die Komik der Lügenliteratur zurückgelenkt hat. Ich meine François Rabelais, der im Vorwort seines Romans *Gargantua* seinem Leser rät, er solle nicht leichtfertig glauben, daß dieser Roman nur Späße, Dummheiten und «lustige Lügereien» enthalte.[13] Wie ein gewitzter Hund solle der Leser vielmehr den Knochen dieses Buches aufbrechen und das substanzhafte Mark («*la substantifique mouelle*») heraussaugen, dann werde ihm tiefere Belehrung zuteil werden. Gut, wir wollen nach diesem Rat handeln und schlagen ein Kapitel seines anderen Romans *Pantagruel* auf. Meister Alcofrybas erzählt dort eine wahre Geschichte («*ces tant véritables contes*»). Als nämlich Pantagruel einmal die Zunge ausgestreckt hat, nur halb übrigens, da hat Alcofrybas diese Plattform bestiegen und ist Meile um Meile in die gewaltige Mundlandschaft hineingewandert. Er findet dort Felder und Wälder, Berge und Täler, Städte so groß wie Lyon und Poitiers, mit Zehntausenden von Bewohnern, die Kohl pflanzen und Wein bauen. Man muß aber gut aufpassen, bei welchen Völkerschaften man Wohnung nimmt: denn die Menschen diesseits der Zahnberge sind rechtschaffene Leute, während jenseits nur böse Menschen wohnen, mit denen man nichts gemein haben sollte. Darüber kommt unser Erzähler ins Nachdenken, weil nämlich offenbar das Stück Welt in Pantagruels Mund nicht viel anders beschaffen ist als das andere Stück Welt der alltäglichen Dimension und weil in beiden manches im Argen liegt. «Denn die eine Hälfte der Welt weiß nicht, wie die andere lebt.» Hier liegt das «substanzhafte Mark» schon für uns bereit. Oder sollen wir das Kapitel doch nur als einfache Lügengeschichte nehmen, als eine terrestre Variante der Walfisch-Geschichten?

Wer Pascal-Leser ist, wird auf das Mark der Geschichte nicht verzichten wollen. Er wird sich nämlich eines Pascalschen Fragments der *Pensées* über die Gerechtigkeit erinnern.[14] Was für eine Gerechtigkeit ist das, fragt sich Pascal, die durch einen Gebirgszug begrenzt wird! Was hier gut heißt, heißt dort böse, und umgekehrt. «Wahrheit diesseits der Pyrenäen, Irrtum jenseits!» Auffällig ist das Wort Wahrheit in diesem Zusammenhang. Rabelais im 16. Jahrhundert und Pascal im 17. Jahrhundert haben offenbar, sogar mit derselben Metaphorik, den gleichen Gedanken erwogen und zielen auf die Paradoxien des positiven Rechts, das immer hinter der Wahrheit einer universalen Gerechtigkeit zurückbleibt. Offenbar kann man, das sollte dieser kleine Vergleich zeigen, mit einer Lügengeschichte eine tiefe Wahrheit sagen.

Die Wahrheit, die Pascal sagen will, scheint sogar eine besondere Affinität zur Tradition der dimensionsverschobenen Literatur zu haben. Ich erinnere an ein anderes und sehr berühmtes Fragment, das die Disproportion der menschlichen Natur beschreibt. Was ist der Mensch, so fragt Pascal, wenn er seine Existenz inmitten des gewaltigen Universums zu bestimmen sucht? Er ist ein Nichts gegenüber dem unendlich Großen. Aber man hat die Paradoxie des Menschen erst halb begriffen, wenn man nur seine Disproportion zum sehr Großen hin betrachtet. Die umgekehrte Denkbewegung führt zu dem gleichen bedrückenden Ergebnis. Denn was ist der Mensch, wenn er sich im Vergleich zum sehr Kleinen betrachtet? Das sehr Kleine, eine Milbe etwa, ist dem Zugriff seines Denkens ebensowenig zugänglich wie das sehr Große. Nach beiden Dimensionen hin verliert sich das menschliche Sinnen im Unendlichen. Der Mensch steht hilflos zwischen dem unendlich Großen und dem unendlich Kleinen, «eine Mitte zwischen Allem und Nichts». Und Pascal wird den trägen Menschengeist bald in die große, bald in die kleine Dimension treiben, bis er begreift, «daß er ein unbegreifliches Monstrum ist».

Es ist sicher kein Zufall, daß Pascal in den Fragmenten seiner *Pensées* das menschliche Denken in jene beiden Dimensionen des sehr Großen und des sehr Kleinen zwingt, die wir aus der Lügenliteratur der verschiedensten Zeiten kennen. Es kommt ihm offenbar auf eine Wahrheit an, die nicht bloßen Urteilssätzen anvertraut werden kann, sondern in der Weise der Bestürzung erfahren werden muß. Dazu dient ihm die Verfremdung in der Dimension, die sonst in der Literatur den Lügen vorbehalten ist. Wahrheit und Lüge scheinen auch hier näher beieinanderzuliegen, als es auf den ersten Blick scheint.

Wie dem auch sei, die klassische Literatur Europas hat sich jedenfalls in ihren verschiedenen Nationalliteraturen unter die Regeln der Aristotelischen Poetik gestellt und von ihr das entscheidende Gebot der Wahrscheinlichkeit angenommen. Zwar braucht sich die Fiktionsliteratur, anders als die Geschichtsschreibung, nicht an die Tatsächlichkeit zu halten, aber ihr Spielraum ist eingeengt durch die Grenzen des Möglichen. Als möglich und wahrscheinlich aber gilt grundsätzlich das, was von unserer Dimension ist. Gewiß, es bleibt ein Dimensionsunterschied zwischen der hohen Gattung der Tragödie und der niederen Gattung der Komödie, aber das ist nur ein Unterschied um die Höhe des Kothurns. Das sehr Große und das sehr Kleine sind seit der Klassik in der öffentlich anerkannten Literatur nicht mehr zugelassen und werden in die Randzonen der Literatur abgedrängt. In Märchen, Fabeln, Kindergeschichten und deklarierten Lügenbüchern mag es weiterhin Riesen und Zwerge und das groteske Verwandlungsspiel der Dimensionen geben: die offizielle Poetik ist daran nicht interessiert. Sie kennt keine Literatur jenseits der Wahrscheinlichkeit.

So ist die gesamte Literatur nunmehr – ich vereinfache – in drei Zonen eingeteilt. In der Mitte befindet sich die klassische Wahrscheinlichkeits-Literatur im Sinne der Aristotelischen Poetik. Zu ihrer einen Seite finden wir die Geschichtsschreibung als die Literatur der Wahrheit, zur anderen Seite die Lügendichtung als die Literatur der Unwahrheit. Ist es unter diesen Umständen ein Wunder, daß die Lügenliteratur sich stärker an die Literatur der Wahrheit als an die Literatur der Wahrscheinlichkeit anlehnt? Sie erklärt sich nämlich als «wahre Geschichte» und benutzt die Wahrheitsbeteuerung (und nicht die Wahrscheinlichkeitsbeteuerung!) als häufigstes Lügensignal. Das ist wohl, wie Schiller sagen würde, «der Lüge kecke Zuversicht».

Die moderne Literatur ist nicht mehr aristotelisch in strenger Observanz. Sie ist sogar bei einigen Autoren der neueren Zeit ausgesprochen nichtaristotelisch. Wenn wir nun diese Feststellung in den Dimensionen des sehr Großen und des sehr Kleinen überprüfen, finden wir zunächst bestätigt, daß die Literatur bis in die Gegenwart allgemein in der mittleren Dimension der Wahrscheinlichkeit verbleibt. Menschen unseres Maßes sind die Protagonisten der modernen Romane und Dramen, und die Literatur will selbst das moralische Übermaß, das steile Ethos eines Corneille nämlich oder den ausgreifenden Enthusiasmus eines Schiller, mehr und mehr auf das kleinere Maß der Alltäglichkeit reduzieren. Realismus und Naturalismus scheinen sogar diese Reduktion noch weitertreiben zu wollen und suchen in zunehmendem Maße den Ausdruck eines beliebigen Alltags. Das alles sind jedoch Schwankungen innerhalb der Wahrscheinlichkeit, freilich nun mit der Tendenz, die Wahrscheinlichkeit durch die Übernahme wissenschaftlicher Beobachtungs- und Experimentiermethoden immer unverwechselbarer der Wahrheit anzugleichen. Die Literatur scheint sich also von der Zone der Unwahrheit noch weiter fortbewegen zu wollen.

Man darf jedoch den Manifesten und Deklarationen nicht uneingeschränkt Glauben schenken. Gewiß, der brave Soldat Schwejk, Raskolnikoff und Jakob der Lügner werden nicht von Walfischen verschlungen, aber scheitern sie wirklich nur an Mächten ihrer eigenen Dimension? Emile Zola hat einen Roman geschrieben, in dem alles sehr realistisch und naturalistisch zugeht. Es ist der Roman eines Mannes namens Florent, der als Kontrolleur bei den Pariser Markthallen beschäftigt ist. Sein tägliches Leben, umgeben vom Arbeitsrhythmus der Markthallen, wird mit solcher Genauigkeit beschrieben, daß wir merken, der Autor hat diese Welt mit wissenschaftlichem Ethos studiert. Die Beschreibung ist exakt bis in die zahllosen Käsesorten der berühmten «Käse-Symphonie» hinein. Bei dieser Beschreibung der Käsesorten in der Markthalle jedoch, wenn ich den geduldigen Leser einen Augenblick dabei verweilen lassen darf, fällt auf, wie stark der Stil von den Ausdrücken des Ungeheuren und Gewaltigen geprägt ist. Es sind Berge, die sich häufen, Gipfel, die sich türmen, Bäuche, die sich runden. Dies ist nun eine stilistische Konstante des ganzen Romans. Die Markthallen von Paris werden zwar genau beobachtet und exakt beschrieben, aber der Stil der Beschreibung ist nicht neutral, sondern verschiebt in konstanter Bewegung den dargestellten Gegenstand in die Dimension des Übergroßen, Gewaltigen. Die Hallen sind riesig, enorm, gigantisch, massig, kolossal, monströs; sie gleichen einer ganzen Stadt oder dem weiten Meer. Sie gleichen ferner, und das ist die Leitmetaphorik des Romans «Der Bauch von Paris» (Le ventre de Paris, 1873), einem ungeheuren Bauch, und zwar dem Bauch des Tieres Paris. Der Mensch – der Romanheld Florent, wenn hier noch jemand von Helden sprechen mag – ist gefangen in diesem Bauch, und die Geschichte führt ihn bis zu dem Punkt, wo er mit tiefem Erschrecken seine Gefangenschaft erkennt. Eine Gefangenschaft übrigens, aus der es kein Entrinnen gibt und die sich jede Nacht neu als Alptraum auf seine Brust legt.[15] Ich glaube, wir dürfen diese Beobachtungen vorsichtig verallgemeinern. Die realistische und naturalistische Schreibweise erschöpft sich häufig nicht in der genauen Registrierung der wirklichen Lebensbedingungen und gesellschaftlichen Verhältnisse. Sie manövriert darüber hinaus den Menschen gegenüber seinen

Lebensbedingungen und gesellschaftlichen Verhältnissen in die kleine Position, so daß alles über ihm zusammenschlägt. Der Mensch und seine Umwelt sind dimensionsverschieden und stehen sich in Urfeindschaft gegenüber.

Unter diesem Gesichtspunkt ist auch die neuere Literatur mit ihrem Hang zum Paradoxen, Dämonischen und Absurden keine Abkehr von Realismus und Naturalismus, sondern häufig deren Fortsetzung und Weiterentwicklung. Die einstmals vom Aristotelismus verdrängten Dimensionen kehren bisweilen mit Macht in die anerkannte Literatur zurück. So verwandelt nun Franz Kafka den Helden seiner Erzählung «Die Verwandlung» (1916) in ein «ungeheures Ungeziefer». Julien Green nennt einen Roman *Léviathan* (1929), und Ionesco läßt dem neuen Mieter immer mehr Möbel ins Haus tragen, bis der Mensch hinter dem Möbelberg verschwindet («Der neue Mieter», 1957).

Schließlich wollen wir noch aus der neueren deutschen Literatur, damit ein letztes Mal der Zusammenhang mit der Lügenliteratur deutlich wird, die *Lügengeschichten* Martin Walsers erwähnen.[16] Die erste dieser Lügengeschichten heißt *Mein Riesen-Problem*. Sie beginnt: «Ich, ja ich, ich verkaufe meinen Riesen.» Der Witz der Geschichte ist natürlich, daß der Erzähler seinen Riesen – er nennt ihn übrigens seinen «Sorgenwal» – nicht los wird. Das eben ist das Riesen-Problem. Es scheint, daß wir alle unseren Riesen nicht loswerden.

Narrative Theologie

In jenen Tagen versammelte Jesus von Nazareth Zöllner und Sünder um sich und erzählte ihnen eine Geschichte. Er sprach: Es lebte einst ein Mann, der hatte hundert Schafe. Eines Tages ging ein Schaf verloren. Da ließ der Mann die Herde zurück und machte sich auf die Suche nach dem verlorenen Schaf. Nach langer Suche fand er es, und voller Freude trug er es auf der Schulter zur Herde zurück.

Unter den Zuhörern befand sich auch eine junge Frau, die einen Beutel mit Münzen bei sich trug. Während Jesus seine Geschichte erzählte, fiel der Frau eine Münze aus dem Beutel und rollte ein Stück weit davon. Da sprang die Frau auf und lief hinter der Münze her, bis sie das Geldstück eingefangen hatte. Die anderen Zuhörer blickten tadelnd auf und sagten zu Jesus: «Meister, sag dieser Frau doch, sie solle uns nicht im Zuhören stören.»

Jesus lächelte und erzählte ihnen eine weitere Geschichte. Er sprach: Es lebte vor Jahren eine Frau, die besaß zehn Drachmen. Eines Tages ging ihr eine Drachme verloren. Da durchforschte sie das ganze Haus und suchte jeden Winkel ab, bis sie das verlorene Geldstück schließlich wiederfand. Und freudig rief sie ihre Freundinnen und Nachbarinnen zusammen und erzählte ihnen von der glücklich wiedergefundenen Drachme.

Was habe ich da gemacht? Ich habe eine biblische Geschichte weitererzählt und sie im Wiedererzählen verändert («umerzählt»). Ich muß nun allerdings fürchten, daß ich mit meiner mutwillig umerzählten Geschichte ein doppeltes Ärgernis erregt habe. Das erste Ärgernis: Ich habe gewissermaßen ein apokryphes Evangelium hervorgebracht. Denn die Botschaft Jesu ist bekanntlich ein für allemal verkündet worden, und kein Iota darf sich

daran ändern. Das zweite Ärgernis: Ich habe in einer wissenschaftlichen
Publikation (nämlich in der theologischen Zeitschrift «Concilium», in der
dieser Beitrag im Jahre 1973 zum erstenmal erschienen ist) eine Geschichte
erzählt. In einer wissenschaftlichen Zeitschrift erzählt man keine Geschichten, sondern man argumentiert. Als beispielsweise die gleiche Zeitschrift ein Heft des Jahrgangs 1970 dem Thema «Kirchengeschichte im
Umbruch» gewidmet hatte, ließen bereits die Titel der Beiträge erkennen,
daß hier nicht etwa erzählt, sondern räsoniert werden sollte: «Kirchengeschichte und Neuorientierung der Geschichtswissenschaft» – «Auf dem
Weg zur Ablösung des Historismus und Positivismus» – «Die Kirchengeschichte im Rahmen der anthropologischen Wissenschaften» – «Neue Grenzen der Kirchengeschichte?» «Die Geschichte der Kirche als *locus theolo-
gicus*» – «Die Geschichte der Kirche als unentbehrlicher Schlüssel zur In-
terpretation von Entscheidungen des Lehramtes». Meine Geschichte kann
also leicht in dieser Zeitschrift und überhaupt in einer wissenschaftlichen
Publikation eine seltene Ausnahme bleiben.[1] Und auch ich selber, kaum
habe ich meine Geschichte erzählt, fange schon an zu argumentieren ...

Aber bitte, warum soll ich eigentlich in einer theologischen Zeitschrift
nicht eine Geschichte erzählen dürfen, wenn doch Jesus von Nazareth
einen beträchtlichen Teil seines öffentlichen Lebens damit zugebracht hat,
Geschichten zu erzählen! Genauer gesagt: er hat Geschichten erzählt und
nacherzählt. Die Geschichte vom verlorenen Schaf etwa hat er sich nicht
selber ausgedacht, sondern bei einem anderen Erzähler gefunden, dem Propheten Ezechiel (Ez 34,5–6), von dem wir seinerseits nicht mit Sicherheit
sagen können, ob er der Ersterzähler ist. Jesus tradiert diese Geschichte,
indem er sie nacherzählt. Vergleicht man nun die beiden Geschichten miteinander, so findet man keine wörtliche Übereinstimmung. Nacherzählen
bedeutet also nicht ein wörtliches Reproduzieren. Die Veränderung des
Textes («Umerzählen») ist bei der Nacherzählung in gewissen Grenzen zulässig und gattungsüblich. So finden wir in unmittelbarer Folge des biblischen Textes (Lk 15) die Geschichte von der verlorenen Münze. Der Evan-
gelist legt nahe, diese Geschichte in einem Traditionszusammenhang mit
der Geschichte von dem verlorenen Schaf zu sehen. Die Geschichte von der
verlorenen Münze kann also als Nacherzählung angesehen werden. Sie
transponiert die einer prämonetären Wirtschaftsordnung entstammende
Geschichte vom verlorenen Schaf (das Schaf ist für Nomaden die normale

und normative Tauscheinheit) in die einer monetären Wirtschaftsordnung entsprechende literarische Form. In linguistischer Beschreibung handelt es sich dabei um das auch sonst häufig zu verzeichnende Phänomen einer Metaphern-Modernisierung als erzählerische Variantenbildung innerhalb eines verhältnismäßig festen Überlieferungsrahmens.

Nun habe ich also einen Augenblick linguistisch argumentiert, und wenn es mir des weiteren noch gelingt, diese metaphorologische These gegen alle Falsifikationsversuche zu verteidigen, so ist den Spielregeln der Wissenschaft Genüge geschehen. *Habemus veritatem.* Es beunruhigt mich jedoch nach wie vor die Frage, ob die gleiche Wahrheit nicht auch schon in der von mir eingangs modifiziert erzählten Geschichte enthalten ist, obwohl diese Geschichte teilweise von mir frei erfunden ist. Indes: die Geschichte, die Jesus von Nazareth bei Lukas erzählt, ist sowohl in ihrer prämonetären als auch in ihrer monetären Variante ebenfalls eine erfundene Geschichte, eine Parabel. Kein Mensch kommt aber auf den Gedanken, sie deshalb für unwahr zu halten. Die Bedeutung der Geschichte leidet nicht darunter, daß ihr keine historische Faktizität zukommt. So ist mir auch aus der Bibellektüre nicht bekannt, daß die Jünger oder andere Zuhörer nach einer Geschichte den Erzähler Jesus jemals gefragt hätten, ob die Geschichte auch wohl tatsächlich so geschehen sei. Ein historisches Interesse an der Wahrheit der Geschichte im modernen Sinne des Wortes (Ranke: «wie es eigentlich gewesen») ist weder in den Fragen der Jünger noch in den Antworten des Meisters erkennbar.

Es ist daher für mich die Vermutung nicht abweisbar, daß innerhalb der Theologie die Frage nach der *Geschichte* in ihrer blanken Form möglicherweise falsch gestellt ist. Die biblische Tradition legt vielmehr primär die Frage nach der *Erzählung* nahe. Denn ein großer Teil der als Bibel kanonisierten Texte, aber auch sonstiger sowohl oraler als auch skripturaler Texte des Christentums sind Erzählungen. Die Bibel enthält zwar im Alten wie im Neuen Testament auch Texte, die nicht erzählender Natur sind: Gesetzestexte, moralische Anweisungen, hygienische Vorschriften, mahnende Briefe, Lobpreisungen, Danksagungen und anderes, aber ich sage sicher nicht zu viel, wenn ich behaupte, daß die wichtigsten, die religiös relevantesten Texte Erzählungen sind. Jesus von Nazareth tritt uns vornehmlich als erzählte Person, häufig auch als erzählter Erzähler entgegen, und die Jünger erscheinen als seine Zuhörer, die ihrerseits die

gehörten Erzählungen weiter- und nacherzählen, mündlich oder schrift-
lich. So sind diese Erzählungen schließlich auch auf uns gekommen, und
wenn wir etwa unseren Kindern die biblischen Geschichten nacherzählen
(aber hoffentlich nicht wörtlich reproduzieren!), so treten wir auf diese
Weise unsererseits in eine ununterbrochene Erzähltradition ein. Das
Christentum ist eine Erzählgemeinschaft. Das soll keine erschöpfende
Definition sein. Man kann mit gleichem Recht etwa sagen: Das Christentum ist eine Tischgemeinschaft. Aber das liegt vielleicht gar nicht so weit
ab; in beiden Fällen sitzt man in der Runde beisammen, der Meister in der
Mitte – wie bei Leonardo.

Wir sollten uns die Erzählrunde der apostolischen Erzählgemeinschaft
möglichst konkret vorstellen. Die Apostel und Jünger, die man sich immer
als anwesend denken muß, bilden den engeren Zuhörerkreis. Die Erzählrunde ist aber nicht von anderen Zuhörern abgeschnitten; Jesus erzählt
öffentlich, wie wir das auch heute noch in einigen Kulturen bei den öffentlichen Geschichtenerzählern beobachten können. Auch wenn der Erzähler,
wie Jesus es oft tat, mit einer Deutung schließt, sind die Geschichten damit
nicht ein für allemal abgeschlossen, sondern setzen sich nach Auflösung
der Erzählrunde fort, indem sie von den Zuhörern weiter- und nacherzählt
werden. Denn Erzählungen zielen nicht auf das Ja oder Nein der Wahrheit,
sondern auf einen Zuwachs an Bedeutungsfülle. Die relevantesten Geschichten sind auf den Glauben (*fides*) gerichtet; sie verlangen von dem
Hörer, daß er selber zum Täter der Erzählung wird und den erzählten
Handlungen nachfolgt. Die explizite Deutung der Geschichte kann bei
diesem Prozeß der Rezeption und Nachfolge ohne weiteres ausgespart
bleiben, so daß auch für die Armen im Geiste, sofern sie guten Willens
sind, die Geschichten nicht umsonst erzählt werden. Daß Jesus überhaupt,
wie wir in den biblischen Berichten häufig erfahren, seinen Jüngern die
erzählten Geschichten im nachhinein deutet («Dieser gute Hirt bin ich
…»), ist ein *Arcanum*, das heißt ein exzeptionelles Privileg für die ersten
und auserwählten Nacherzähler, die auf diese Weise schon als junge Männer («Jünger») jene Weisung empfangen, die sich sonst nur nach dem
Hören sehr vieler Geschichten am Ende eines langen Lebens als Alters-
weisheit einstellen mag. Denn die Zeit drängt, wenn die Verwandlung der
Welt bevorsteht. So können sie, diese jungen Leute, vorzeitig die Älteren
werden: «*presbyteroi*», Priester.

Man könnte sich nun in der Nachfolge Christi, des erzählten Erzählers aus Nazareth, ein Christentum vorstellen, das sich von Generation zu Generation in einer endlosen Kette von Nacherzählungen tradiert: «*fides ex auditu*». Ein Wechsel der erzählten Personen und Umstände bliebe dabei durchaus innerhalb der narrativen Toleranz. Es läge also kein Verstoß gegen die Gesetze der Narrativität vor, wenn eine Geschichte, die am Anfang (aber gibt es in der Erzähltradition überhaupt einen Anfang?) von dem Kindermord in Bethlehem handelt, mit einer Geschichte von der Judenverfolgung des Dritten Reiches oder vom Krieg in Vietnam weitererzählt würde. Das ist etwas anderes, wird jemand hier vielleicht einwenden. Gewiß, das sind andere Geschichten, aber in eben solchen Variationen kann eine Erzählrunde von der einen zur anderen Geschichte übergehen. Auf eine erzählte Geschichte folgt nicht notwendig eine genau gleichsinnige oder eine genau widersprechende Geschichte, sondern – wie in Boccaccios *Decamerone* – eine irgendwie anknüpfende, *andere* Geschichte, deren Ertrag nicht unmittelbar in der Konfrontation von Richtig und Falsch «ausdiskutiert» werden kann, sondern sich allenfalls in der allmählichen Kumulation von erzählter Lebens- und Heilserfahrung zu säkularer Weisheit verrechnen läßt.

Das Christentum ist jedoch keine Erzählgemeinschaft geblieben. In der Berührung mit der hellenistischen Welt hat es seine narrative Unschuld verloren. Denn in der griechischen Kultur war das Erzählen (der «Mythos») längst dem Räsonieren (dem «Logos») unterworfen worden. In den platonischen Schriften können wir die Unterwerfung des erzählenden Mythologen unter den argumentierenden Philosophen ziemlich genau beobachten, wenngleich Platon dem Mythos noch einmal Glanz, nun aber philosophischen Glanz zu geben versucht hat. Das ist im ganzen ein vergebliches Tun geblieben, und die Philosophen haben sich seitdem mit zunehmender Strenge das Erzählen versagt. Gewiß, Augustinus erzählt noch beichtend sein Leben, Descartes erzählt die Methode seines Denkens, Pascal verlangt nach dem Gott Abrahams, Isaaks und Jakobs (dem erzählten Gott also), Rousseau erzählt die Widersprüche der Menschennatur, und Nietzsche erzählt die Weisheit Zarathustras. Aber auf der anderen Seite finden wir die Heerscharen der anderen Philosophen, die das Räsonieren und Diskutieren, das Ergotieren und Theoretisieren als ihre Aufgabe anse-

hen und die um keinen Preis der wissenschaftlichen Welt dahin zu bringen sind, eine Geschichte eine Erzählung sein zu lassen. Denn das Ge-
schichtenerzählen, ja schon das Geschichtenhören gilt in unserer Gesellschaft als unwissenschaftliche Beschäftigung.

Das bringt nun die Theologie und einige andere Wissenschaften, die ich
hier nicht im einzelnen bezeichnen will, in eine fatale Lage. Die Theologie
hat ja ein mehr oder weniger kanonisches Textcorpus vorgegeben, das zu
einem großen und wichtigen Teil aus Geschichten besteht. Was Wunder,
daß diese Wissenschaft keine dringlichere Aufgabe vor sich sieht, als die
tradierten Geschichten möglichst schnell und möglichst vollständig in
Nicht-Geschichten zu verwandeln. Eine Zeitlang schien es freilich, als ob
umgekehrt der Logos selber in eine Geschichte verwandelt werden sollte:
«Im Anfang war das Wort, und das Wort war bei Gott ...» Alle Erzählsig-
nale sind in diesem Text vorhanden, wie in einer richtigen – wahren oder
fiktionalen – Geschichte. Aber der Johannes-Prolog bleibt unter diesem
Aspekt ohne Folgen. Nicht der Logos wurde narrativiert, sondern die biblischen Erzählungen wurden logisiert. Diesen Prozeß brauche ich nicht
im einzelnen nachzuzeichnen, er führt beispielsweise zur Existenz solcher
theologischer Zeitschriften wie *Concilium*. Auch diese Zeitschrift bezeugt
die allgemeine und säkulare Tendenz zur «entmythologisierenden» Aus-
treibung der Narrativität aus der christlichen Überlieferung. Jeglicher
Narrativität? Hier unterscheiden sich die beiden großen christlichen Reli-
gionsgemeinschaften um ein geringes. Die protestantische Theologie entfernt sich in der Regel noch weiter von den Erzählungen als die katholische Theologie. Aber seltsam: auch bei den konsequentesten Entmytholo-
gisierern bleibt eine eklatante Ausnahme bestehen, das erzählte
Osterereignis: «Er ist auferstanden.» Was heißt das: ein Ereignis? Wer Geschichten zu hören gewohnt ist, hört sogleich das Erzählsignal heraus: *Ac-
cidit ut ...*, es ereignete sich, daß ..., – Geschehen, Geschichte. Die Formel
des Osterereignisses wird somit zum erzählten Ereignis schlechthin, das
alle anderen erzählten oder erzählbaren Ereignisse in sich resümiert. Allerdings: dieses Zentralereignis kann auch so wirken, daß diejenigen, die
einmal die Erzählung des Osterereignisses als Zuhörer angenommen haben und sich in dieser Eigenschaft noch durch den Ostergruß «Er ist auferstanden!» als Angehörige der christlichen Erzählgemeinschaft zu erken-

nen geben, nunmehr weiterhin von der Zumutung aller anderen Erzählungen dispensiert werden. Der Christ braucht nun nur noch das Osterereignis und sonst kein anderes biblisch erzähltes Ereignis mehr nachzuerzählen – ein narratives Minimum in einer post-narrativen Zeit.

Es soll aber nun noch etwas genauer gesagt werden, welche literarischen Formen in der christlichen Überlieferung als Erzählungen gelten dürfen. Das sind in erster Linie diejenigen Erzählungen – wahr der fiktional –, die durch bestimmte syntaktische Signale, insbesondere die Erzähltempora und gewisse makrosyntaktische Adverbien, auch noch dem heutigen literarischen Gattungsverständnis als Erzählungen vermittelbar sind; so etwa die Geschichte vom verlorenen Sohn («Ein Mann hatte zwei Söhne. Der ältere von ihnen sprach zum Vater ...»). Wir wollen als Erzählung ferner eine Redeweise rechnen, in der beispielsweise bei Lukas vom verlorenen Schaf und von der verlorenen Münze berichtet wird («Wer von euch, der hundert Schafe hat, läßt nicht, wenn er eines von ihnen verloren hat, neunundneunzig in der Wüste zurück ...?»). Man kann diese Form als hypothetisches Erzählen bezeichnen; Handlungen werden hier als mögliche skizziert. Schließlich soll der Begriff des Erzählens, wie von der Wahrheit, so auch von der Vergangenheit abgelöst werden. Die von der Erzählforschung eingehend erörterte (und von ihr negativ beantwortete) Frage, ob man von einem Ereignis erzählen könne, bevor es geschehen sei, ist für die Theologie – mindestens für sie – eindeutig zu bejahen. Die Prophetien des biblischen Corpus können als erzählende Entwürfe noch nicht geschehener Handlungen angesehen werden, als ein Vor-Erzählen also. Die Erfüllung (*implementum*) der Prophetie reichert dann den Erzählentwurf mit Handlungselementen an, die ihrerseits, zusammen mit der vor-erzählten Prophetie, nach-erzählt werden. Es ist bekannt, daß typologische Strukturen dieser Art, durch welche verschiedene Erzählungen miteinander verkettet werden, für das frühe christliche Geschichtsbild konstitutiv gewesen sind, bis der moderne Profan-Historismus sie aus dem Bewußtsein der Christen verdrängte.[2]

Nun bin ich – das ist sicher mein drittes Ärgernis – in den bisherigen Überlegungen ungefähr so verfahren, als ob ich noch nie von der Geschichtswissenschaft gehört hätte. Ich will nunmehr die Existenz dieser

Wissenschaft ausdrücklich in Rechnung stellen, was unser Erzählproblem um ein geringes verschiebt. Um ein geringes, nicht mehr; denn auch die Geschichtswissenschaft besteht zu einem irreduktiblen Teil aus Erzählungen. «*History tells stories*», schreibt Danto. Sie ist eine «*vera narratio*» (Bodin).[3] Die Geschichtswissenschaft – das macht ihr Pathos aus – will aber nur wahre (und natürlich überindividuell relevante) Geschichten erzählen. Sie hat daher ihr Reflexionspotential in hohem Maße auf die Frage konzentriert, wie die Wahrheit einer Geschichte zu finden und im Prozeß der Vermittlung gegen alle Verfälschung zu bewahren ist.

Die Theologie des Christentums hat sich dem bis zum 19. Jahrhundert ständig wachsenden Prestige der Geschichtswissenschaft nicht entziehen können. Auch sie fragt also mit wachsender Dringlichkeit nach dem Wahrheitswert ihrer Geschichten. Man mag darüber streiten, ob man den Anfang beim Auferstehungszweifel ansetzen soll, auf den dann eine nicht nur schlicht nacherzählende, sondern «historisch» bekräftigende Antwort gegeben wird: «Er ist *wahrhaft* auferstanden!» Man kann auch den Bund von Theologie und Geschichtswissenschaft erst dort beginnen lassen, wo christliche Theologen die Anwendung der historischen Textkritik auf biblische Erzählungen zulassen. Gleichviel, heute herrscht in der Theologie die einhellige und kritisch kaum hinterfragte Meinung, daß die biblischen Erzählungen, wenn schon notgedrungen überhaupt von ihnen die Rede sein muß, allenfalls dann als Erzählungen bestehen bleiben dürfen, wenn sie mit den anerkannten Methoden der Geschichtswissenschaft als wahre Geschichten ausgewiesen werden können. Diese Bedingung aber ist nicht eben leicht zu erfüllen, zumal wenn von der Transzendenz die Rede ist. Und so weicht die Theologie auf ihren Rückzugsgefechten besonders gerne auf periphere Geschichten aus, die den methodischen Prinzipien der benachbarten Geschichtswissenschaft leichter genügen können. Sie treibt also (ich zitiere aus einem theologischen Aufsatz): Formgeschichte, Redaktionsgeschichte, Traditionsgeschichte, Auslegungsgeschichte, Wirkungsgeschichte, Kirchengeschichte, Theologiegeschichte, Frömmigkeitsgeschichte, Forschungsgeschichte – dies alles zum Beweis der «vollen Geschichtlichkeit des Christentums».[4]

Aber ach, die moderne Geschichtswissenschaft ist selber von Zweifeln an ihrer Methode befallen und fragt kritisch nach ihrer «Theoriefähigkeit». Es ist im großen bekannt, und Reinhart Koselleck hat es im einzelnen beschrieben und dokumentiert, wie aus den (mehr oder weniger wahren) Geschichten der alten Historiographen der Kollektivsingular der Geschichte («*historia ipsa*») wird und wie aufgrund der Äquivokation zwischen erzählender und erzählter Geschichte alle möglichen Hypostasen historischer Subjekte den Platz des Erzählers einnehmen, den die Historiker eilfertig freigegeben haben.[5] Denn auch die modernen Historiker tun alles, um möglichst wenig erzählen zu müssen. Golo Manns große Geschichtserzählung von Wallenstein (1971) ist eine sublime und möglicherweise eine der letzten Ausnahmen, die diese Regel bestätigen.

Wenn jedoch nicht nur die argumentierenden Wissenschaften, sondern auch die Geschichtswissenschaften das Erzählen mehr und mehr verschmähen, so ist zu fragen, ob es in unserer heutigen Gesellschaft, außer hastiger Nachrichtenübermittlung, überhaupt noch einen fraglosen Ort des Erzählens gibt. Walter Benjamin und Theodor W. Adorno haben die Frage verneint und generell das Ende des Erzählens diagnostiziert.[6] Immerhin: es gibt noch die literarische Gattung des Romans, die nach wie vor eine starke Stellung auf dem Buchmarkt hat. Und «*Ceci n'est pas un conte*» (Diderot) und «Schluß mit dem Erzählen» (M. Scharang) sind schließlich Titel von Erzählungen. Wir können sagen, daß heute zwar eine umfangreiche Erzählliteratur besteht, daß für diese Art Literatur jedoch ein Schreibstil charakteristisch ist, in dem das Erzählen miterzählt und theoretisch mitreflektiert wird. Wenn die gegenwärtig schreibenden Autoren also erzählen, so unterwerfen sie meistens den Prozeß des Erzählens selber einer kritischen Reflexion und machen diese Reflexion sogleich wieder zum Gegenstand ihres Erzählens. Naives Erzählen ist heutzutage fast nur noch in der Trivialliteratur anzutreffen. Auch die fiktionale Literatur («Dichtung») hat also offenbar ihre narrative Unschuld verloren.

Ich komme zu den Folgerungen. Die heilige oder unheilige Allianz zwischen der Theologie und den Wissenschaften, insbesondere der Geschichtswissenschaft, ist nicht ohne weiteres rückgängig zu machen. Eine nur narrative Theologie ist kaum mehr vorstellbar. Aber der disziplinären und interdisziplinären Theologie-Kritik mag dennoch gestattet sein, die Fraglosigkeit dieses alten Bundes mit der Geschichtswissenschaft in Frage zu stellen. Es ist insbesondere nicht recht einzusehen, warum die Theologen zusammen mit den Historikern wie gebannt auf den einen Punkt starren, wo es um die Wahrheit einer Geschichte geht. Die Faktizität ist nicht die *conditio sine qua non* dafür, daß eine Geschichte uns etwas angeht, uns «betrifft». Auch fiktionale Geschichten können im Modus der Betroffenheit rezipiert werden. Diese Betroffenheit kann ebenso wie das Hören einer tatsächlich geschehenen Geschichte jenes Weiterhandeln auslösen, das denen auferlegt ist, die hingehen und ein gleiches tun wollen. Der Weg über die Doktrin ist dabei nicht unerläßlich und scheint eher ein Umweg zu sein, wenn man bedenkt, daß eine erzählende und eine praktische («politische») Theologie es beide mit Handlungen zu tun haben. Immerhin, die Theologie wird nicht so weit praktisch werden können, daß sie aus dem Bund der theoretischen Wissenschaften austräte. Aber auch als theoretische Wissenschaft braucht sie ihre überlieferten Erzählungen nicht – kleingläubig – zu verleugnen. Schon eine Theorie der Narrativität wäre ein weiträumiges Forschungsprogramm für diese Wissenschaft. Mit ihr könnte sie überdies verschiedenen anderen Wissenschaften interdisziplinären Beistand bieten, einschließlich der Geschichtswissenschaft, soweit diese sich bisher selber ebenfalls kaum für die Bedingungen ihrer eigenen Narrativität interessiert hat. Doch selbst die stimmigste Theorie der Narrativität muß notwendig als inadäquat gelten gegenüber einer einfachen vor- oder nacherzählten Geschichte, die den Hörer oder Leser zum «Täter des Wortes» werden läßt, so daß von ihm wiederum erzählt werden kann. Wenn die pastorale Theologie solche Geschichten kennt, hat sie allemal den besseren Teil erwähnt. Giuseppe Roncalli hat das intuitiv gewußt, als er einmal in den Kreis jüdischer Besucher trat und sie mit den Worten grüßte: «Ich bin Joseph, euer Bruder». Das war einer Geschichte nacherzählt, die er, der XXIII. römische Papst des Namens Johannes, mit seinen jüdischen Brüdern aus Israel teilte. Im Modus der Betroffenheit stellte sich an jenem Tag eine sehr alte Erzählgemeinschaft wieder her.

INRI

Der Kreuzestitel im Prozeß Jesu

Der Prozeß Jesu ist bei den vier Evangelisten – jedoch nur bei ihnen – gut bezeugt. Darüber berichten in weitgehender Übereinstimmung die Synoptiker Matthäus, Markus und Lukas, abweichend davon und mit besonderer Ausführlichkeit Johannes. Genau genommen handelt es sich um zwei Vorgänge, die zu verschiedener Zeit und an verschiedenen Orten stattfinden. Zuerst wird Jesus nach seiner Gefangennahme von Angehörigen des Hohen Rates (Sanhedrin, Synhedrion) verhört und wegen Gotteslästerung des Todes schuldig befunden. Zu einer ausdrücklichen jüdischen Gerichtsverhandlung kommt es jedoch nicht. Vielmehr wird Jesus unverzüglich an den römischen Präfekten Pontius Pilatus überstellt in der Erwartung, daß dieser den Beschuldigten als Rebellen zum Tode verurteilt und ihn, da das Recht über Leben und Tod (*ius gladii*) ohnehin bei der römischen Besatzungsmacht liegt, von römischen Soldaten hinrichten läßt. Nach einigem Widerstreben verhängt Pilatus nach römischem Recht das Todesurteil, und Jesus stirbt am Kreuz.

Eine Inschrift (*titulus*), die auf Geheiß des Präfekten zu Häupten des Gekreuzigten angebracht wird, gibt den Grund der Verurteilung an: IESUS NAZARENUS REX IUDAEORUM, abgekürzt INRI. Der Verurteilte hat sich demnach die Königswürde angemaßt und mit dieser sträflichen Handlung gegenüber dem Kaiser in Rom das Verbrechen der Majestätsbeleidigung (*crimen laesae maiestatis*) begangen. Mit dieser Inschrift ist das Kreuz zum zentralen Emblem der Christengemeinden geworden und, wie dem oströmischen Kaiser Konstantin später in einer himmlischen Vision («In diesem Zeichen wirst du siegen») verheißen, zum Sieges- und Segenszeichen des über den ganzen Erdball sich ausbreitenden Christentums geworden.

Auf ausdrückliche Anweisung des Pilatus ist der *titulus crucis* dreisprachig abgefaßt worden: hebräisch, lateinisch und griechisch. Ausgezeichnet durch die Heiligkeit des Kreuzes, sind diese drei Sprachen im ganzen Mittelalter (Hilarius von Poitiers, Augustinus, Alkuin ...) als «heilige Sprachen» *(linguae sanctae)* angesehen und verehrt worden.[1] In der Renaissance haben dann die Humanisten mit dieser Auffassung auch im weltlichen Sinne Ernst gemacht und von den Gebildeten verlangt, diese drei Sprachen nun auch selber kunstgemäß zu lernen und zu pflegen, zum Beispiel am *Collegium Trilingue* im flandrischen Löwen oder dem ebenfalls dreisprachigen kastilischen Alcalá de Henares, wo der «Drei-Sprachen-Hof» *(patio trilingüe)* noch heute zu den Sehenswürdigkeiten der Stadt zählt. Auch das *Collège Royal,* im Jahre 1530 von König Franz I. in Paris gegründet und später *Collège de France* genannt, ist mit seinen früh eingerichteten Lehrstühlen für Hebräisch (1530), Griechisch (1530) und klassisches Latein (1534) in seinem historischen Kern ein *Collège de trois langues.*[2]

Wir kehren nun zur genaueren Betrachtung der historischen Verhältnisse zu den Anfängen zurück, und zwar bis zu jener Zeit, in der Jesus seine ersten Jünger um sich sammelte. Da lesen wir bei dem Evangelisten Johannes, daß Andreas, der Bruder des Simon Petrus, durch Johannes den Täufer auf Jesus aufmerksam gemacht worden ist und in ihm sogleich den Messias erkennt: «Wir haben den Messias gefunden». Andreas und Simon erklären sich spontan zu seinen Jüngern, letzterer schon unter seinem neuen Namen Kephas/Petrus. Wenig später tritt Natanaël auf Jesus zu. Er ist erstaunt, daß Jesus ihn schon zu kennen scheint, und redet ihn voller Verehrung als Sohn Gottes und als König von Israel an. Schließlich verleiht Jesus all diesen Begegnungen einen prophetischen Sinn: «Amen, amen, ich sage euch: Ihr werdet den Himmel geöffnet und die Engel Gottes auf- und niedersteigen sehen über dem Menschensohn» (Joh 1,40–51).

Dieser Abschnitt, der in der Kirchengeschichte hauptsächlich mit Blick auf Petrus als «Fels» der (katholischen) Kirche seine Exegeten gefunden hat, soll hier aus einem anderen Blickwinkel gelesen werden. Er enthält nämlich in gedrängter Form die vier Herrschaftstitel, die in der Anwendung auf Jesus den zentralen Streitgegenstand der beiden erwähnten Prozesse bilden werden. Es sind die folgenden:

– «Messias» (griech. *Christos*, lat. *Christus*, ‹der Gesalbte›). Der Messias ist der sehnlich erwartete Retter Israels, dessen Kommen freilich unbestimmt ist. Auch ist nicht klar, an welchen Zeichen man ihn erkennen kann.

– «Sohn Gottes» (griech. *Hyios tou Theou*, lat. *Filius Dei*). Der Ausdruck ist seinem Sinn nach nicht ganz eindeutig, da alle Menschen, die Jahwes Gebote halten, «Kinder Gottes» (*filii Dei*) genannt werden können. Es bedarf daher einer besonderen Emphase, wenn «Sohn Gottes» darüber hinaus eine besondere Erwähltheit oder Adoption bezeichnen soll.

– «König von Israel» (griech. *Basileus Israel*, lat. *Rex Israel)* ist ein Herrschaftstitel, der in der jüdischen Geschichte großes Gewicht gehabt hat (vgl. die biblischen «Bücher der Könige»). Jahwe selber nimmt für sich die Königswürde in Anspruch. In den Evangelien wird großer Wert daraufgelegt, daß Jesus durch die Abstammung von «König» David legitimiert ist. Eine später noch genauer zu besprechende Variante dieses Herrschaftstitels lautet «König der Juden» (griech. *Basileus ton Ioudaion*, lat. *Rex Judaeorum*).

– «Menschensohn» (griech. *Hyios tou Anthropou*, lat. *Filius Hominis*) ist ein weiterer, auf einen prophetischen Traum Daniels zurückgehender Herrschaftstitel, der die messianische Heilserwartung im Hinblick auf ein vielfach als nahe bevorstehend gedachtes Weltende präzisiert. Der «Menschensohn» wird dann von Gott die Vollmacht erhalten, die (wenigen) Gerechten, die gerettet werden, in ein neues Weltalter (Äon) zu führen.

Bei den jüdischen Gesetzeslehrern werden diese vier Herrschaftstitel genau unterschieden, von den einfachen Leuten hingegen wohl eher als unterschiedliche Nuancen einer göttlichen Erwähltheit wahrgenommen. Auch bei den Evangelisten, die wir uns nicht als fachsprachlich versierte Gesetzeskundige vorstellen dürfen, kommen alle vier Titel unterschiedlich gemischt, gelegentlich auch, wie oben bei Natanaël, kumuliert vor. Immer geht es dabei jedoch um die theologisch höchst bedeutsame Frage, ob diese Herrschaftstitel, einzeln oder gehäuft, auf Jesus angewandt werden dürfen und ob Jesus selber deren Anwendung auf seine Person und Sendung billigt. In dieser Hinsicht bleiben einige Ungewißheiten bestehen, da Jesus sich in der Selbstaussage bemerkenswert zurückhält und allenfalls in der dritten Person, wie oben gezeigt, den einen oder anderen dieser Titel auf sich anwendet, mit Vorliebe die Titel «Sohn Gottes» oder «Menschensohn» (das sind in dieser theologischen Terminologie keine Widersprüche). Im Unterschied dazu werden die Titel «Messias» und «König von Israel» von Jesus weniger bevorzugt, jedoch auch nicht zurückgewiesen.

In allen Fällen und von wem auch immer gebraucht, stehen die genannten Herrschaftstitel regelmäßig in einem feierlich-verbindlichen Kontext, der eine Identitätsstiftung ausdrückt, häufig mit der Anredeformel «du bist». Dementsprechend wird Jesus in dem oben referierten Johannes-Kapitel von Natanaël wie folgt angeredet: «Rabbi, du bist der Sohn Gottes, du bist der König von Israel». Und Jesus spricht seinerseits den Simon Petrus in der gleichen Weise (mit der späteren Papstformel!) an: «Du bist Simon, der Sohn des Johannes, du wirst Kephas genannt werden, das heißt Petrus (Fels)». Es wird hier nicht nur eine Identität gestiftet, sondern auch ein außergewöhnlicher Rang der Heiligkeit begründet.

In dem jüdischen Verfahren, das unter dem Vorsitz des Hohenpriesters Kaiphas vor dem Hohen Rat oder einem von ihm gebildeten «Krisenstab» (Pinchas Lapide) stattfindet, stehen die verschiedenen Herrschaftstitel, die Jesus sich bei verschiedenen Anlässen direkt oder indirekt zugesprochen und nach Auffassung der Anklage angemaßt hat, im Mittelpunkt des Verhörs.[3] Die entscheidende Frage, die der Hohepriester als Vorsitzender dieses obersten jüdischen Gerichtshofes an Jesus richtet, lautet nach Matthäus 26, 57–68: «Ich beschwöre dich bei dem lebendigen Gott, sag uns: Bist du der Messias, der Sohn Gottes?» Zwei der besprochenen vier Herrschaftstitel sind in dieser Verhörsfrage vereint: «Messias» und «Sohn Gottes». Jesus antwortet: «Du hast es gesagt». In unmittelbarem Anschluß an diese Antwort bringt Jesus jedoch sogleich einen weiteren Herrschaftstitel vor, und zwar den ihm allem Anschein nach besonders genehmen Titel «Menschensohn», wiederum, wie oben bei Johannes, in der dritten Person und im prophetischen Gestus: «Von nun an werdet ihr den Menschensohn zur Rechten der Macht sitzen und auf den Wolken des Himmels kommen sehen». Diese Antwort reicht dem Hohenpriester als «Geständnis» aus: «Er hat Gott gelästert. Er ist schuldig und muß sterben».

Ganz im Sinne dieser jüdischen Vorverhandlung geht es bei dem römischen Prozeß, der im Anschluß daran vor dem «Landpfleger» Pontius Pilatus geführt wird, in der Hauptsache nicht um strafbare Handlungen des

Angeklagten, sondern «verbalistisch» um die Herrschaftstitel, zu denen
Jesus sich entweder bekennt oder nicht bekennt. Neuartig ist jedoch an
dem Prozeß vor Pilatus die veränderte Rechtslage, die nach dem einschlä-
gigen römischen Recht (*lex Iulia maiestatis*) auf die prozeßentscheidende
Frage hinausläuft, ob der Angeklagte mit einem seiner jüdischen Herrschaftstitel eine förmliche Majestätsbeleidigung gegenüber dem Kaiser in
Rom begangen hat.[4] Im Hinblick auf dieses Verfahrensziel haben die
rechtskundigen Mitglieder des Hohen Rates, sicherlich unter Hinzuzie-
hung von «Romanisten» (= Römischrechtlern), die Anklage so formuliert,
daß sie für römisches Rechtsdenken plausibel ist. Sie haben nämlich von
den drei Herrschaftstiteln, die bei Matthäus genannt sind, keinen einzigen
beibehalten und die gesamte Anklage statt dessen auf den von Matthäus
gerade nicht erwähnten Herrschaftstitel «König von Israel» abgestellt,
wobei sie diesen – in noch weitergehender Anpassung an die römische
Fremdperspektive – auf die Variante «König der Juden» zugespitzt haben.
Um diesen Titel, dem die priesterlichen Autoritäten in ihrer Vorlage zu
Händen des Präfekten Pontius Pilatus offensichtlich eine implizite Bedrohung der römischen Herrschaft unterstellt haben, geht es nun in dem Prozeß, der von Pilatus zu führen ist. Es ist anzunehmen, daß die juristischen
Romanisten des Kaiphas dabei sehr wohl wußten (was die späteren literarischen Romanisten von dem Racine-Drama «*Bérénice*» her kennen), daß
«König» sowohl im republikanischen als auch im kaiserlichen Rom ein
Reizwort war, das mit einem öffentlichen Tabu belegt war. Auf diese gefährliche Konnotation konnten sich die Ankläger bis zu einem gewissen
Grade auch bei einem König «der Juden» verlassen, während hinsichtlich
der anderen jüdischen Herrschaftstitel zu vermuten war, daß sie bei römischen Adressaten höchstens auf Unverständnis und Desinteresse stoßen
würden.

Betrachten wir nun zunächst die Rechtslage aus der Perspektive des Pilatus. Für die Aufgabe, einen Strafprozeß zu führen, war der Präfekt sicherlich gut vorbereitet durch eine rhetorisch-juristische Bildung, wie sie
im römischen Weltreich Grundlage jeder öffentlichen Karriere war. So hat
Pilatus also ganz ohne Zweifel gewußt, daß für jeden Strafprozeß (*causa*)
zunächst der *status* (griech. *stasis*) festzustellen war, definiert als «das,
worin der Rechtsfall besteht» (*ea res in qua causa consistit; causae consti-
tutio*). Die in Heinrich Lausbergs «Handbuch der literarischen Rhetorik»

umfassend dokumentierte Status-Lehre[5] kennt drei «Prozeßstände» (wie man den Begriff *status* übersetzen könnte):

I/ *Status coniecturae.* Hier geht es um das «ob» des Sachverhalts mit der Streitfrage: *an fecerit.* Dies ist eine *quaestio facti.*
II/ *Status finitionis.* Es geht nun um das «was» des Sachverhalts mit der Streitfrage: *quid fecerit.* Für diesen Prozeßstand spielt die rechtsverbindliche Benennung des Sachverhalts in juristischer Terminologie (*controversia nominis*) eine besondere Rolle.
III/ *Status qualitatis.* Dieser Prozeßstand ermittelt, «wie» der strittige Sachverhalt rechtlich zu beurteilen und gegebenenfalls zu verurteilen ist. Streitfrage: *an iure (recte) fecerit.*

Sollte keiner der drei *status* in Frage kommen, liegt ein «statusloser Streitfall» (*asystata controversia*) vor, und der Prozeß kommt nicht zustande. In diesem Fall empfiehlt sich als Ausweg aus unklarer Rechtslage ein weiterer, gelegentlich an vierter Stelle aufgezählter Prozeßstand: der *status translationis,* zu verstehen als Verweisung des ganzen Verfahrens an eine andere Instanz, sofern eine solche vorhanden ist. Genau nach diesen rhetorisch-juristischen Verfahrensregeln hat der Präfekt Pilatus fast schulmäßig korrekt den Prozeß Jesu zu führen versucht mit dem Ziel, ihn am Ende durch einen Urteilsspruch, wahrscheinlich wegen Majestätsbeleidigung, rechtsgültig zu entscheiden (*ferre sententiam*).

Der besondere Charakter des Prozesses Jesu vor Pilatus ist nun dadurch gekennzeichnet, daß bereits eine Vorverhandlung nach jüdischem Recht gegen ihn stattgefunden hat. Diese hatte schon eine Klärung mindestens des *status coniecturae* zum Inhalt, wobei zu beachten ist, daß im «performativen» Gebrauch von Herrschaftstiteln das «Sprechen» (*dicere*) und das «Handeln» (*facere*) zusammenfallen. Die *quaestio facti* also, ob Jesus, indem er etwas Bestimmtes gesagt hat, etwas Strafbares getan hat, ist damit nach Auffassung der jüdischen Ankläger beantwortet. Gleichwohl hat Pilatus – juristisch korrekt – für sich entschieden, den *status coniecturae* in seinem Prozeß nicht einfach zu überschlagen und als geklärt zu unterstellen. Er läßt es sich nicht nehmen, auch von sich aus an Jesus die Frage zu stellen, «ob» er sich tatsächlich «König der Juden» (so nun die zu römischrechtlichem Gebrauch vereinfachte *quaestio facti* nach den Herrschaftstiteln Jesu) nennt. Ist diese Frage klar beantwortet, so kann Pilatus zum *status finitionis* übergehen und in einer *controversia nominis* die «was»-Frage zu klären versuchen, ob «Majestätsbeleidigung» (*laesa maiestas*) der richtige Rechtsname für diese strafbare Handlung ist. Ist auch das erwiesen, so wird sich schließlich im *status qualitatis* für Pilatus zwingend die Folgerung ergeben, daß nach Recht und Gesetz die Todesstrafe zu verhängen ist.

So richtet nun Pilatus zweimal direkt und einmal indirekt an Jesus die Frage, ob er tatsächlich den Herrschaftstitel «König der Juden» für sich beansprucht, und zwar nach der Fassung des Johannes-Evangeliums in diesen drei Versionen:

«Bist du der König der Juden?» (Joh 18,33)
«Was hast du getan?» (Joh 18,35)
«Also bist du ein König?» (Joh 18,37)

Und ebenfalls dreimal erhält er von Jesus Antworten, deren *status*-Gehalt für ihn wahrscheinlich schwer einzuschätzen ist, so daß er jeweils zum dem Ergebnis kommt:

«Ich finde keinen Verfahrensgrund bei ihm.» (Joh 18,38)
«Da ich bei ihm keinen Verfahrensgrund finde» (Joh 19,4)
«Ich finde nämlich keinen Verfahrensgrund bei ihm.» (Joh 19,6)

Luther übersetzt diese Reden: «Ich finde keine Schuld an ihm». Das ist hinsichtlich des römischen Rechtsbegriffs *causa* (griech. bei Lukas *aítion*, bei Johannes *aitía*) unscharf übersetzt. Es geht darum, daß Pilatus nach seinen Vorstellungen von den Prozeßständen nicht weiß, wie er korrekt von *status* zu *status* übergehen soll. Weder ist für ihn zureichend geklärt, «ob» Jesus den strittigen Herrschaftstitel für sich beansprucht (*status coniecturae*), noch «was» dieser verbale Anspruch in der juristischen Terminologie seines Rechtsverständnisses als strafbare Handlung bedeutet (*status finitionis*). So ist auch der *status qualitatis* nicht erreichbar. Nicht nur ein eventuelles Urteil, sondern das ganze Verfahren steht auf dem Spiel, so daß die Antworten des Pilatus fachsprachlich korrekt wie folgt gelesen werden müssen: «Ich weiß bei ihm nicht, auf welchem Verfahrensgrund ich den Prozeß führen soll».

Nun darf allerdings die kirchlich zugrunde gelegte Vulgata-Fassung nicht den Eindruck erwecken, der heutige Leser habe bei diesem Text einen protokollarischen Wortlaut des Prozeßgeschehens vor sich. Es ist ja nicht einmal bekannt, in welcher Sprache der Prozeß überhaupt geführt worden ist. Daß Pilatus als Richter selber Lateinisch gesprochen hat, kann als sicher gelten. Der Gebrauch des Lateinischen als Gerichtssprache gehörte zu den Amtspflichten der römischen Staatsdiener im ganzen Römischen Reich. Jesus wird Aramäisch gesprochen haben, vielleicht auch eine aramäisch-hebräische Mischsprache, in der sicher viel Griechisches enthalten war, aber auf keinen Fall Lateinisch. Folglich muß ein Gerichtsdolmetscher anwesend gewesen sein. Das kann kein Jude gewesen sein, für den das Betreten eines heidnischen Gebäudes am «Rüsttag» des Paschafestes einen Verstoß gegen das Reinheitsgebot bedeutet hätte (vgl. Joh 18,28). Also ein Römer? Oder wohl eher, was mir am wahrscheinlichsten zu sein scheint, ein Grieche? Dieser unbekannte Dolmetscher, über dessen Sprachkompetenzen natürlich ebenfalls nichts bekannt ist, mag vielleicht überhaupt die Quelle sein, aus der Johannes – unmittelbar oder über Mittelsmänner – die Einzelheiten dieses sehr detailliert wiedergegebenen Prozesses erfahren hat. Das dürfte insgesamt eine relativ zuverlässige Quellenlage sein, da die rhetorisch-juristische Fachsprache, griechisch ebenso wie lateinisch, in der Antike über viele Jahrhunderte hinweg, mindestens aber von Pilatus bis zum Bibelübersetzer Hieronymus, stabil geblieben ist – weshalb auch gerade die lateinische Vulgata-Fassung der Reden ziemlich nahe an der tatsächlich gebrauchten lateinischen Prozeßsprache liegen dürfte.

Das eigentliche Sprachproblem des Prozesses Jesu vor Pilatus scheint auf einer anderen Ebene gelegen zu haben. Es fällt ja auf, daß Jesus auf alle *status*-Fragen hinsichtlich seines Anspruchs auf den Herrschaftstitel «König der Juden» vielfältig nuancierte, um nicht zu sagen ausweichende Antworten gibt, die nicht nur für heutige Bibelleser, sondern auch wohl schon für den Römer Pilatus schwer zu deuten sind. Nun ist zwar aus der Lebenserfahrung bekannt, daß Parteien vor Gericht oft mit einer vagen Semantik operieren, um für sich Vorteile zu erzielen oder Nachteile zu vermeiden. Es ist aber undenkbar, Jesus eine solche Absicht zu unterstellen, obwohl auch ihm als rechtswidrig Angeklagtem das Recht zugestanden sein muß, mit allen legitimen Mitteln, auch denen der Rhetorik, um sein Leben zu kämpfen. Aber es kann ja nicht vergessen werden, wie kategorisch er selber bei seiner Auslegung der göttlichen Gebote gefordert hat: «Euer Ja sei ein Ja, euer Nein ein Nein; alles andere stammt vom Bösen» (Mt 5,37).

Nun hat Jesus aber bei keinem der Evangelisten auf die wiederholten Titel-Fragen zunächst des Kaiphas, dann des Pilatus mit einem schlichten Ja (griech. *nai*) geantwortet, sondern zur Antwort verschiedene Ausdrücke benutzt, die sich nicht ohne weiteres auf die blanke Affirmation reduzieren lassen. Es sind die folgenden:

- «du hast es gesagt» (Mt 26,64)
- «du sagst es» (Mt 27,11)
- «ich bin es» (Mk 14,62)
- «du sagst es» (Mk 15,2)
- «ihr sagt (es), daß ich es bin» (Lk 22,70)
- «du sagst es» (Lk 23,3)
- «du sagst (es), daß ich (ein) König bin» (Joh 18,34)

Nach der unter Exegeten vorherrschenden Meinung sind alle diese Wendungen als (nuancierte) Affirmationen aufzufassen. Das ist in der Tat plausibel, doch sind mindestens bei der letztgenannten, ziemlich umständlich mit «daß» (griech. *hoti*, lat. *quia*) formulierten Antwort einige Zweifel angebracht, so daß beispielsweise einige Exegeten die Ansicht vertreten haben, Jesu Antwort müsse fast als eine Negation gelesen werden: «das sagst *du*, daß ich König bin» (franz. *c'est toi qui dis que je suis roi*). Eine solche Ambiguität möchte ich meinerseits nicht in Betracht ziehen, doch bleibt festzuhalten, daß Jesus seine grundsätzlich affirmativ oder jedenfalls nicht negativ zu verstehende Antwort an die eingeschränkten Geltungsbedingungen eines Zitats heftet. Auch bei den meisten anderen Antworten Jesu, die dem Typus «du sagst es» folgen, ist ein solcher Zitatbezug festzustellen.

Wir wollen diesen Sachverhalt so verstehen, daß Jesus, der Wahrheit seiner Sendung verpflichtet, gegenüber den vielfältig nuancierten, aber vor Gericht peremptorisch abgefragten Herrschaftstiteln zwar grundsätzlich affirmativ antwortet, jedoch mit dem Bestreben, nicht die semantischen Unterschiede oder Nuancen zwischen ihnen zu verwischen. Am deutlichsten ist dieses Bestreben im Pilatus-Prozeß zu beobachten. Mit dem Titel «König der Juden» kann er sich wohl von allen Herrschaftstiteln der jüdischen Überlieferung am wenigsten identifizieren. Hat denn diese

Variante in ihrer lateinischen Fassung (wie war sie wohl für ihn ins He-
bräische oder Aramäische rückübersetzt?) die gleiche Bedeutung wie «König von Israel»? Sicher ist es Jesu im Prozeßverlauf auch nicht verborgen
geblieben, daß der Königstitel in der römisch-rechtlich zurechtgestutzten
Variante einem römischen Tabu oder Vorurteil entgegenspielt, weshalb
auch Pilatus ständig nur auf diesem Ausdruck «herumreitet». Unter diesen Bedingungen hat Jesus verständlicherweise, wenn er nicht überhaupt
geschwiegen hat, immer sehr vorsichtig geantwortet und mehrfach auf
eine Zitatform der verhörenden Instanz Bezug genommen, am deutlichsten bei seiner genau den Zitatpunkt treffenden Gegenfrage an Pilatus:
«Sagst du das von dir aus, oder haben es dir andere über mich gesagt?»
(Joh 18,34) – grammatisch-rhetorisch zu paraphrasieren als: Ist deine Frage eigene (direkte) Rede oder Zitat? Diese Gegenfrage versetzt Pilatus offenbar in beträchtliche Verlegenheit, denn er fragt nun seinerseits entrü-
stet zurück: «Bin ich denn ein Jude?» Man versteht, daß genau in dieser
«Patt»-Situation, da sich das Frage-Antwort-Spiel im Zitatenkreis dreht,
die berühmte Pilatus-Frage ihren Ort hat: «Was ist Wahrheit?» (Joh
18,38). Und unmittelbar danach vernehmen wir zum erstenmal aus seinem Mund, von Johannes in direkter Rede wiedergegeben, das Einge-
ständnis, er komme mit dem Rechtsfall nicht zurecht, da er – so ist seine
Rede juristisch zu interpretieren – nicht sieht, wie er vom *status coniecturae* zum *status finitionis* und von da weiter zum *status qualitatis* übergehen soll.

Zu dieser Schwierigkeit seines Prozesses hat der Jurist Pontius Pilatus
einen Einfall. Er erinnert sich – wiederum fast schulmäßig räsonierend –
des vierten Prozeßstandes, in der Rhetorik *status translationis* genannt.
Ehe nämlich für den Prozeß der Nicht-Stand festzustellen ist, kann der
Richter noch versuchen, den Prozeß auf elegante Art durch die Verweisung (*translatio*) an eine andere Instanz abzuschieben. Daher sein schlau-
er und, wie sich zeigen wird, überschlauer Gedanke, Jesus als Galiläer – das
ist ihm beim Verhör durch eine beiläufige Bemerkung aufgefallen – «zu-
ständigkeitshalber» an Herodes Antipas zu überstellen, der als Tetrarch
(«Vierfürst») von Galiläa gegenüber dem Sanhedrin eine andere Instanz
darstellt. Aber der Rekurs bleibt ergebnislos. Jesus verschmäht die ihm ge-
botene «Chance», wenn es denn eine gewesen ist, und schweigt.

Der zweite Versuch mit der Verweisung an eine andere Instanz hat als «retardierendes Element» eine eigene Dramatik. Pilatus appelliert an das Volk von Israel, dem zum Paschafest das Gewohnheitsrecht eingeräumt ist, von den Römern für einen von ihnen verurteilten Missetäter die Amnestie zu erlangen. Soll nun, so fragt er die Menge, der notorische Verbrecher Barabbas oder – das ist noch einmal Jesu Herrschaftstitel in Zitatform – «euer König» freigelassen werden? Und als die fanatisierte Menge – man hat aus Bachs Matthäus-Passion den Aufschrei im Ohr – «Barabbas» ruft, fragt Pilatus überrascht noch einmal zurück: «Soll ich (wirklich) euren König kreuzigen lassen (*regem vestrum crucifigam*)? Genau das will die Menge. So scheitert auch der zweite Versuch mit dem *status translationis*. Spätestens in dieser Phase des Prozesses scheint Pilatus voll erkannt zu haben, daß er selber zum Gefangenen seines eigenen Prozesses geworden ist. Die Intrige der Ankläger ist zu fest gesponnen, und er versteht nun die Drohung der Ankläger, die sich römischer gerieren als er selber, der Römer: «Wir haben keinen König als den Kaiser» – und noch drohender: «Wenn du ihn freiläßt, bist du kein Freund des Kaisers» (Joh 19,12–15). Da wird Pilatus feige, er «wäscht seine Hände in Unschuld» und erteilt – ohne explizit protokollierten, «performativen» Schuldspruch – seine Zustimmung (*exequatur*). Jesus wird nach römischem Recht gekreuzigt.[6]

Ist dieser Mann am Kreuz nun «der König der Juden»? So können es die Zeugen der Hinrichtung in hebräischer, lateinischer und griechischer Sprache auf der Inschrift (*titulus*) lesen, die auf ausdrückliches Geheiß des Pilatus zu Häupten des Gekreuzigten angebracht wird und den Grund der Verurteilung angibt. Sie lautet in den drei Sprachen:

JESCHUA HA-NOSRI MÄLÄCH HA-JEHUDA
IESUS NAZARENUS REX IUDAEORUM
IESOUS NAZORAIOS BASILEUS TON IOUDAION

Aus dem Herrschaftstitel Jesu, der als Anschuldigung dem Todesurteil zugrunde liegt, ist der Kreuzestitel geworden.

Es kann nach dem Wortlaut der Evangelien nicht zweifelhaft sein, daß Pilatus die prägnante Formulierung des Kreuzestitels bewußt gewählt hat. Was mag nun den Römer Pontius Pilatus veranlaßt haben, ein Zitat als Kreuzestitel zu wählen? Das kann ich mir in diesem «verbalistischen» Prozeß nicht anders als mit der rhetorischen Figur der Ironie erklären, wie

sie schon von Ernest Renan bei Pilatus erwogen worden ist.[7] Ich will diese
Auffassung mit einer etwas ausführlicheren Darlegung begründen, die
auch in die Kulturgeschichte ausgreifen muß.[8] Dabei ist wieder von der
plausiblen Annahme auszugehen, daß Pilatus als hoher römischer Staats-
beamter über eine rhetorisch-juristische Bildung verfügt hat, zu der die
Kenntnis der Ironie als Stilfigur selbstverständlich gehörte. Tatsächlich
hat die Ironie (griech. *eironeia*) bereits in den ältesten uns bekannten Rhe-
toriken Griechenlands und Roms ihren festen Platz. Ihrer rhetorischen
Form nach gehört dieser Tropus zur Gattung der «Andersrede», die dann
vorliegt, wenn jemand etwas anderes sagt, als er meint. Am schärfsten ist
die Ironie dann ausgeprägt, wenn das Gegenteil von dem gesagt wird, was
gemeint ist. Wir wollen das die «antiphrastische» Ironie nennen. Im Unterschied zu anderen Formen der «Andersrede» (Metapher, Allegorie …)
ist bei der Ironie die Abweichung von der gemeinten Bedeutung an die Bedingung geknüpft, daß ein Sprecher oder Schreiber sich kleiner gibt, als er
in Wirklichkeit ist («Kleintun»), wobei er allerdings durch ein Ironiesignal, beispielsweise durch eine auffällige Betonung oder auch nur durch ein
Augenzwinkern, zu erkennen gibt, daß der Ironisierte, der oft ein «Großtuer» ist, in Wirklichkeit so bedeutend nicht ist, wie er selber wohl meint.
Aus dem Gefälle zwischen dem pompös Großen und der listigen Unter-
treibung zum Kleinen hin entsteht der Witz der Ironie. Man versteht daher, daß die griechische *eironeia* in lateinischer Terminologie oft durch
den Ausdruck *dissimulatio* (‹Verstellung durch Weglassen›) wiedergegeben wird, im Gegensatz zur *simulatio* (‹Verstellung durch Hinzufügung›).

Als Vorbild für den Typus des Ironikers gilt in der Antike Sokrates, von
dem Cicero schreibt, daß «sein ganzes Leben eine einzige Ironie war», da
der Philosoph sein überlegenes Wissen immer unter dem Schein des
Nicht-Wissens versteckt gehalten hat («Ich weiß, daß ich nichts weiß»),
häufig jedoch mit einer Spitze gegen die Großtuer, beispielsweise gegen
den Frömmler Euthyphron, der über die göttlichen Dinge alles zu wissen
vorgibt. Unter den verschiedenen Formen der ironischen Andersrede ist
dies die zivilisierteste Art, weshalb auch Cicero die sokratische Ironie eine
«städtisch-feine Ironie» (*urbana dissimulatio*) nennt.[9]

Dies ist in großen Zügen der kulturelle Hintergrund, der historisch zu-
verlässig bei einem Römer wie Pontius Pilatus als Bestandteil seiner philo-
sophisch-literarischen Bildung vorauszusetzen ist. Wenn sich dieser

Mann also bei einer gewichtigen Amtshandlung ironisch verhält, so weiß
er zweifellos, was er tut. Auf den Prozeß Jesu bezogen, können wir uns bei
diesem Skeptiker («Was ist Wahrheit?») wohl vorstellen, daß er im Verlauf des Prozesses, den er unter so pointiert frommen Prämissen führen
muß, nach einer Gelegenheit sucht, die es ihm erlaubt, einige seiner poli-
tisch-religiösen Gegenspieler aus der in Jerusalem amtierenden Priester-
schaft durch Ironie von ihren hohen Rössern «herunter»-zuholen, nicht
unähnlich der Art, wie Sokrates seine Ironie in dem gleichnamigen Dialog
mit Euthyphron praktiziert hat. Die jüdischen Titulaturen, die ihm in seinem Prozeß so unerwartet viel Kopfzerbrechen bereiten, da sie offensichtlich mit für ihn undurchschaubaren Herrschaftsansprüchen verbunden
sind, bieten sich für diese Absicht als besonders geeigneter Ironiegegen-
stand an. Pilatus hat wohl das Gefühl, damit auch vor seiner politischen
Klasse und vor sich selber «fein» heraus zu sein. Daß bei dieser Form der
Ironie das Zitieren eine große Rolle spielt, ist leicht zu verstehen, wenn
man in der neueren Kulturgeschichte der Ironie an die sogenannte «Wie-
dergabetheorie» denkt, derzufolge jede Erscheinungsform der Ironie (wir
müssen hier einwenden: jede wohl nicht!) als «Wiedergabe» (*fait de mention*) gedeutet werden kann, als eine Äußerung also, für die der Sprecher
oder Schreiber nicht selber die Verantwortung übernimmt. Als Prototyp
einer solchen Redewiedergabe gilt das Zitat, so daß man in diesem Zusammenhang auch von einer «Zitat-Ironie» sprechen kann.[10] Auf Pilatus angewandt, läßt sich mit Hilfe dieser Begriffe bis in die einzelnen Formulie-
rungen hinein glaubhaft machen, wie der römische Richter im Prozeß den
strittigen Herrschaftstitel «König der Juden» wohl von Anfang an mit
einem ironischem Tonfall ausgesprochen und insgesamt versucht hat,
hinter einem Vorhang von Zitaten sein eigenes Andersdenken geschickt
zu verbergen, bis der feine Mann aus Rom am Ende doch vom blutigen
Ernst des Geschehens eingeholt wird.

Denn Pilatus ist in Jerusalem nicht der einzige, der durch die Elendsge-
stalt des gefangenen und seinen Todfeinden ausgelieferten Jesus von Nazareth in scharfem «antiphrastischen» Kontrast zu dem vorgeblich von
ihm beanspruchten Herrschaftstitel «König der Juden» zu extremen Reaktionen verleitet wird. In den Prozeßpausen sind es vor allem die Soldaten
und Wächter – nach Matthäus eine ganze Kohorte –, die diesen «König»
mit Worten und Taten verspotten und verhöhnen. Sie legen ihm einen

purpurnen Mantel um die Schultern, setzen ihm eine Dornenkrone aufs Haupt und geben ihm einen Stock als Zepter in die Rechte. Dann beugen sie huldigend die Knie und treiben so ihren Spott mit ihm: «Heil dir, König der Juden!» (Mt 27,27–31a). Das ist – wiederum als «Kleintun» – eine inszenierte Ironie in ihrer vulgärsten und gemeinsten Form, weit entfernt von jeder «urbanen» und sokratischen Erscheinung der Ironie.

Als Jesus nach der von Pilatus verfügten Geißelung, angetan mit den Insignien eines Spottkönigs, dem Volk vorgeführt wird, kommen die vulgäre Ironie der Spötter und die zivilisierte Ironie des Pilatus für einige Augenblicke beklemmend zur Deckung, da der Rhetoriker und Zitatkünstler Pilatus den Schmerzensmann mit einem ironischen Zitat seines Herrschaftstitels vorstellt: «Da ist euer König!» und noch einmal: «Euren König soll ich kreuzigen?» (Joh 19,14/15). Genau an dieser Stelle ist Renan als erster auf die Ironie des Pilatus aufmerksam geworden.

Die Leidensgeschichte Jesu endet mit der Kreuzigung auf Golgota. Aber selbst an dieser Stätte findet die Ironie noch ihren Ort, da Pilatus ihr in Gestalt des Kreuzestitels, der den Herrschaftstitel «König der Juden» als Zitat wiederaufnimmt, definitiven Ausdruck verliehen hat. Für die Wächter und Gaffer ist das wiederum die antiphrastische Ironie in ihrer rohesten Erscheinungsform, und sie verspotten noch den Sterbenden mit Blick auf diesen Kreuzestitel: «Wenn du der König der Juden bist, dann hilf dir doch selbst!» (Lk 23,37). Die Hohenpriester hingegen, die sich gleichfalls den Anblick des Kreuzes nicht entgehen lassen, achten mehr auf die andere, die «feine» Ironie des Pilatus und nehmen Anstoß am Wortlaut des Kreuzestitels, der ihnen als Zitat mißverständlich zu sein scheint, da er nicht eindeutig als «indirekte Rede» gekennzeichnet ist. Konnte dieses Schriftstück – das einzige, von dem bekannt ist, daß es zu seinen Lebzeiten je über Jesus abgefaßt worden ist – nicht von den Leuten verstanden werden als eine gleichsam notarielle Beglaubigung des Königtums Christi? Das fürchten die Hohenpriester am meisten, und so fordern sie: «Schreib nicht: ‹König der Juden›, sondern daß er behauptet hat, er sei der König der Juden!» Pilatus läßt sich jedoch von seiner «amtlichen» Formulierung nichts abhandeln. «Was ich geschrieben habe, habe ich geschrieben» (Joh 19,21/22).[11]

Nun ist angesichts des Kreuzestitels noch genauer zu bedenken, daß jede Form der Ironie, wenn sie von bloßer Verstellung unterschieden werden soll, als eine Drei-Rollen-Handlung zu interpretieren ist. Zu einer ironischen Sprechhandlung gehören mindestens ein Ironiker als Ironie-Autor, ein Ironisierter als Ironie-Adressat und eine dritte Person als Ironie-Zeuge.[12] Vom Ironiker oder Ironie-Autor geht im Modus des «Kleintuns» die ironische Äußerung aus. Diese zielt auf den von der Ironie Be- oder Getroffenen (den Ironisierten). Ebenso konstitutiv für das Zustandekommen einer ironischen Sprechhandlung ist die Drittrolle des Ironie-Zeugen, dem der Ironiker ein Ironiesignal zukommen läßt, um mit ihm auf Kosten des Ironisierten ein mehr oder weniger verstohlenes Einvernehmen (eine «Konnivenz»), wenn nicht sogar eine Komplizenschaft herzustellen.

Beim Kreuzestitel Jesu wird die Rolle des Ironie-Autors zweifellos von Pilatus wahrgenommen, da er ja Form und Inhalt der ironischen Äußerung bestimmt. Aber wer wird eigentlich von ihm ironisiert? Jesus? So haben es auf Golgota zweifellos die Spötter unter dem Kreuz empfunden. Ihr Verhalten, wie es von den Evangelisten bezeugt ist, läßt keinen Zweifel daran aufkommen, daß sie den schmählich gekreuzigten «König» als den Ironisierten und sich selber als die lachenden Ironie-Zeugen dieser Kreuzigung aufgefaßt haben.

Nicht so Pilatus. Für ihn ist der Judenkönig am Kreuz nur das Medium gewesen, durch das hindurch er jene jüdischen Autoritäten, die ihm diesen unangenehmen Fall aufgezwungen haben, mit «ätzender Ironie» (Demandt) oder «rachsüchtiger Ironie» (Varaut) strafen oder wenigstens verstören will.[13] Sie sind für ihn die eigentlich Ironisierten, die ja auch durch ihre empörten Reaktionen zu erkennen geben, daß die Pfeile der Ironie sie getroffen haben. Doch wer nimmt in diesem Fall die dritte Rolle der Ironie-Zeugen ein, die diese Ironie überhaupt entziffern können? Seine römische Begleitung? Er selber vor seinem Innern? Oder vielleicht nur das «virtuelle» Publikum derjenigen, die von der Platon-Lektüre her die sokratische Ironie kennen und mit Cicero deren «urbane» Sprache verstehen?

Der römische Bürger Saulus von Tarsos, später Paulus genannt, hat die Ironie des Kreuzestitels vollkommen verstanden, ganz anders jedoch, als Pilatus sie selber verstanden hat, denn er hat sie triumphierend mit seiner eigenen theologischen Ironie beantwortet, für die nun wiederum Pilatus nur das Medium ist. Der Kreuzestitel des Pilatus – so die paulinische Lehre – ist wortwörtlich zu nehmen, denn er spricht genau die Wahrheit über Jesus Christus aus. Der schmählich Gekreuzigte ist tatsächlich, wie es der dreisprachige Wortlaut des Kreuzestitels aller Welt verkündet, der Messias und König Israels, und Pilatus, der gleichsam als unwissender Protonotar des Christentums diese Wahrheit amtlich gemacht hat und um dieser Tat willen mit den mildesten Worten («gelitten unter Pontius Pilatus») ins Glaubensbekenntnis aufgenommen wurde, ist nur das heilsgeschichtliche Werkzeug einer als göttliches Kleintun verstandenen Ironie, wie sie von Paulus als «Torheit des Kreuzes» in den Mittelpunkt seines nun bald nicht mehr jüdischen, sondern christlichen Glaubens gestellt wird. Das paulinisch geformte Christentum ist seinem innersten Wesen nach, da es auf der demütigen Menschwerdung und Selbstentäußerung («*Kenosis*») des Gottessohnes beruht, Ausdruck einer weit-mehr-als-sokratischen Ironie, verstanden als göttliches «Kleintun» und, wenn ich das Cicero-Zitat analog so umformen darf, als «*divina dissimulatio*», die ihre Gottgleichheit in der Menschlichkeit Christi verbirgt und das sublime *Kenosis*-Signal der heilsgeschichtlichen Kreuzerhöhung den Großen und Mächtigen vorenthält und es nur denen offenbart, die selber als «Kindlein» in der Nachfolge Christi die Tugend der *humilitas* üben. So ist durch Wanderironie (*ironia migrans*) aus der sokratischen Ironie, mediatisiert durch die urban dissimulierende Ironie des Pilatus, die paulinische *Kenosis*-Ironie der Torheit des Kreuzes entstanden, durch die das Christentum eine königlich triumphierende, folglich auch monarchisch verfaßte Weltreligion geworden ist. Ihr Signum ist das Marterinstrument des Kreuzes, das seinen königlichen Sinn und heilsgeschichtlichen Segen im dreisprachigen Zitat des Kreuzestitels antiphrastisch erklärt.

Literatur und Gastfreundschaft

Das Wort Gastfreundschaft, zusammen mit seinen selteneren Nachbarwörtern Gastfreiheit und Gastlichkeit, ist nicht nur ein schönes, sondern auch ein sehr altes Wort der deutschen Sprache. Auf ein noch höheres Alter kommen wir, wenn wir es ins Griechische rückübersetzen und dann mit der *philoxenia* ein Wort erreichen, das schon in der frühesten griechischen Sprache belegt ist. Dieses Wort gibt uns nicht nur die erste, sondern auch die beste Auskunft über die Bedeutung der Gastfreundschaft seit den ältesten Zeiten unserer Kultur. Denn mit dem zweiten Element des Wortes *philoxenia*, also *xenos*, wird nach griechischem Sprachgebrauch gleichzeitig der Fremde und der Gast bezeichnet. Das ist ein Bedeutungszusammenhang, um den wir Heutigen die Griechen nur beneiden können, um so mehr als wir weiterhin den Quellen entnehmen können, daß der Fremde als Gast unter der Schirmherrschaft des höchsten Gottes gestanden hat, der in dieser Eigenschaft *Zeus xenios*, «gastlicher Zeus», genannt wurde. Es macht nachdenklich, daß es in der gleichen griechischen Sprache ein Wort für Gast- oder Fremdenfeindlichkeit, geschweige denn für Ausländerhaß, nicht gegeben hat.

Wir werden gleich noch zu den Griechen zurückkehren müssen, wollen aber zunächst die Gastfreundschaft, lateinisch *hospitalitas*, nach Rom begleiten. Dort löst sich allerdings der schöne Schein der göttlich garantierten Gastfreundschaft sogleich auf, wenn wir bedenken, daß der Fremdling in der altlateinischen Sprache *hostis* heißt, also mit einem Wort bezeichnet wird, das im klassischen Latein die Bedeutung «Feind» angenommen hat. Waren etwa die Griechen gast-freundlich, die Römer gast-feindlich? So einfach sind die Auskünfte der Sprachgeschichte nicht zu interpretieren. Sonst wüßten wir auch als Menschen deutscher oder englischer Zunge nicht recht, auf welcher Seite wir uns wiederfinden sollen, da das deutsche Wort Gast, ebenso wie das englische Wort *guest*, mit lateinisch *hostis* sprachverwandt ist.

Bei genauerer Betrachtung der Sprachgeschichte zeigt sich nun, daß das lateinische Wort *hostis* ursprünglich einen Doppelsinn hatte und den Fremdling in seiner Ambivalenz bezeichnete, die so lange besteht, als man noch nicht weiß, ob er als Freund oder als Feind sich naht. In späteren Zeiten, als das römische Staatswesen festere Formen angenommen hatte, wurde dieser Gegensatz deutlicher erkennbar, da die lateinische Sprache sich nun neben dem Wort *hostis*, das sich auf den Feind spezialisierte, die Neubildung *hospes* zulegte, die den Gast bezeichnete. Dieses Wort liegt als Etymologie auch den entsprechenden romanischen Bezeichnungen zugrunde, wobei nun eine neue Ambivalenz auftritt, da französisch *hôte* und italienisch *ospite* ohne Unterschied den Gastgeber und den Gast benennen. Erst vom Kontext oder der Situation her ist zu entscheiden, welche der beiden Rollen mit dem Wort gemeint ist. Sollte bei der Gastfreundschaft zwischen Geben und Nehmen gar nicht so scharf zu trennen sein, wie wir Modernen gelegentlich meinen? Von dem Wortstamm *hospes* sind auch, teilweise über das französische Wort *hôte*, viele bekannte Wörter der modernen europäischen Sprachen abgeleitet, zum Beispiel im Deutschen *Hospiz, Hospital, Hotel* und *Hostess*, jedoch auch – in ambivalentem Widerspruch dazu – englisch *hostage* und französisch *otage* mit der Bedeutung «Geisel». Bei dem deutschen Wort *Gast* ist vor allem bemerkenswert, und darüber kann man gleichfalls ins Grübeln geraten, daß es keine weibliche Form *Gästin gibt – ganz im Gegensatz zum Wirt, der seit alters eine Wirtin an seiner Seite hat.

So weit die Sprache und die Sprachgeschichte, durch die wir vor einer bloß erbaulichen Betrachtung der Gastfreundschaft hinlänglich gewarnt sind. Genaueres ist jedoch erst dann zu erfahren, wenn wir mit Hilfe der Literatur den Menschen zusehen, wie sie sich in ihrem Leben tatsächlich zu Fremden gastlich oder weniger gastlich verhalten. Wir wollen uns dabei nicht scheuen, weit in die Geschichte zurückzugreifen bis an die Anfänge unserer Überlieferung. Da finden wir zwei Zeugnisse, die für die spätere Geschichte der Gastfreundschaft beispielhaften Wert gewonnen haben.

Das erste Beispiel ist von Homer überliefert, dessen «Odyssee» in mehreren ihrer denkwürdigsten Gesänge als ein episches Handbuch der antiken Höflichkeit und Gastfreundschaft gelesen werden kann.¹ Gastgeber ist in Homers Epos vor allem das Inselvolk der Phäaken, und ihr Gast ist kein geringerer als Odysseus selber, der bei seiner mühseligen Heimkehr aus dem Trojanischen Krieg als Schiffbrüchiger an ihr Gestade verschlagen wird. Als *xenos* ist er den Phäaken zugleich Fremder und Gast.

Und so werden von König Alkinoos und seinem gastfreundlichen Volk alle Ehren und Aufmerksamkeiten aufgebracht, um Odysseus während seines Aufenthalts bei ihnen mit den köstlichsten Speisen und Getränken, mit Poesie und Tanz sowie mit Spielen und anderen Darbietungen reichlich und überreichlich zu bewirten. Ihre Großzügigkeit ist wahrhaft königlich, doch ist sie nicht ohne Grenzen in der Zeit. Denn die antike Gastfreundschaft ist in der Regel auf drei Tage begrenzt. Danach wird erwartet, daß der Gast weiterzieht, wozu ihm die Gastgeber jedoch noch einmal alle erdenkliche Hilfe erweisen. Mit ihrer tatkräftigen Hilfe kann Odysseus tatsächlich seine langjährige Irrfahrt zu Ende bringen und in das heimatliche Ithaka zurückkehren.

Dort allerdings erwartet den Heimkehrer nicht nur die treu und geduldig auf ihn wartende Gattin Penelope, die niemals die Hoffnung auf seine Rückkehr aufgegeben hat. Es wartet auf Odysseus auch die unangenehme Überraschung, sein Haus und Anwesen in größter Unordnung vorzufinden. Eine Horde von Nichtsnutzen und Schmarotzern, die sich Hoffnungen auf das Erbe machen, hat sich auf unabsehbare Zeit in seinem Haus festgesetzt und wartet auf den Tag, an dem Penelope einen von ihnen als «Freier» erhört. Von diesem schweren Verstoß gegen die Regeln der Gastfreundschaft muß Odysseus zuerst sein Haus säubern, ehe er sich mit Penelope der glücklichen Heimkehr freuen kann. So enthält Homers «Odyssee» zusammen mit dem Vorbild auch das Zerrbild der antiken Gastfreundschaft.

Das zweite Modell vorbildlicher Gastfreundschaft ist von Juden und Christen in der Bibel gefunden worden, ebenfalls in Form einer beispielhaften Erzählung. Im ersten Buch der Genesis wird nämlich von Abraham folgende Geschichte erzählt: Der hochbetagte Patriarch saß eines Tages, da die Sonne schon hoch stand, vor seinem Zelt, als er drei unbekannte Männer nahen sah. Freundlich ging er ihnen entgegen, grüßte sie ehrerbietig und bat sie um die Gunst, nicht weiter zu wandern, sondern als seine Gäste bei ihm zu verweilen. Sie könnten bei ihm im Schatten ausruhen und derweil ein Mahl zu sich nehmen, das seine Frau Sarah ihnen bereiten würde. Die drei Fremden nahmen die Einladung erfreut an und wurden reich bewirtet. Als sie danach weiterwanderten, begleitete Abraham sie noch ein Stück des Weges. Einer von den dreien, in dem Abraham schließlich den Herrn oder einen seiner Engel erkannte, bedankte sich bei ihm mit der freudigen Verheißung, er werde übers Jahr wiederkehren, und dann werde Sarah trotz ihres hohen Alters einen Sohn geboren haben.[2]

Für die jüdisch-christliche Heilsgeschichte ist diese biblische Erzählung ein exemplarisches Wahrzeichen dafür geworden, daß die Gastfreundschaft gerade Fremden und Reisenden zu gewähren ist, weil es sehr gut sein kann, daß kein geringerer als ein Engel oder der Herr selber als Fremder und Bedürftiger bei dem Gastgeber einkehren will. In diese Rolle tritt nun in der Geschichte der christlichen Gemeinden und Kirchen immer deutlicher erkennbar die Person Jesu ein, der ja nach dem Zeugnis des Neuen Testaments oft nicht wußte, wohin er sein Haupt legen sollte. So steht er nun in spiegelbildlicher Entsprechung zu Abraham, dem Vorbild gottgefälliger Gastfreundschaft, als ein Fremder, der als Herbergssuchender und wie ein Bettler an unsere Türen geklopft hat, und wir haben ihm nicht aufgetan. Das soll aber unter Christenmenschen anders sein, haben seine Nachfolger im Sinne seiner Lehre später bestimmt, wenn sie Hospize und Spitäler einrichteten, die denen offen stehen sollten, die ihrer als Fremde, als Bettler oder als Pilger am meisten bedurften. Was das spätere Christentum betrifft, so ist es ohne diese als Gottesdienst praktizierte Hospitalität nicht denkbar.

Dafür hier nur ein Zeugnis aus späterer Zeit, zu finden bei Erasmus von Rotterdam in seiner vielgelesenen Schrift «Von den guten Manieren bei Jugendlichen» (1530), die zu den Gründungstexten einer christlich-humanistischen Pädagogik gehört.[3] In diesem Traktat von Erasmus wird der Gast wieder als der Fremde vorgestellt, dem ein junger Mann, sein Schüler in der Lehre der Höflichkeitskunst, auf keinen Fall mit der Frage entgegentreten darf: «Was geht mich dieser Unbekannte an?» (*Quid mihi cum ignoto?*). Ja, muß man denn auch zu einem Fremden höflich sein? Das ist der Fall, antwortet Erasmus, und er schärft seinem Schüler ein, es an Höflichkeit und Gastlichkeit gerade bei einem Fremden am wenigsten fehlen zu lassen, denn eben dieser Fremde kann der Herr selber sein. Geht man nämlich mit Erasmus der kultivierten Gesittung (*civilitas morum*) auf den

Grund, so erweist es sich, daß der eigentliche Adressat aller guten Sitten und Umgangsformen Gott selber ist, der unter Christenmenschen auch die Tugend eines zivilisierten Benehmens gewollt und vorgelebt hat.

Wir können heute nicht mehr genau ermessen, in welchem Umfang die zivilisierten Umgangsformen, wie sie in der westlichen Welt üblich sind, und selbst die Formen der weltlich-staatlichen Gesundheitsfürsorge, von der hierzulande die christliche Krankenpflege abgelöst wurde, noch dieser ehrwürdigen Tradition der Gastfreundschaft verpflichtet sind. Sicher ist jedoch, daß die Gastfreundschaft im eigentlichen Sinne des Wortes die Neuzeit nicht mehr oder nur noch in schwachen Spuren erreicht hat. Immerhin bleibt es unter diesen Umständen dabei, daß der Gast weiterhin, aber nun als Kunde, geschätzt wird.

Irgendwann in dem fast unübersehbaren Zeitraum zwischen Homer und der Gegenwart muß mit der Gastfreundschaft etwas Einschneidendes geschehen sein, so daß sie uns in heutiger Zeit nicht mehr in fragloser Geltung als Recht und Sitte, sondern, wenn überhaupt, dann nur noch als poetisch verklärtes Sinnbild, fast als eine Fata Morgana in der Wüste, erscheinen kann.[4] Ich glaube, daß sich, chronologisch gesehen, diese tiefgreifende Veränderung, wenn auch mit langen Vorläufen und mit gewissen zeitlichen Unschärfen je nach den lokalen oder regionalen Bedingungen, recht genau eingrenzen läßt, und zwar auf die zweite Hälfte des 18. Jahrhunderts. Dafür spricht in deutlichen Worten ein Zeugnis, das aus Frankreich stammt, und zwar aus der für ganz Europa höchst einflußreichen *Encyclopédie*, in der von Diderot, d'Alembert und ihren Mitarbeitern das historische Wissen und das politische Wollen der Aufklärung mit lexikographischer Präzision zusammengefaßt worden ist. In diesem epochalen Kompendium findet man in aller Klarheit ausgesprochen, welche historischen Bedingungen, wie sie für die Neuzeit charakteristisch sind, eine grundlegende Veränderung oder sogar Verdrängung der Gastfreundschaft bewirkt haben. Es heißt dort wörtlich:

> Die Gastfreundschaft ist auf natürliche Weise in ganz Europa verloren gegangen, weil ganz Europa sich dem Reisen und Handeltreiben hingegeben hat. Der Geldumlauf mittels Wechselverkehr, die Sicherheit der Verkehrswege, leicht zugängliche und gefahrlose Transportmöglichkeiten überallhin, bequeme Schiffe, Postkutschen und andere Fahrzeuge, ferner das in allen Städten,

an allen Landstraßen eingerichtete Hotelwesen, wo Reisenden Herberge geboten wird, das alles hat die großzügigen Hilfsleistungen ersetzt, wie sie mit
der Gastfreundschaft der Alten verbunden waren.[5]
L'hospitalité s'est donc perdue naturellement dans toute l'Europe, parce que
toute l'Europe est devenue voyageante et commerçante. La circulation des
espèces par les lettres de change, la sûreté des chemins, la facilité de se trans-
porter en tous lieux sans danger, la commodité des vaisseaux, des postes, et
autres voitures; les hôtelleries établies dans toutes les villes et sur toutes les
routes, pour héberger les voyageurs, ont suppléé au secours généreux de
l'hospitalité des anciens.

Mit dieser aufgeklärten Äußerung ist nun wirklich und in unzweideutiger
Formulierung schon vor mehr als zweihundert Jahren der Gastfreundschaft nüchtern Adieu gesagt worden, und auch die Gründe für ihr Verschwinden, allerdings nur Europa betreffend, finden wir im einzelnen auf-
gezählt. Es sind, kurz gesagt, die Bedingungen der merkantilen und in ersten Ansätzen auch bereits industriellen Zivilisation, von der die nunmehr
als archaisch geltende Gastfreundschaft an den Rand der Gesellschaft ge-
drängt wird. Eine große Rolle spielen dabei nach dem Wortlaut des Lexi-
kon-Artikels die eingreifend verbesserten Verkehrsverhältnisse mit einem
offenbar allerorts florierenden Hotelwesen (hôtellerie), in dem wir zwar
noch Spuren der alten Gastfreundschaft wiederfinden können, das jedoch
nun durch Kommerzialisierung fast bis zur Unerkennbarkeit verändert
ist. Der Gast heißt zwar in Zukunft weiterhin Gast, selbst wenn er für die
Herberge einen festen Preis bezahlt, und auch der Wirt, der ursprünglich
der großzügige Gastgeber war, heißt weiterhin Wirt, aber als solcher ist er
nun in dieser Welt, in der er sich seine Leistungen bezahlen läßt, der Gast-
wirt und professionelle Betreiber einer Gastwirtschaft geworden, und
«wirt»-schaftliche, das heißt ökonomische Überlegungen bestimmen sein
gastliches Handeln. Im besten Fall bietet er für gutes Geld gute Leistung,
denn der Gast ist weiterhin, aber nun als zahlender Kunde, König.

Wir wollen jetzt, bevor wir noch einmal wieder zur eigentlichen Gastfreundschaft zurückkehren, die im Sinne der Encyclopédie verwandelte
Gastfreundschaft ein Stück weit in die Ökonomie und damit in die Politik
hinein begleiten, können das jedoch nur andeutungsweise und in allgemei-
ner Form tun. Dabei soll uns Immanuel Kant behilflich sein. Kants Überlegungen zur Gastfreundschaft, die er in Anlehnung an französischen

Sprachgebrauch «Hospitalität», gelegentlich aber auch nach altdeutscher Sprachgewohnheit «Wirtbarkeit» nennt, stehen in seiner Schrift «Zum ewigen Frieden» aus dem Jahre 1795.[6] Was mag die Gastfreundschaft mit dem ewigen Frieden verbinden? Diese Frage beantwortet zunächst die Geschichte, dann die Philosophie. Ebenso wie der französische Enzyklopädist geht auch Kant von der evidenten Tatsache aus, daß Handel und Verkehr von Europa her die Welt verändert haben. In seinen eigenen Überlegungen setzt er jedoch die Akzente insofern anders, als er die neuen Verhältnisse vorwiegend räumlich betrachtet. Er sieht also die Welt hauptsächlich dadurch von Grund auf verändert, daß sich die handeltreibenden Europäer über die Oberfläche fast der ganzen Erde ausgebreitet haben. Es gibt nach seiner Ansicht fast keine Weltgegenden mehr, die noch neu in Besitz genommen werden könnten. Alles ist schon aufgeteilt. Daraus leitet Kant die Folgerung ab, daß die Menschen, die nur alle gemeinsam die Oberfläche der Erde besitzen können, «sich nicht ins Unendliche zerstreuen können, sondern endlich sich doch nebeneinander dulden müssen». Von dieser Toleranz sind jedoch nach Kants Auffassung die handeltreibenden Staaten Europas, deren Sendboten in der ganzen Welt das Gastrecht nicht nur beanspruchen, sondern erzwingen, «bis zum Erschrecken weit» entfernt. Ihr «inhospitales Betragen», wie er es nennt, ist zutiefst ungerecht und stellt eine Bedrohung des ewigen Friedens dar. Daher fordert Kant, die weltweite – oder darf ich hier schon sagen: globale? – Hospitalität in einem zukünftigen «Weltbürgerrecht» zu verankern, was in erster Linie auf eine Einschränkung des kommerziellen Zugriffs auf außereuropäische Kulturen hinausläuft. Die Europäer sollen sich nämlich nicht unter dem Vorwand eines schrankenlosen Gastrechts alle möglichen Vorrechte aneignen, sondern allenfalls ein «Besuchsrecht» wahrnehmen dürfen, das sich nur darauf erstreckt, mit den Bewohnern anderer Länder «einen Verkehr zu versuchen». Und im Hinblick auf den ewigen Frieden setzt Kant an dieser Stelle hoffnungsvoll hinzu: «Auf diese Art können entfernte Weltteile miteinander friedlich in Verhältnisse kommen». Es wäre in der Tat gut für den Weltfrieden gewesen, wenn diese Kantsche Vision eines Weltbürgerrechts mit fairer Hospitalität im Verkehr der Völker und Kulturen bei der Weltgesellschaft Gehör gefunden hätte. Doch steckt natürlich auch in diesen zivilen Verhältnissen der Teufel im Detail, wie wir fast täglich den politischen und ökonomischen Nachrichten entnehmen können.

Dennoch ist die Gastfreundschaft im alten Sinne des Wortes mit dem Verdikt aus Paris und dem Vernunfturteil aus Königsberg noch nicht auf der Stelle und nicht ohne Umstände aus der Welt verschwunden, und in Deutschland hat sich der Prozeß insgesamt langsamer und mit weniger Entschiedenheit vollzogen als etwa in Frankreich. Das wird besonders deutlich, wenn wir uns nun ansehen, mit welchen Überlegungen Adolf Franz Friedrich Freiherr von Knigge in seiner berühmten Höflichkeitslehre «Über den Umgang mit Menschen» das Verhältnis zwischen Gastgeber und Gast oder, wie er nach altem Sprachgebrauch weiterhin schreibt, zwischen Wirt und Gast bestimmt. Knigges Schrift stammt aus dem Jahre 1788, also vom Vorabend der Französischen Revolution, und ist selber keineswegs ein bloßer Traktat zum guten Benehmen («Fisch nicht mit dem Messer!»), sondern das auch heute noch höchst lesenswerte Aufklärungsbuch eines weltklugen Moralisten über die Sitten und Gebräuche seines Zeitalters.[7] Ich möchte daher an einem etwas längeren Zitat darlegen, was Knigge gleich zu Anfang des Kapitels über die Gastfreundschaft schreibt. Seine Überlegungen erinnern zunächst sehr an den zitierten Artikel aus der *Encyclopédie* wie auch an einige der erwähnten Bemerkungen zur Weltlage bei Kant. Knigge schreibt:

> In alten Zeiten hatte man hohe Begriffe von den Rechten der Gastfreundschaft. Noch pflegen diese Begriffe in Ländern und Provinzen, die weniger bevölkert sind, oder wo einfachere Sitten bei weniger Reichtum, Luxus und Korruption herrschen, sowie auf dem Lande in Ausübung gebracht und die Rechte der Gastfreundschaft heilig gehalten zu werden. In unseren glänzenden Städten hingegen, wo nach und nach der Ton der feinen Lebensart allen Biedersinn zu verdrängen anfängt, da gehören die Gesetze der Gastfreundschaft nur zu den Höflichkeitsregeln, die jeder nach seiner Lage und nach seinem Gefallen mehr oder weniger anerkennt und befolgt oder nicht. Auch ist es wahrlich zu verzeihen, wenn bei immer zunehmendem Luxus und dem mannigfaltigen Mißbrauche, den man in unsern Zeiten von der Gutherzigkeit der Menschen macht, man vorsichtig in Erzeigung solcher Gefälligkeiten wird und wenn man genauere Rücksprache mit seinem Geldbeutel nimmt, bevor man jedem Müßiggänger und freundlichen Schmarotzer Haus, Küche und Keller öffnet.

So weit Knigge zur Ernüchterung seiner Leser in puncto Gastfreundschaft, über die nun offensichtlich auch in seinen Augen nicht mehr vom Olymp herab der göttlich-gastliche *Zeus xenios* herrscht, sondern die eher irdisch-knauserige Göttin Ökonomie mit ihrem Geldbeutel, der nicht immer prall gefüllt ist. Wie kommt es aber zu dieser neuen Lage, wenn die Menschen doch jetzt, wie er schreibt, in «glänzenden Städten» wohnen und sich eines «zunehmenden Luxus» erfreuen dürfen? Das hängt nach seiner Überzeugung mit der auffälligen Verbreitung des Reisens zusammen. Mit wachsendem Wohlstand ist für viele Menschen das Reisen zur Gewohnheit geworden, wodurch sich Knigge übrigens, obwohl er auch Bildungsreisen in Rechnung stellt, zu der zeitkritischen Bemerkung veranlaßt sieht: «Törichte Neugier, Vorwitz, unruhiger Tätigkeitstrieb jagt jetzt haufenweise die Menschen hinaus». Was würde er erst vom heutigen Massentourismus sagen! Aber schon zu seiner Zeit mußte offenbar ein Bürger mittleren Standes, der wahrscheinlich immerhin noch Hauspersonal hatte, damit rechnen, daß alle paar Tage ein unangemeldeter Gast bei ihm anklopfte. Deswegen ist auch dem Autor bei seinen weltklugen Ratschlägen bewußt, daß für die meisten Menschen die Gastfreundschaft an ökonomische Grenzen stößt. Zwar hält Knigge noch an diesem Prinzip fest und schreibt ausdrücklich: «Gastfreundschaft gegen Fremde ist sehr zu empfehlen». Aber man kann den vielen Gästen, mit denen nun zu rechnen ist, nicht mehr die Fülle und Überfülle bieten, die ursprünglich zur Ausübung dieser Tugend gehörte. So erinnert Knigge in diesem Zusammenhang auch noch einmal an ein altes Sprichwort, das in seiner nunmehr höflich abgemilderten Fassung lautet: «Ein Fisch und ein Gast halten sich beide nicht gut länger als drei Tage im Hause». Um so wichtiger wird aber unter den jetzt gegebenen ökonomischen Bedingungen die neue Höflichkeitsregel: «Man reiche das wenige, was man der Gastfreundschaft opfern kann, in gehörigem Maße, mit guter Art, mit treuem Herzen und mit freundlichem Gesichte dar.»

Es kommt hier aber noch ein anderer Gesichtspunkt hinzu, der für Knigge mindestens ebenso wichtig ist wie die pekuniäre und zeitliche Ökonomie. Ich möchte daher aus seinem Buch noch einmal einen kleinen Abschnitt zur Gastfreundschaft zitieren. Er bezieht sich auf die Art und Weise, wie der Gastgeber und der Gast, wenn sie für einige Zeit Hausgenossen sind, sprachlich miteinander umgehen sollen, insbesondere bei den gemeinsamen Mahlzeiten, bei denen die Gastlichkeit am meisten auf die Probe gestellt wird. Der Abschnitt lautet:

> Es gibt eine Art, Gastfreundschaft zu erweisen, die dem wenigen, das man darreicht, einen höheren Wert gibt, als große Schmausereien haben. Vieles

trägt hierzu die Unterhaltung bei. (...) Jeder Gast muß Gelegenheit bekommen, von etwas zu reden, wovon er gern redet. Weltklugheit und Menschenkenntnis müssen hier in den besonderen Fällen zum Leitfaden dienen. Man muß nichts als Auge und Ohr sein.

Mit Knigges hoffnungsvollem Ausblick auf eine Gastfreundschaft im Geiste wollen wir uns zum Abschluß einem Autor des 20. Jahrhunderts zuwenden, dem eine bemerkenswerte Spätblüte dieser alteuropäischen Hospitalität zu verdanken ist. Ich denke an Edmond Jabès (1912–1991). Er stammt aus einer jüdischen Familie, die seit alters in Ägypten gelebt hat. Nach der Suez-Krise, 1957, als er bereits 45 Jahre alt war, hat er seine Heimatstadt Kairo verlassen und ist in das Land der Franzosen gegangen, mit dem er schon durch die kulturellen Traditionen seiner Familie eng verbunden war. So ist er französischer Schriftsteller geworden, «Ausländerautor», wenn man ihn so nennen will, aber ein solches Wort gebraucht man in Frankreich nicht, weil es dort unübersehbar viele Autoren gibt, die aus der Fremde stammen und ihren Beitrag zur französischen Literatur leisten.

Einer der beherrschenden Gedanken im Kopf des Schriftstellers Edmond Jabès ist nun die Idee der Gastfreundschaft, der auch das letzte Buch gewidmet ist, das er in seinem Leben veröffentlicht hat. Sein Titel lautet: «Das Buch von der Gastfreundschaft» (*Le Livre de l'Hospitalité*).[8] Es ist im Jahre 1991, seinem Todesjahr, erschienen. Dieses Buch ist keineswegs ein melancholischer Abgesang auf die Gastfreundschaft, sondern vielmehr ein enthusiastischer Hymnus auf «diesen schönen Regenbogen» (*ce bel arc-en-ciel*), der als Zeichen gastlicher Versöhnung über der Erde steht oder stehen sollte. Doch anders als der homerische Odysseus ist Edmond Jabès kein Erzähler. So wird auch in diesem Buch, das der Gastfreundschaft gewidmet ist, nicht eigentlich von Ereignissen erzählt, abgesehen von einer schwach konturierten Rahmenhandlung, die irgendwo in der Wüste spielt. Einige Reisende, offensichtlich Europäer, sind mit ihrem Fahrzeug in Schwierigkeiten geraten und müssen nun erfahren, daß ihr Leben nur durch die Gastfreundschaft der Beduinen gerettet werden kann. Es ist eine grenzenlose, über alle Maße großherzige Gastfreundschaft, die ihnen gespendet wird: «Bevor auch nur ein Anspruch erhoben wird, ist sie schon gewährt». Das ist genau jene Gastfreundschaft, wie sie Odysseus bei den Phäaken zuteil geworden ist und wie sie in heutigen Zeiten, wenn überhaupt, nur noch in Randzonen der technischen Zivilisation und unter extrem unwirtlichen Lebensbedingungen existiert. Doch die Gäste werden auch bei Jabès ohne Ansehen ihrer Herkunft bewirtet. Bei ihm aber kommen die Reisenden aus einem Land, das sich seit Revolutionszeiten den drei Maximen *Liberté, Egalité, Fraternité* verschrieben hat. Diese Franzosen müssen nun in ihrer Notsituation erkennen, daß ihre schöne Trikolore mindestens um *Hospitalité, Responsabilité* und *Solidarité* ergänzt werden muß, wenn sie äußersten Beanspruchungen standhalten soll. Und der Gastfreundschaft kommt dabei eine besondere Bedeutung zu, da nur sie unmittelbar der Feindschaft entgegensteht: *hospitalité* gegen *hostilité*.

Aber Edmond Jabès wäre nicht Jude, der die Fremdheit in allen ihren Erscheinungsformen kennengelernt hat, und er wäre nicht ein Schriftsteller des 20. Jahrhunderts, wenn er der Gastfreundschaft nur mit nostalgischen Gefühlen nachgehangen hätte. Viel nachhaltiger bewegt ihn die Frage, warum gerade in der Wüste, also mitten in äußerster Unwirtlichkeit, die vollkommene Wirtlichkeit erblühen kann. Hat diese Gastfreundschaft vielleicht etwas mit Religion zu tun? So steht es nicht bei Edmond Jabès zu lesen. Dieser Autor ist kein fromm-orthodoxer Mann, und Gott ist für ihn selber zu einem Fremden geworden. Den Gedächtnispakt, der vor Zeiten zwischen dem jüdischen Volk und dem Gott Abrahams, Isaaks und Jakobs geschlossen wurde, sieht Jabès als nicht mehr bestehend an. Gott selber, schreibt er, ist ohne Gedächtnis und hat sich in das allgemeine Vergessen zurückgezogen. Die Wüste ist ein Gleichnis dieser Abwesenheit, in ihren Sand ist Gottes Wort geschrieben.

Und doch ist da für Jabès ein Buch. Nicht jenes große Buch, das Buch der Bücher, auf das andere Generationen ihre Hoffnungen gesetzt hatten, sondern ein Buch handlichen Formats, das der Fremde, wenn er durch die Welt irrt, verstohlen bei sich tragen kann, in dem aber doch alles Wichtige über die Menschennatur steht. Dies ist im engeren Sinne die Botschaft eines anderen Werkes von Edmond Jabès unter dem schönen Titel «Ein Fremder mit einem kleinformatigen Buch unterm Arm» (*Un étranger avec, sous le bras, un livre de petit format*). Dieser Fremde, der Mann mit dem Buch, ist für Jabès ein Abbild des Schriftstellers, insofern dieser seiner Umwelt und sich selber fremd bleibt. In das Buch hat er sich wie in ein Refugium zurückgezogen. So kann Jabès auch schreiben: «Der Schriftsteller ist der Fremde schlechthin» (*L'écrivain est l'étranger par excellence*). Und Bücher – aber es sollten Bücher kleinen, nicht großen Formats sein! –

sind der Ort, wo dieser Fremde die Gastfreundschaft einer Sprache erfährt, die ihn generös annimmt, so wie er seinerseits diese Sprache mit seinen Büchern kräftigen und bereichern wird. Auf diese Weise entsteht ein Dialog, in dem das Fragen ebenso wichtig ist wie das Antworten, vielleicht noch wichtiger, wenn wir nämlich des weiteren berücksichtigen, daß es von Edmond Jabès ein anderes Buch gibt mit dem Titel «Das Buch der Fragen» (*Le livre des questions*). Ein Buch der Antworten gibt es bei ihm nicht. Denn im Fragen steckt mehr Fremdheit als im Antworten. Die Frage ist selber, schreibt Jabès einmal, eine «schöne Fremde» *(une belle étrangère)*. Daher kann auch ein Dialog im eigentlichen Sinne des Wortes nach der Überzeugung dieses Autors nur zwischen Fremden geführt werden: «*Le vrai dialogue ne peut naître qu'entre deux étrangers*». An diesem Dialog, einer Gastfreundschaft im Geiste, können wir als Leser teilnehmen.

Ehrensache Höflichkeit

Ehre ist eine Sache, Höflichkeit eine andere, gewiß, aber es ist vielleicht eine Überlegung wert, ob und wie diese beiden Werte – wenn es denn Werte sind – der Sache nach zusammengehören. Dieses Problem soll hier zunächst an einigen historischen Figuren erläutert und sodann, allerdings nur für den europäischen Kulturkreis, näher besprochen werden. Als der spanische Mercedarier-Mönch Gabriel Téllez, genannt Tirso de Molina, um 1620 das Drama «Der Verführer von Sevilla» (*El burlador de Sevilla*) schrieb, hat er damit den Helden des Stückes, Don Juan, zum Heros eines modernen Mythos gemacht. In diesem Mythos liegt der Maßstab der Handlung bei der Ehre. Denn der Held ist ein Mann von Ehre. So sieht er sich an, und so wird er von seiner Umgebung gesehen.[1]

Um den Erwerb und Besitz der Ehre hat sich Don Juan Tenorio, so sein vollständiger Name, nicht zu bemühen brauchen. Die Ehre ist ihm von seiner adeligen Herkunft her angeboren. Allerdings sind für ihn mit diesem Standesprivileg auch strenge Auflagen verbunden. Er muß seine Ehre zeitlebens gegen jede «ehrenrührige» Handlung, namentlich jede tätliche oder mündliche Beleidigung, verteidigen. Zum Zeichen dieser Ehrenpflicht trägt er als Ehrenmann einen Degen, von dem er zur Wahrung oder Wiederherstellung seiner Ehre uneingeschränkten Gebrauch machen muß, selbst um den Preis des eigenen Lebens. Das ist das Pathos der Mannesehre.

Die Ehre der Frau gehorcht anderen Gesetzen. Sie besteht für alle weiblichen Personen jenseits der Pubertät, auch wenn sie «nur» bürgerlichen Standes sind, in der Wahrung ihrer Keuschheit. Für junge Frauen, die noch unverheiratet sind, bedeutet Keuschheit soviel wie Jungfräulichkeit. Für verheiratete Frauen ist sie identisch mit der ehelichen Treue. In beiden

Fällen sind auch alle männlichen Familienangehörigen (Vater, Brüder, Ehemann) für die Wahrung der Frauenehre verantwortlich, da die «Schande» eines Verstoßes gegen die weibliche Ehrbarkeit ohne Berücksichtigung der Schuldfrage in erster Linie auf alle satisfaktionsfähigen Männer der Familie fällt, sofern der Makel nicht «mit Blut abgewaschen» wird. So will es der Code der Ehre, der «Ehrenpunkt» (spanisch: *pundonor*, französisch: *point d'honneur*).

Das alles hat Don Juan Tenorio im Blut, wie man unter seinen Standesgenossen zu sagen pflegte. Und so betätigt er sich, solange die Differenz zwischen der Männer- und Frauenehre zu seinen Gunsten ausschlägt, als Frauenheld und Verführer:

> Die größte Lust,
> die es für mich geben kann,
> ist, eine Frau zu verführen
> und sie ehrlos sitzen zu lassen.

> *El mayor*
> *gusto que en mi puede haber*
> *es burlar una mujer*
> *y dejalla sin honor.*

Für Don Juan entsteht hier kein Ehrenproblem dadurch, daß er den Mädchen oder Frauen, die er verführt, die Ehre raubt. Seine eigene Ehre steht dabei nicht auf dem Spiel, selbst dann nicht, wenn sich für die Verführte ein Rächer findet, der dem Verführer nach dem Leben (aber nicht nach der Ehre!) trachtet.

Wieviele Frauen verführt dieser Verführungskünstler? Sind es allein in Spanien, wie Leporello in Mozart/Da Pontes *Don Giovanni* nachrechnet, eintausenddrei? Bei Tirso sind es «nur» vier. Ich will aus diesem Verführungskatalog einen Fall herausgreifen: Tisbea.

Bei seiner Flucht aus Italien, wo er eine neapolitanische Prinzessin verführt hat, gerät Don Juan mit seinem Schiff in Seenot und wird als Schiffbrüchiger an die spanische Küste verschlagen. Mitleidig nimmt ihn das Fischermädchen Tisbea in ihre Hütte auf und bietet ihm Gastfreundschaft. Sie handelt also genau so, wie in Homers Odyssee, dem antiken Handbuch der Gastlichkeit, die Königstochter Nausikaa gehandelt hat. Anders jedoch als bei Homer, wo Odysseus die Rechte und Pflichten des Gastes aufs genaueste achtet, nutzt Don Juan sein gastrechtliches Privileg, in der Hütte seiner Gastgeberin nächtigen zu dürfen, schamlos aus, um das arglose Mädchen zu verführen und es dann sogleich zu verlassen.

Für diesen niederträchtigen Zweck steht dem adeligen Verführer (nicht aber dem Fischermädchen) der kulturelle Code der Galanterie zu Gebote, wie er im Hochmittelalter in der höfischen Literatur, insbesondere in der Poesie der Troubadours und der Minnesänger, entwickelt wurde und dann für Jahrhunderte fester Bestandteil der europäischen Liebesdichtung wurde. Genau nach den Regeln dieses Codes redet der Verführer das Fischermädchen als «Dame» (*señora*) an, ihre schönen Haare haben seine Seele gefesselt, ihre strahlenden Augen sein Herz durchbohrt, und der Liebhaber wird unfehlbar sterben, wenn die Geliebte ihn nicht auf der Stelle erhört. Und sollte sie je meinen, die Standesehre stünde als Hindernis zwischen ihnen, so darf sie wissen: «*Amor es rey*», die Liebe ist souverän und steht als Wert über den Gesetzen der Ehre.

Eben dies aber, so weiß Don Juan als Ehrenmann genau, ist nicht der Fall. Nach den Regeln seines Standescodes ist es zwar richtig, daß der König als Souverän über der Ehre steht. In allen Ehrenhändeln jedoch, in denen der Souverän nicht interveniert, steht die Ehre als oberster Wert über allen anderen Werten, auch über dem Leben und auf jeden Fall über der Liebe. *Amor* ist also nur metaphorisch König. Don Juan gebraucht hier die Sprache der Galanterie, die seinen Ehrencodex metaphorisch umspielt, nur als leicht zu handhabendes Instrument der Verführung gegenüber einem Fischermädchen, das alle diese Metaphern für bare Münze nimmt und dem Galan seine heißen Schwüre arglos glaubt.

In einem späteren Drama, das in dieser Hinsicht zu den bürgerlichen Trauerspielen gehört, wird ein anderes Mädchen einfachen Standes ähnlich beschwingten Schwüren ihres Galans guten Glauben schenken und daran zugrunde gehen: Gretchen. Schauen wir uns die entsprechende Verführungsszene, sie ist dem Ersten Teil des *Faust* entnommen, etwas genauer an.[2] Margarete, bürgerlichen Standes, kehrt unbegleitet vom Kirchgang heim, und sie weiß dabei wohl, was sie ihrer Ehrbarkeit schuldig ist:

Sie ist so sitt- und tugendreich,
Und etwas schnippisch doch zugleich.

Etwas schnippisch muß sie wohl sein, wenn sie nicht gar zu naiv dem frisch verjüngten Galan Faust auf den Leim gehen will, der ihren Heimweg zu einem unschicklichen Annäherungsversuch ausnutzt:

FAUST
Mein schönes Fräulein, darf ich wagen,
Meinen Arm und Geleit Ihr anzutragen?

MARGARETE
Bin weder Fräulein, weder schön,
Kann ungeleitet nach Hause gehen.

Die abschließende Regiebemerkung gibt zu erkennen, daß Faust sogleich ziemlich forsch wird und den Arm, um den er mit höflichen, ja überhöflichen Worten gebeten hat, auch gleich nimmt. Dazu passen die abweisenden Worte, mit denen die bürgerliche Jungfer (so versteht sie sich) die unpassende Adels-Anrede Fräulein, ebenso wie das wohlfeile Kompliment der Schönheit und schließlich überhaupt das unschickliche Angebot des Geleits auf offener Straße «schnippisch» ablehnt. Natürlich ist sie sich im klaren darüber, daß schon hier, beim ersten Wortwechsel, ihre Frauenehre auf dem Spiel steht.

Faust läßt sich jedoch nicht abschrecken, und die Verführung nimmt ihren Lauf, nun eher ohne höfliche Umwege, da der Galan in seinem ungestümen Liebesdrang nicht länger warten mag und nunmehr für die «indirekte Weise», als die Goethe einmal die Höflichkeit definiert hat, keine Geduld mehr aufbringt. So hat Faust hier zwar von Mephistopheles den Habitus eines Galans und die dazu passende Verführungstechnik übernommen, aber sonst hat er in der Kunst der Höflichkeit von der Zivilität des Teufels nicht viel gelernt. Und so muß er ein Mehr an Höflichkeit zunächst ausgerechnet von einer vierzehnjährigen Jungfer lernen, die im Rückblick auf diese Anbändelungsszene tadelnd von ihm sagt:

Es schien ihn gleich nur anzuwandeln,
Mit dieser Dirne g'rade hin zu handeln.

«Dirne» heißt hier nach dem Sprachgebrauch der Zeit zwar nicht «Hure», doch liegt ein deutlicher Verhaltenstadel für Faust in dem Ausdruck «geradehin», der eben das Gegenteil der für alle Höflichkeit charakteristischen «indirekten Weise» bezeichnet.

Von der Galanterie, wie sie seit dem Mittelalter die Poesie und die Romane in ihren höfischen Spielarten belebt und seit der Barockzeit in zunehmendem Maße auch in die Konfliktzonen des Ehrenpunktes eintritt, ist nun allerdings jene Höflichkeit (italienisch: *cortesia,* französisch: *politesse)* weit entfernt, die sich vom Ehrenpunkt mehr oder weniger deutlich absetzt und mit zunehmendem Raffinement einen eigenen Code der «guten Manieren» ausbildet, der fast ganz aus Nuancen besteht. Er ist insbesondere an den italienischen Fürstenhöfen der Renaissance entwickelt und seit Baldassare Castigliones Traktat *Il libro del Cortegiano* (1528) Stufe um Stufe verfeinert worden. Er soll hier zunächst nach einigen Überlegungen beschrieben werden, wie sie von dem italienischen Erzbischof und päpstlichen Nuntius Giovanni della Casa in seinem Höflichkeitstraktat *Galateo* (1558) angestellt worden sind. In Italien wird der *Galateo* bis heute mit etwa dem gleichen Anspruch auf Autorität angeführt, wie man in Deutschland den Knigge zitiert.³

Gleich zu Beginn seines *Galateo* rechtfertigt der Autor sein Vorhaben gegenüber dem denkbaren Vorwurf, diese Art Höflichkeit sei doch recht leichtgewichtig (*frivolo*) im Vergleich zu anderen Regeln des Verhaltens, die ein Mann von Ehre brauche. Natürlich, so räumt er ein, sind Tapferkeit (*fortezza*) und Edelmut (*grandezza d'animo*) höhere Werte oder, in seiner Sprache, edlere Tugenden. Aber wie selten bieten sich doch Gelegenheiten, sie zeigen zu können oder zu müssen! Angenehme Umgangsformen hingegen braucht man alle Tage; sie kompensieren durch die Häufigkeit ihres Gebrauchs ihren relativ niedrigen Rang im Kanon der Tugenden.

Noch deutlicher zeigen sich diese Verhältnisse, wenn man die Sache von der Lasterseite her betrachtet. Verstöße gegen die großen Tugenden des ehrenhaften Lebens sind zwar nach Della Casa zu fürchten wie wilde Tiere (*fiere salvatiche*), aber denen begegnet man glücklicherweise nicht so oft. Die vielen kleinen Verstöße gegen die guten Manieren hingegen, denen man täglich ausgesetzt ist, sind so lästig und störend wie Mücken und Stechfliegen (*zanzare e mosche*), und dieser ständige Ärger kann sich leicht zu einem großen Mißbehagen auswachsen.

Man findet hier also bei Della Casa, mit bildhafter Eindringlichkeit beschrieben, eine Unterscheidung zwischen großen und kleinen Tugenden, großer und kleiner Moral, verbunden mit der schätzenswerten Tendenz, das «Kleingeld» der alltäglichen Höflichkeiten (so Kant) oder die «*Minima moralia*» (so Adorno) im Vergleich mit den heroischen Tugenden moralisch aufzuwerten und ihren Code dem Ehrencode gleichzusetzen. Die neue Höflichkeit der guten Manieren wird von Della Casa anschaulich gemacht in Form einer Anekdote, die im 4. Kapitel des *Galateo* steht und als das Kernstück der Höflichkeitslehre von Della Casa angesehen werden kann. Der Autor erzählt hier in lockerem Ton von einem Besuch, den der Graf Ricciardo, den man sich als jüngeren Mann vorstellen muß, dem Bischof von Verona einmal abgestattet hat. Unter angenehmen Gesprächen verbringt man ein paar Tage miteinander; es sind Festtage der Gastfreundschaft und höfisch-höflicher Gesittung. Nun steht die Abreise des Gastes bevor. Da überlegt der Bischof mit seinen Hausgenossen, ob er wohl diesen Gast, der bei seinem Besuch so ausgezeichnete Manieren an den Tag gelegt hat, dennoch auf «einen ganz kleinen Fehler» (*un picciolo difetto*) aufmerksam machen darf, damit dieser die vollkommene Höflichkeit nicht um ein geringes verfehle. Was ist los mit dem Grafen? Er schmatzt bei Tisch. Das sollte ein Mann seines Standes nicht tun, und darauf wird ihn der Bischof nun aufmerksam machen, aber auf vorsichtigste und schonendste Weise. Er bittet nämlich einen guten Freund namens Galateo (daher der Name des Traktats), den abreisenden Gast eine Tagereise weit zu begleiten und ihm unterwegs, so beiläufig wie nur möglich und als erklärtes Abschiedsgeschenk des Bischofs, den liebenswürdig tadelnden Hinweis zu geben, er lasse manchmal bei Tisch «mit den Lippen und dem Mund ein Kaugeräusch hören, das unerfreulich anzuhören sei». Der Graf errötet ein bißchen, faßt sich aber schnell und trennt sich von seinen Gastgebern mit aufrichtigem Dank.

Das Höflichkeitsproblem, das in diesem Bericht den Lesern vorgestellt wird, antwortet in anekdotischer, also beiläufiger Form auf die allgemeine Frage: Wie kann und soll man eigentlich tadeln, wenn schon in einer gegebenen Situation das Tadeln nicht zu vermeiden ist? Es soll nach Della Casas Vorstellung – für heutige Begriffe fast bis an die Grenze des Grotesken – so delikat wie nur irgend möglich geschehen. Es soll dem Zusammenleben der Menschen nach Möglichkeit alle Schärfe und Härte genommen werden, damit aus einem harmlosen Tadel kein gesellschaftliches Mißbehagen und auf gar keinen Fall ein Ehrenkonflikt entstehen kann. Und bei alledem darf gleichwohl nie irgendeine Anstrengung und Mühe sichtbar werden. Denn «Unangestrengtheit» (*sprezzatura*) ist nach der übereinstimmenden Meinung der italienischen Ratgeber das oberste Gebot einer kultivierten Geselligkeit.

Wir haben jetzt vielleicht schon einen literarhistorisch fundierten Eindruck davon gewonnen, was unter einem Kodex oder Code der Ehre und der Höflichkeit zu verstehen ist. Sicher ist dabei nicht an ein theoretisch durchgeformtes System im Sinne der Semiotik zu denken, eher an ein katalogartiges Ensemble von sprachlichen Zeichen und Normen, die in einer bestimmten Epoche das kulturelle Verhalten einer sozialen Gruppe steuern und auf diese Weise gleichzeitig den Zusammenhalt der Gruppe garantieren. Zweifellos hat der Ehrencode hier die festere Struktur: zwischen der Ehre und der Schande gibt es keine Zwischenstufen. Es gibt nur ein Ja oder ein Nein, das immer dann, wenn der Ehrenfall eintritt, auch Leben oder Tod bedeuten kann. Auf dieser harten Alternative beruht die Konsistenz der Aristokratie als Ehrenkaste.

Wie verhält sich dazu der Code der Höflichkeit, der doch im Gegensatz zum Ehrencode ganz aus Feinheiten und Nuancen besteht? An dieser Stelle setzt Claude Chauchadis, ein französischer «Politessologe» (so sagt man bisweilen in Frankreich), mit einer bedenkenswerten Untersuchung zum historischen Zusammenspiel von Ehre und Höflichkeit ein.[4] Höflichkeit (*politesse*), so argumentiert der Autor mit Blick auf eine in der französischen Ratgeberliteratur verbreitete Gattungsbezeichnung, heißt «zu leben verstehen» (*savoir vivre*), die Sache der Ehre läuft hingegen oft auf ein «Zu-sterben-verstehen» (*savoir mourir*) hinaus. Wie paßt das zusammen? Chauchadis antwortet mit einem moralpragmatischen Argument. Nach seiner Auffassung muß es im Interesse des Ehrenmannes liegen, einen honorablen Weg zu finden, den Ernstfall, bei dem es um Leben oder Tod geht, nicht bei jedem kleinsten Anlaß eintreten zu lassen. Es ist also eine gesellschaftliche Strategie gefragt, die es bis zur Beleidigung und Ehrenabschneidung gar nicht erst kommen läßt. Hier liegt nun, so Chauchadis, die besondere Aufgabe der Höflichkeit, die daher insgesamt als eine Vermeidungsstrategie und in diesem Sinne als «negative Höflichkeit» gekennzeichnet werden kann. Kein Wunder, so argumentiert Chauchadis abschließend, daß Spanien, wo der Ehrencode (*pundonor*) seine schärfste Ausprägung gefunden hat, auch die zeremoniellsten Formen der Etikette und eine ziemlich kaltblütig-strategische Höflichkeit hervorgebracht hat, die im Begriff der *discreción* Klugheit und diplomatische Vorsicht zusammenführt. Baltasar Gracián ist ihr Vordenker.[5]

Diese Zusammenhänge möchte ich im folgenden in drei weiteren Vergleichsschritten anschaulich zu machen versuchen. Zunächst soll die Frage lauten, wie in den beiden Codes, dem der Ehre und dem der Höflichkeit, die beiden Geschlechter angesehen werden. Es erweist sich, daß der Ehrencode zum männlichen, der Code der Höflichkeit zum weiblichen Geschlecht tendiert. Im Mittelpunkt des Ehrencodes steht die Mannesehre, die gegen jede Beleidigung mit der Waffe in der Hand zu verteidigen ist. Ihre Liturgie ist das Duell, wie man es in vielen Ehrendramen kennenlernen kann (so daß der Umgang mit dem Degen noch heute zum Ausbildungsprogramm von Schauspielern gehört). Die Frauenehre, die sich sonst in mancherlei Hinsicht von der Ehre der Männer deutlich unterscheidet, ist im letzten auf diese bezogen, da ein Mädchen, das seine Jungfräulichkeit vergibt, oder eine Ehefrau, die gegen das Gebot der ehelichen Treue verstößt, mehr als sich selber den männlichen Angehörigen ihrer Familie Schande bringt, was je nach der Gattung entweder tragisch oder komisch aufgefaßt werden kann. Insofern ist die weibliche Ehre nach den Regeln dieses Codes nur ein Anhängsel der männlichen Ehre.

Umgekehrt verhält es sich mit den beiden Geschlechtern in Sachen Höflichkeit, die in Europa im Unterschied zu den entsprechenden Codes anderer Kulturen seit dem Hochmittelalter, genauer: seit den Troubadours und Minnesängern, eine spezifische Wendung hin zum weiblichen Geschlecht genommen hat, und zwar in der Form der Courtoisie. Gründungsakt dieser galanten Höflichkeit ist die Erfindung der Dame, einer Kunstfigur, auf die hin mit weitreichenden Folgen für die ganze Literatur und Kultur fast die gesamte europäische Höflichkeit organisiert ist. Im Mittelpunkt dieses Verhaltens steht die Konversation, eine witzig-heitere Form des sprachlichen Umgangs, deren Regeln überwiegend vom Gefallen oder Mißfallen der Damen bestimmt werden. In dieser Hinsicht verhalten sich also die beiden Codes komplementär.

Das zeigt sich auch in einer zweiten Besonderheit der beiden in Frage stehenden Codes. Man pflegte früher von einem Mann, der es an Ehrenhaftigkeit fehlen ließ, zu sagen, er habe «keine Ehre im Leib». Das ist insofern eine treffende Charakterisierung, als die Ehre nach den Regeln des

Ehrencodes ihren Sitz tatsächlich im Leibe hat, und zwar vornehmlich im Herzen, im Blut und im Arm mit der Hand, die den Degen führt. Alles, was der Ehre zustößt, rührt an den Leib und ist in diesem Sinne «ehrenrührig», beispielsweise ein Schlag ins Gesicht, aber auch ein beleidigendes Wort, das die Zornesröte ins Gesicht treibt. Dementsprechend geht es in allen Ehrenhändeln letztlich um «Leib und Leben». Das gilt auch für die weibliche Ehre, die ihren Sitz ebenfalls im Leibe hat, und zwar in den Organen der Fortpflanzung, die den Anspruch der Ehre über das Blut an die nächste Generation weitergeben. Die feste Konsistenz des Ehrencodes über viele Jahrhunderte der europäischen Geschichte hinweg hängt wesentlich an dieser doppelten Leiblichkeit.

Ähnliches kann man vom Code der Höflichkeit nicht ohne weiteres sagen. Doch hat auch dieser Code eine starke leibliche Komponente, insofern seine Regeln nicht nur einen möglichst geistreichen Umgang mit der Sprache nahelegen, sondern von höflichen Menschen auch eine sichere Kontrolle ihrer Kreatürlichkeit fordern. Das Vermeiden des Schmatzens bei Tisch gehört seit Della Casa dazu. Auch für Erasmus, der für Lehrer und Schüler schreibt, ist das die wichtigste Frage der *civilitas*. Wenn diese Bedingungen nun erfüllt sind, muß auf die Beherrschung der Gestik und Mimik und des nonverbalen Verhaltens insgesamt geachtet werden. Es geht also um die Frage, wie man im nahen Zusammenleben mit anderen Menschen durch seine Körperlichkeit nicht nur keinen Anstoß erregt, sondern mit ihr auch möglichst elegant und anmutig umzugehen weiß. Der französische Aphoristiker Alain, dem wir im 20. Jahrhundert eine Reihe von interessanten Beobachtungen zur Höflichkeit verdanken, hat das höfliche Verhalten gerne mit dem Tanz verglichen und mit dieser Charakterisierung sicher etwas Wesentliches getroffen.[6] So spricht man ja auch manchmal vom «Takt», wenn die Höflichkeit gemeint ist.

Noch in einer dritten Hinsicht kann man beide Verhaltenscodes miteinander vergleichen. In vielen älteren Ehrendramen, zum Beispiel in Corneilles *Le Cid*, ist zu beobachten, daß ein tragischer Ehrkonflikt, der eigentlich keine friedliche Lösung zuläßt, dezisionistisch dadurch gelöst wird, daß der König eingreift und den Konflikt schlichtet. Das kann er, weil er als Souverän im Unterschied zu allen anderen Personen von Adel die Ehre nicht nur *hat*, sondern sie selber *ist*. Alle Ehre, die in der Gesellschaft besteht, geht von ihm als «Quelle der Ehre» (*fons honorum*) aus und kehrt zu ihm, da er sie nur «verleiht», am Ende auch wieder zurück. Insofern bildet der Souverän die Mitte des Ehrencodes, und alles dreht sich bei der Ehre um diese Sonne, in Frankreich um den Sonnenkönig.

Auch das kann nicht in gleicher, sondern nur in ähnlicher Form von der Höflichkeit gesagt werden. Sie geht nicht unmittelbar vom Souverän aus, hat aber ebenfalls eine deutliche «Quelle». Das ist der Hof, von dem die Courtoisie und Höflichkeit ja auch ihren Namen hat. Es ist natürlich der Hof eines Souveräns, wie etwa des Herzogs von Urbino in Castigliones *Cortegiano*; dennoch stehen hier die Hofleute, Damen und Herren, und nicht eigentlich der Herrscher selber im Vordergrund des höflichkeitsrelevanten Verhaltens. So wie nun den Herrscher der Hof umgibt, so kann generell vom Code der Höflichkeit gesagt werden, daß er sich als ein Ring und semiotisches Feld um den Binnencode der Ehre legt, so daß dessen hartes Pathos durch das weichere Ethos der Höflichkeit umspielt und abgemildert wird. Allerdings ist damit für Raubtier- und Spielernaturen, beispielsweise die großen Verführer, auch die Möglichkeit eröffnet, sich im Schutz der Höflichkeit an den Kernbereich der Ehre gleichsam heranzuschleichen und auf diese Weise, wie man heute zusagen pflegt, den Code aufzubrechen.

Wie geht es nun mit der Ehre, mit der Höflichkeit im 19. und 20. Jahrhundert weiter? Für beide Codes ist zunächst, mit historischer Parallelität, zu sagen, daß sie ihre Anziehungskraft im wesentlichen behalten, ja sogar weiter ausdehnen und im Großbürgertum eine neue Trägerschicht gewinnen konnten. «Was einer vorstellt»: in dieser Formel aus Schopenhauers «Aphorismen zur Lebensweisheit» finden bürgerliche Ehre und bürgerliche Höflichkeit stimmig zusammen.[7] Aber wie fest ist diese normative Ordnung gefügt? Ich will diese Frage hier nicht gesamtgesellschaftlich zu beantworten versuchen, sondern nur auf zwei Erdstöße aufmerksam machen, die das Gebäude, in dem sich die Ehre und die Höflichkeit gutbürgerlich eingerichtet haben (konkret mag man da an ein bestimmtes Lübecker Patrizierhaus denken), in seinen Grundfesten erschüttert haben. Beide Erschütterungen haben von der Aufklärung ihren Ausgang genommen. So hat die Propagierung der Gleichheit (*égalité*) im historischen Zusammenhang der Französischen Revolution die alte Ehre aus ihren Angeln gehoben, und ähnliches ist der alten Höflichkeit durch die Erfindung der Aufrichtigkeit (*sincérité*), vor allem im Werk Rousseaus, widerfahren.[7] Beide Kulturgüter, die Ehre wie die Höflichkeit, gehören seitdem zwar noch nicht zum alten Eisen, jedoch zum *Ancien Régime*. Ich will das im folgenden an zwei französischen Autoren erläutern, von denen Alexis de Tocqueville die Ehre, Germaine de Staël die Höflichkeit bilanziert hat.

Alexis de Tocqueville befaßt sich mit der Ehrenproblematik in seinem Werk «Von der Demokratie in Amerika» (*De la démocratie en Amérique*, 1835/1840).[8] Er setzt zunächst Montesquieus dreiteilige Typologie der Staatsformen und deren drei Triebkräfte voraus und unterscheidet mit diesem Instrumentarium die Despotie (Triebkraft: Furcht), die Republik (Triebkraft: Bürgertugend) und die Monarchie (Triebkraft: Ehre). Die nach der Revolution wiederhergestellte französische Monarchie wird als Staatsform seiner Meinung nach von der Dynamik der aristokratischen Ehre in Bewegung gehalten, obwohl diese doch, wie er sogleich einräumt, eine ihrem Wesen nach unvernünftige, nämlich «bizarre» und «kapriziöse» Triebkraft darstellt. Aber sein eigentliches Thema ist Amerika, genauer: die republikanisch-demokratische Staatsform der Vereinigten Staaten. Für sie stellt er fest, was von Montesquieu her auch schon zu postulieren war, daß in der Neuen Welt ein modernes Staatswesen offenbar – fast – ohne Ehre auskommen kann. Zwar findet Tocqueville in der amerikanischen Gesellschaft hier und dort noch Relikte der Ehre, aber sie ist nun eine Religion, an die niemand mehr glaubt, und ihre Tempel sind verlassen. Statt dessen wird Amerika von den Kräften der Arbeit und des Geldes bewegt, in Verbindung allerdings mit der Bürgertugend (*vertu*), wie ebenfalls Montesquieu schon vorhergesagt hatte. Und siehe da, es geht auch ohne Ehre! Daraus leitet Tocqueville auch für Europa die Prognose ab, «daß die Ehre, so wie sie mit den Verschiedenheiten und Ungleichheiten der Menschen entstanden ist, auch zugleich mit diesen verschwinden wird».

Um ähnliche Gedanken zum Problem der Höflichkeit zu finden, müssen wir noch einmal ein paar Jahrzehnte in der Zeit zurückgehen und treffen im Jahre 1800 auf Germaine de Staël als Autorin ihres Buches «Von der Literatur im Zusammenhang der gesellschaftlichen Einrichtungen» (*De la littérature considérée dans ses rapports avec les institutions sociales*).[9] Frau von Staël setzt in ihren Überlegungen die Französische Revolution als historisches Faktum und das menschenrechtliche Prinzip der Gleich-

heit als politische Gegebenheit voraus. Sie will also auch hinsichtlich der
Höflichkeit, die sie mit einem republikanisch unverfänglichen Ausdruck
«Urbanität der Sitten» nennt, zu den «übertriebenen Feinheiten» (*délica-
tesses exagérées*) des vorrevolutionären Verhaltenscodes nicht zurückkehren. Andererseits ist sie jedoch entsetzt über die «abstoßenden Gemein-
heiten», die sich in den Manieren der jüngstvergangenen Revolutionszeit
gezeigt haben. Von diesen schlechten Gewohnheiten muß die Gesellschaft
zu einem «guten Geschmack» zurückfinden, und das ist für Frau von
Staël nicht nur eine literarisch-kulturelle, sondern auch eine politische
Frage.

Notwendig ist daher nach ihrer Auffassung eine «Erziehung zur
Gleichheit» (*éducation de l'égalité*), durch die erst das materielle Werk der
Revolution spirituell vollendet werden kann. Eine neue Höflichkeit ist zu
suchen, deren Ziele sie wie folgt definiert: «Die Manieren sind nur dann
vollkommen, wenn sie einen Menschen darin fördern, was ihn auszeich-
net, und ihn nur in seinen Fehlern einschüchtern.» (*Les manières ne sont
parfaites que lorsqu'elles encouragent tout ce que chaque homme a de
distingué, et n'intimident que les défauts.*) Das ist wirklich eine gegenüber
dem *Ancien Régime* neuartige Höflichkeit, die bei Frau von Staël auch
«Würde der Umgangsformen» (*dignité des manières*) genannt wird und
dem nahe kommt, was die neuere Höflichkeitsforschung als «positive
Höflichkeit» bezeichnet. Diese kann – weit entfernt von den besorgten
Vermeidungsstrategien einer «negativen Höflichkeit» – definiert werden
als ein gesellschaftliches Verhalten, das dafür Interesse aufbringt, was an
anderen Menschen anders ist, und sodann bestrebt ist, in diesen Anders-
heiten Qualitäten zu sehen, die es verdienen, mit Wohlwollen registriert
zu werden. Diese positive Höflichkeit ist nicht nur, wie es Frau von Staël
an anderer Stelle, nämlich in ihrem Buch «Über Deutschland», von der
alten Höflichkeit gesagt hat, «eine Art Gleichheit in der Ungleichheit»
(*une espèce d'égalité dans l'inégalité*), sondern kann eher umgekehrt eine
«Ungleichheit in der Gleichheit» genannt werden, die mit ihrer Offenheit
für interessante Besonderheiten die Gleichheit überhaupt erst erträglich
macht.

Mit diesen Anregungen im Sinn können wir nun abschließend die Frage
aufwerfen, ob die Ehre und die Höflichkeit, nachdem für beide Verhaltens-

formen ein in Europa problemlos gültiger Code heute nicht mehr festzustellen ist, dennoch eine bestimmte Verbindlichkeit beanspruchen können.
Ist vielleicht sogar zu erwarten, daß sich die verschiedenen Aspekte des
einen und des anderen Codes zu *einem* gemeinsamen Code neu zusam-
menfügen lassen?

Wenn das vorstellbar sein sollte, dann muß als erstes und wichtigstes
die Gleichheit gewährleistet sein, die als politisches und moralisches Prinzip heutzutage nicht mehr aufhebbar ist. Dieses Prinzip ist am zuverläs-
sigsten im Katalog der Grundrechte ausgedrückt, die seit der amerikanischen Unabhängigkeitserklärung und der Französischen Revolution zum
festen Bestandteil demokratischer Verfassungen gehören. In diesem Katalog könnte dann vielleicht die Menschenwürde ungefähr den Platz einnehmen, den unter den Bedingungen der Ungleichheit die Ehre innehatte.
Die Menschenwürde würde demnach auch die Mitte jenes integrierten
Verhaltenscodes bezeichnen, den wir vielleicht in Anlehnung an Erasmus
von Rotterdam und Norbert Elias einen Code der Zivilität nennen dürfen.[10] In ihm wäre zusammenzuführen, was aus den alten Codes der Ehre
und der Höflichkeit heute noch als bewahrenswert anzusehen und in
erster Linie daran zu erkennen ist, daß es dem Prinzip der Gleichheit nicht
widerstreitet.

Damit aber daraus nicht am Ende öde Gleichmacherei entsteht, ist von
gleicher Wichtigkeit, in einen solchen Code der Zivilität an gut sichtbarer
Stelle jene erwähnte positive Höflichkeit aufzunehmen, die im anderen
Menschen nicht nur nach dem sucht, was ihn mit allen anderen Exempla-
ren des Menschengeschlechts verbindet, sondern mit Sympathie für seine
individuelle Andersheit auch nach denjenigen interessanten Unterschieden fahndet, die seine schätzenswerte Besonderheit und vielleicht seine
ganz persönliche Vorzüglichkeit ausmachen. Auch darin ist die alte Ehre
mit einigen ihrer Aspekte aufgehoben.

Diese zugleich ehrenhafte und höfliche Tugend der Zivilität ist nun vor
allem dann gefragt, wenn es sich im Fernbereich der Höflichkeit bei der
Andersheit anderer Menschen um eine eklatante Fremdheit handelt, wenn
also beispielsweise Ausländer unter uns wohnen, die besondere Schwierigkeiten haben, sich in unserer Umwelt zu orientieren und die folglich
besonderer Aufmerksamkeit, Zuvorkommenheit und Zuwendung bedür-
fen. Es ist zwar, wie mir scheint, heutzutage nicht mehr ohne weiteres

möglich, ohne genaueres Nachdenken an eine der ältesten und ehrwürdigsten Formen der Zivilität, an das alte Gastrecht nämlich und das darauf beruhende Höflichkeitsprinzip großzügiger Gastfreundschaft, anzuknüpfen.

Dennoch bleibt meines Erachtens zu erwägen, in die Mitte eines neuen Codes der Zivilität gerade die Figur des Fremden zu stellen und diese menschenfreundliche Verhaltensnorm vorrangig daran zu messen, wieviel Achtung dem Fremden erwiesen wird, man könnte auch sagen, wieviel positive Höflichkeit gerade seiner Andersheit zuteil wird.

Die Grenzen einer so verstandenen «Xenophilie» sind jedoch dann erreicht und überschritten, wenn Zuwanderer, die mit uns in Europa zusammenleben wollen, selber ohne Rücksicht auf Kultur und Geschichte ihres Gastlandes ein für uns überwundenes Ehrbewußtsein weiter praktizieren wollen, das mit westlichen Maßstäben von Freiheit, Gleichheit und Rechtsstaatlichkeit nicht kompatibel ist. Es kann also unter unseren Augen keine höfliche Duldung der Ehre mehr geben, wenn durch deren Praxis die Aufklärung wieder rückgängig gemacht werden müßte.

Von der Ökonomie geistiger Werte

Von geistigen Werten ist nicht alle Tage die Rede. Von materiellen Werten schon eher. Wer zum Beispiel ein Automobil besitzt und es als Gebrauchtwagen verkaufen will, zieht in der Regel bei einem Händler Erkundigungen über den Wert des Wagens ein und erfährt bei dieser Gelegenheit, daß der Verkaufswert abhängig ist vom Jahr der Erstzulassung, vom Kilometerstand und natürlich vom guten oder schlechten Zustand des Wagens. Dies sind jedoch nur Annäherungswerte. Den wirklichen Wert des Wagens erfährt der Besitzer erst dann, wenn ihm ein Käufer tatsächlich einen bestimmten Kaufpreis bietet. Das ist dann der Marktwert des Fahrzeugs.

Nicht viel anders ergeht es einem *homo oeconomicus*, der eine Immobilie, sagen wir eine Eigentumswohnung, kaufen oder verkaufen will. Da belehrt ihn der Makler, daß es wiederum auf das Alter und den Zustand des Objekts ankommt sowie besonders, im Makler-Jargon, auf «Lage, Lage, Lage». Und das letzte Wort hat wiederum der Markt, der unter dem Gesichtspunkt des Kaufs oder Verkaufs soundsoviel «hergibt».

Mein letztes Beispiel für materielle Werte soll der Börse abgeschaut sein. Nehmen wir an, jemand besitze ein ansehnliches Aktienpaket. Es repräsentiert zweifellos einen bestimmten Wert, weshalb man ja auch von «Wert»-Papieren spricht. In ziemlich regelmäßigen Abständen werden nun die Aktienbesitzer durch dramatische Nachrichten von phantastischen Börsengewinnen oder beängstigenden Kursstürzen nachhaltig darüber belehrt, daß der Wert dieser Wertpapiere erheblichen Schwankungen unterliegt, was die Spekulanten erfreut und die Kleinanleger verschreckt. Mit dem bloßen Besitz solcher Werte ist es also nicht getan. Man muß auch durch aufmerksame Beobachtung des Wertpapiermarktes, gegebenenfalls durch raschen Kauf oder Verkauf, dafür sorgen, daß der Wert der

Papiere nicht verfällt, sondern sich möglichst vermehrt. Man muß sich auch als Aktienbesitzer, und gerade als solcher, wirtschaftskonform verhalten.

Das scheint mir alles auch für unsere Fragestellung nach geistigen Werten recht lehrreich zu sein. Deshalb dürfte es sich zunächst empfehlen, an den materiellen Werten Maß zu nehmen und mit pragmatischem Interesse deren konstitutiven Momente zu beobachten. Es sind, wie mir scheint, vier. Sie konstituieren diese Werte als Handlungssequenzen:

Erstes Moment: der Werterwerb. Es handelt sich hier um einen Handlungszug, der in vielen Fällen durch eine gewisse Erstreckung in der Zeit gekennzeichnet ist. Selbst wenn der Werterwerb durch einen punktuellen Kaufakt zustande kommt, hat dieser Akt doch in aller Regel einen längeren zeitlichen Vorlauf, in dem das nötige Kapital bereitgestellt wird. Wenn alles mit rechten Dingen zugeht, steckt Arbeit dahinter.

Zweites Moment: der Wertbesitz. Dieser wird in der Regel durch einen Besitztitel dokumentiert, der dem Besitz öffentliche Anerkennung verleiht und ihm eine gewisse Dauer garantiert. Juristische Feinheiten wie die Unterscheidung von Besitz und Eigentum werden hier jedoch nicht erörtert.

Drittes Moment: der Werterhalt. Dieser setzt wiederum eine gewisse Anstrengung voraus, die sich kontinuierlich in der Zeit erstreckt und den Wertbesitz begleitet. Pflege und Wartung sind wichtige Aspekte dieser Anstrengung. In vielen Fällen ist der Werterhalt ein Mittelwert, der sich zwischen Wertsteigerung und Wertminderung bewegt.

Viertes Moment: die Umwertung. Materielle Werte haben bisweilen ihren Wert nicht in sich, sondern dienen bestimmten Zwecken. Sie können genutzt, verliehen, vermietet, getauscht, veräußert oder sonstwie «verwertet» werden. Ich fasse alle diese Prozesse unter dem von Nietzsche her bekannten, hier aber unspezifischer verstandenen Begriff der Umwertung zusammen.

Nun begeben wir uns in die luftigeren, aber hoffentlich nicht windigeren Gefilde der geistigen Werte. Um dabei gleichwohl festen Boden unter den Füßen zu behalten, will ich versuchen, die axiologische Pragmatik des soeben skizzierten Vier-Momente-Modells auf geistige Werte zu übertragen. Für diesen methodischen Ansatz scheint mir eine Gruppe von geistigen Werten besonders geeignet zu sein, die ich die Kompetenzwerte nennen möchte. Den Kompetenzwerten rechne ich alles das zu, was man sich in einem Lernprozeß aneignet und nach gehöriger Anstrengung des Geistes schließlich bis zu einem bestimmten Kompetenzgrad «kann». Das Geflecht unserer Kultur hängt in hohem Maße von solchen Kompetenzwerten ab.

Für die an erster Stelle zu erörternden Kompetenzwerte möchte ich drei Leitbeispiele wählen: Fremdsprachenkompetenz, literarische Belesenheit und die Kunst des Klavierspielens. Warum gerade diese Beispiele und nicht die Kompetenz des Automechanikers, des Steuerberaters oder des Drei-Sterne-Kochs? Sind das vielleicht keine geistigen Werte? Doch, das sind sie durchaus, da auch diese Kompetenzen einen beträchtlichen Aufwand an geistiger Anstrengung voraussetzen. Doch möchte ich bei den folgenden Überlegungen alle Fragen der institutionell geregelten Ausbildung für einen bestimmten Beruf aus dem Spiel lassen und mich an solchen Kompetenzen orientieren, die beruflich weniger deutlich definiert sind. Das ist vielfach, jedoch keineswegs immer, bei Sprachkenntnissen, Lesekenntnissen und bei der Klavierspielkunst der Fall, so daß bei diesen auch die Motivationen leichter zu isolieren sind. Im übrigen gilt, daß die Kompetenzwerte insgesamt keinen abgeschlossenen Katalog bilden und sowohl für Kürzungen als auch für Erweiterungen grundsätzlich offen sind.

Ich möchte zunächst ein paar Worte zur Kunst des Klavierspiels sagen, vor allem deshalb, weil mir diese Kompetenz leider abgeht. Den Wert dieser Kunst betrachte ich also von außen, mit Nostalgie übrigens, da ich zu alt dafür bin, mir diesen Wert noch anzueignen. Wenn ich aber gleichwohl den Lockungen dieser Kunst nicht widerstehen könnte, wüßte ich wohl, welchen Preis, in Euro beziffert, ich entrichten müßte, um diese Kompetenz doch noch zu erwerben und sie auf Dauer zu erhalten. Ich müßte mir also beispielsweise ein Klavier kaufen und Klavierstunden nehmen und würde zu diesem Zweck wohl einen Betrag nicht unter zehntausend Euro aufwenden müssen. Diese oder vielleicht eine noch höhere Summe müßte mir die Kompetenz des Klavierspielens wert sein, und ich denke mir, daß viele Eltern, die ihre Kinder das Klavierspielen lernen lassen, ungefähr so und möglicherweise viel schärfer rechnen, als ich es eben angedeutet habe. Lohnen sich diese Ausgaben wohl? In hochbürgerlichen Zeiten haben sie sich zweifellos gelohnt, da eine «höhere Tochter», wie Stefana Sabin in

ihrer Studie über «Frauen am Klavier» gezeigt hat, ihre Kunst des Klavierspiels nicht selten in lebenslange Versorgung durch eine standesgemäße
Ehe umwerten konnte. Heute aber? Das ist eine Frage, deren Beantwor-
tung einen Roman erfordert. Für die «Klavierspielerin» (1983) in Elfriede
Jelineks gleichnamigem Roman ist die Verwertung der durch ein Diplom
attestierten Klavierspielkompetenz wenigstens zum notdürftigen Lebens-
erhalt und zur Befriedigung der nötigsten Lebenswerte rentabel.[1] Doch
will ich zur gründlicheren Behandlung der Fragestellung lieber zu einem
anderen Leitbeispiel überwechseln, von dem ich etwas mehr zu verstehen
meine, zur Sprachkompetenz.

Von Sprachkompetenz, meistens in der Form der Fremdsprachenkompetenz, spricht man in der Linguistik dann, wenn jemand eine Sprache, sagen wir Spanisch, «kann». Ich wähle hier diese Sprache als Beispiel aus,
weil Spanisch in der Regel nicht zu den sogenannten Schulsprachen gehört, für deren Erwerb an unseren Sprachlernstätten ein institutioneller
Rahmen vorgegeben ist. Wer Spanisch lernen will, muß dafür in der Regel
Geld ausgeben, nicht nur für den Unterricht und die Unterrichtsmateria-
lien, sondern zweckmäßigerweise auch für Reisen in ein hispanophones
Land. Ich beispielsweise könnte in meiner Biographie mit einiger Mühe
nachrechnen, was mich seit meiner Jugend «mein» Spanisch gekostet hat,
bis ich die erreichte Kompetenz durch ein Zeugnis dokumentieren konnte.
Das sind also die Momente Werterwerb und Wertbesitz. Doch dürften in
meiner Rechnung auch diejenigen Faktoren nicht unterschlagen werden,
die für jahrzehntelange Pflege der einmal erreichten Sprachkompetenz
aufzubringen waren. Das ist das Moment Werterhalt. Hat sich nun dieser
ganze Aufwand gelohnt? Konnte und kann ich meine Kompetenz auch
umwerten (viertes Moment)? Ja, gewiß, ich bin Romanist und hätte diesen
Beruf ohne gute Kenntnisse der spanischen Sprache (und einiger anderer
Sprachen) nicht ausüben können. Da habe ich mich offensichtlich im ökonomischen Sinne richtig verhalten. Doch kann man das meistens im vor-
hinein nicht so genau wissen, und vor allem weiß man nicht, ob eine
finanziell zu beziffernde Ökonomie die einzige ist, die bei dieser Rechnung in Betracht kommt. Vielleicht gibt es außer der Geldwährung noch
andere Währungen, die bei geistigen Werten einschlägig sind. Dazu sogleich mehr, nachdem ich noch einmal das Beispiel gewechselt habe. Wir
betrachten jetzt den Kompetenzwert Belesenheit.

Dieser geistige Wert, den die heutigen Bildungsplaner gelegentlich literarische Kompetenz nennen, setzt voraus, daß es in unserer Kultur eine größere Anzahl von Büchern gibt, die als besonders lesens-«wert» eingestuft werden. Mit dieser Einschätzung beschäftigt sich unter dem Stichwort «literarische Wertung» sogar ein eigener Zweig der Literaturwissenschaft. Ich will hier der Einfachheit halber annehmen, es gebe in unserer Gesellschaft einen halbwegs stabilen Konsens über einen Kanon «klassisch» zu nennender Bücher, um nun den Blick auf den ökonomisch relevanten Umstand lenken, daß Belesenheit in vielen Büchern, vor allem in den großen Büchern der Weltliteratur – Bibel, Homer, Dante, Shakespeare, Goethe, Nietzsche, Proust, Thomas Mann – zweifellos einen geistigen Wert im Sinne unserer Überlegungen darstellt. Selbst wenn diese Werke als «geistiges Erbe» einzustufen sind, das uns irgendwie «zufällt», muß sie doch jeder einzelne, der an ihnen Anteil haben will, durch Lektüre erwerben, um sie in der Form der Belesenheit zu besitzen. Und nicht einmal damit ist es für alle Zeit getan, da jede Belesenheit, wenn sie nicht durch Übung und Wiederholung befestigt wird, dem allmählichen Vergessen anheimfällt. Die Momente Werterwerb und Werterhalt sind hier also deutlich erkennbar. Hingegen lassen sich, wenn man von berufsqualifizierender Belesenheit absieht, die Momente Wertbesitz und Umwertung nur unscharf erkennen. Sie sind eingebettet in diverse Gedächtnisleistungen und Gesprächsverwendungen, deren Rendite geldökonomisch nicht bezifferbar ist und, wie man so sagt, «im Geistigen liegt». Aber was für eine Währung ist damit eigentlich gemeint? Und welche Ökonomie liegt ihr zugrunde?

Es muß also spätestens an dieser Stelle der Begriff Ökonomie, den wir bisher einfach von den materiellen Werten übernommen haben, für die Kompetenzwerte unter den geistigen Werten, beispielsweise für den Wert der Belesenheit, problematisiert werden. Zu seiner Einschränkung ist zunächst zu sagen, daß die finanziellen Aufwendungen, die für den Erwerb von Belesenheit zu leisten sind, also als Kaufpreis der Bücher, im Zeitalter der Taschenbücher und der Leihbibliotheken gegen Null streben und ökonomisch vernachlässigt werden können. Grundverschieden fällt die Rechnung jedoch dann aus, wenn mit Blick auf den Kompetenzwert der Belesenheit eine ganz andersartige und viel härtere Währung zugrunde gelegt wird, nämlich die Zeitwährung. Diese hat im Unterschied zur Geldwährung immer eine existentielle Bedeutung und kann daher als Hartwährung schlechthin angesehen werden, da sie auf der nicht erneuerbaren Ressource Lebenszeit beruht. Belesenheit also, etwa in den großen Büchern der Weltliteratur (die tückischerweise oft auch besonders dicke Bücher sind), muß offensichtlich zu denjenigen Kompetenzwerten gerechnet werden, die erhebliche Zeitausgaben voraussetzen, zumal wenn dabei auch der lebenszeitliche Aufwand für den langfristigen Erhalt dieser Kompetenz im Gedächtnis mitberechnet wird.

Ich versage es mir hier, die Weisheitslehren der Philosophen und die Schreiberfahrungen der Literaten im Umgang mit der knappen Lebenszeit auf ihrem Weg durch die Zeiten zu verfolgen, und will nur zusammenfassend feststellen, daß es einen seit der Antike deutlich erkannten zeitökonomischen Zusammenhang zwischen dem Leben einerseits und den geistigen Werten andererseits zu verzeichnen gibt, und zwar unter dem Gesichtspunkt der Disproportion. Das Leben ist für geistige Werte nicht nur kurz, sondern zu kurz.[2] Diese Ressource ist, ökonomisch-ökologisch gesprochen, bedrohlich unzureichend, und deswegen ist sie über alle Maße wertvoll. Für alle Rechnungen in der Hartwährung Zeit bildet daher das Leben den Grundwert und die Währungseinheit schlechthin. Daraus ist zu folgern, daß ein Mensch nicht sein gesamtes Zeitkapital für fremdbestimmte Zwecke ausgeben sollte, sondern mindestens einen erheblichen Teil, spätestens im Alter, als «Eigenzeit» (Seneca: *tempus suum*) zurückhält, um sie nur noch für den Erwerb von Kompetenz in einer sein «kurzes Leben» (*vitam brevem*) ohnehin überschießenden «langen Kunst» (*ars longa*) auszugeben, also für geistige Werte der Künste und Wissenschaften, besonders der Philosophie. Wir können dafür auch, kurz gefaßt, Kultur sagen, so daß ich keine Einwände dagegen hätte, die oben an erster Stelle genannten Kompetenzwerte auch Kulturwerte zu nennen.

Wenn nun aber alle Kompetenz- oder Kulturwerte auf einen lebenszeitlichen Horizont zu projizieren sind, wird ein anderer Begriff wichtig, den wir ebenfalls diesem Philosophen verdanken. Ich meine den Begriff der «Lebensqualität» (*qualitas vitae*), den Seneca in einer anderen Schrift unter dem Titel «Vom glücklichen Leben» (*De vita beata*) geprägt hat.[3] Denn offensichtlich ist das Leben, es mag nun kurz oder lang währen, nur dann lebens-«wert», wenn es mit gewissen elementaren Lebensqualitäten ausgestattet ist. Damit ist nicht unbedingt der Besitz eines Fahrzeugs gemeint, aber doch gesunde Beine, nicht unbedingt Wohneigentum, aber doch Wohnung, nicht unbedingt ein Finanzpolster, aber doch Lebensunterhalt. Hinzu kommen solche schon eher geistig zu nennenden Formen der Lebensqualität wie zum Beispiel die Freundschaft, die in allen Weisheitslehren der Antike mit Recht einen hohen Stellenwert hat. Wir wollen alle Werte dieser Art, die sich unter den Begriff der Lebensqualität subsumieren lassen, als Elementarwerte bezeichnen, müssen aber darauf verzichten, sie hier in einer langen Reihe aufzuzählen. Auch sie sind natürlich in den einzelnen Aspekten ihrer Verwirklichung und folglich auch in ihrem Kurswert allen Schwankungen der Geschichte unterworfen und lassen sich nur dann sinnvoll als Besitz verbuchen, wenn mindestens die Momente des Erwerbs und des Erhalts, auch wohl des möglichen Verlustes, immer mitberücksichtigt werden. Von den materiellen Werten einerseits und den übrigen geistigen Werten andererseits sind sie nicht immer scharf zu trennen. Mit den ersteren stimmen sie eher geldökonomisch, mit den letzteren eher zeitökonomisch überein. Insgesamt finden wir die Elementarwerte der Lebensqualität eher am Ende als am Anfang einer Umwertungskette. Denn alle materiellen Werte nützen natürlich so gut wie nichts, wenn sie sich nicht in der einen oder anderen Form in Lebensqualität ausmünzen lassen. Und für die Kompetenzwerte, mit hohem Zeitaufwand erworben und erhalten, gilt erst recht, daß sie vielfach auf eine Umwertung in Lebensqualität angewiesen sind, wenn sie schon nicht in der gleichen Zeitwährung rückzahlbar sind. Lebensqualität ist daher offensichtlich eine Währung X, die wir als Unbekannte in alle unsere ökonomischen Rechnungen einsetzen müssen, wenn wir nicht in die Falle des Utilitarismus tappen wollen. Man kann übrigens statt «Lebensqualität» auch gerne «Glück» sagen, wenn man dieses Wort im Geist des 18. Jahrhunderts versteht. In diesem Sinne können alle Kompetenzen als Glückskompetenzen, alle geistigen Werte dieser Art letzten Endes als Glückswerte angesehen werden.

Nun steht noch eine weitere Gruppe von Werten zur Erörterung an, die ich als die Gruppe der Tugendwerte bezeichnen will, wobei ich in Kauf nehme, daß sich das Wort Tugend aus dem modernen Sprachgebrauch weitgehend zurückgezogen und dort ein fatal spürbares Vakuum hinterlassen hat. Ihre Zugehörigkeit zu den geistigen Werten steht außer Frage. Bevor wir sie aber mit den anderen geistigen Werten vergleichen, will ich ein paar Überlegungen zur Benennung dieser Gruppe anstellen. Was ideengeschichtlich Tugend genannt wird und weit bis ins 18. Jahrhundert hinein einen Kernbereich der philosophischen Ethik ausgemacht hat, ist seit Kant in eine Problemzone des philosophischen Bewußtseins geraten. Ich kann die Gründe, die dafür maßgeblich sind, hier nur andeuten. Kants Ethik ist formal konzipiert. Als universale Sollens-Ethik verzichtet sie darauf, die traditionellen Tugenden in ihrer Pluralität beim Namen zu nennen. Statt dessen wird für jedes beliebige Verhalten festgelegt, daß es vor dem Forum der Ethik nur dann als Tugend (im absoluten Singular!) bestehen kann, wenn es zur Grundlage einer allgemeinen Gesetzgebung gemacht werden kann oder könnte.

Mit dieser Art Ethik sind am Anfang des 20. Jahrhunderts zwei deutsche Philosophen ganz und gar nicht einverstanden: Max Scheler (1874–1928) und Nicolai Hartmann (1882–1950).[4] Was sie an ihr auszusetzen haben, geht schon aus einer Streitschrift gegen den Formalismus in Kants Ethik hervor, die Scheler im Jahre 1913/19 veröffentlicht hat. Die formalistische Ethik, das ist Kant. Ihr stellt Max Scheler seine eigene Ethik entgegen, die er eine materiale Wertethik nennt, insofern sie die Werte, zu deren Pluralität sie sich bekennt, inhaltlich (das ist mit dem Adjektiv «material» gemeint) beim Namen nennt. Werte sind in dieser materialen Ethik geistige Wesenheiten, deren Geltung objektiv gegeben ist und nicht davon abhängt, ob wir Menschen sie erkennen und mit gebührendem Eifer nach ihnen streben. Ist diese Systemlosigkeit ein Mangel? Manche Philosophen sind mit Kant und den Kantianern der Ansicht, daß die Philosophie den von ihr selber formulierten Erkenntnisansprüchen erst dann genügt, wenn sie ihre Gegenstände in ein System zu bringen vermag. Andere Philosophen, unter denen ich hier nur Nietzsche und Wittgenstein nennen will, hegen gerade gegenüber Systemen die stärksten Zweifel. Ich teile solche Skepsis und kann auch zum Beispiel in Kants Metaphysik keinen Erkenntnisfortschritt darin finden, daß die aristotelische Kategorientafel – Prototyp eines zehnteiligen Katalogs – in ein halb und halb hierarchisches System gebracht wird.[5] So habe ich auch für Scheler und Hartmann viel Verständnis, wenn sie in ihrer materialen Wertethik wieder auf die Denk- und Mitteilungsform Katalog zurückkommen. Denn gerade im Bereich der individuellen und kollektiven Ethik ist der Katalog eine sehr leistungsfähige literarische Gattung. Ich will das mit einigen Parallelbeispielen begründen.

Als erste Parallele eines bedeutungsvollen Katalogs, in weitem kulturellen Abstand von den Kategorien- und Tugendkatalogen der Philosophen, möchte ich vor allem den ebenfalls zehnteiligen Katalog der Zehn Gebote anführen, die Moses in zwei Tafeln auf dem Berg Sinai empfing. Der mosaische Dekalog ist ein klassischer Wertekatalog, und zwar unbeschadet der formalen Tatsache, daß er für alle zehn Gebote in Sollenssätzen ausformuliert ist, die sich zudem in acht Fällen als Verbote auf zu vermeidende Unwerte beziehen. Das ist für unser Thema ein bloßes Übersetzungsproblem, und man kann beispielsweise das achte Gebot «Du sollst kein falsches Zeugnis ablegen wider deinen Nächsten» mit dem Risiko einer geringen Unschärfe aus einem Verbot in ein Gebot, nämlich in den nominal ausgedrückten Tugendwert der Aufrichtigkeit umsetzen.

Von den weiteren großen Katalogen der Weltgeschichte will ich als letzten noch den Katalog der Menschenrechte nennen, wie er – mit situationsspezifischen Varianten – seit der amerikanischen Unabhängigkeitserklärung und der Französischen Revolution den Grundwertebestand aller demokratischen Staatsverfassungen ausmacht. Auch die Grundrechte, wie sie in den ersten neunzehn Artikeln des Grundgesetzes der Bundesrepublik Deutschland formuliert sind, stellen in ihrer unsystematischen Abfolge einen Katalog von politisch-moralischen Grundwerten dar, auf die sich unser Gemeinwesen ohne Vorbehalte verpflichtet hat. Ich zögere daher nicht, diese Grundrechte kollektive Tugendwerte zu nennen.

Wie viele Tugendwerte kann man nun wohl in ihrer reinen Pluralität aufzahlen und beim Namen nennen, wenn sie, wie es ja mehrfach mit großem Ernst und Nachdruck geschehen ist, in Katalogform in Geltung gesetzt werden sollen? Vielleicht möchte man jetzt von mir eine Zahl erfahren? Gut, ich nehme diesen Wunsch an und nenne einmal eine Zahl: dreißig. Sie kommt in meinem Kopf dadurch zustande, daß ich mich von den großen Katalogen der Geschichte beraten lasse und sie hier und dort nach eigenem Wertgefühl ergänze. Zunächst zähle ich zehn Tugendwerte, die ungefähr den Zehn Geboten entsprechen, wobei ich die Unschärfe in Kauf nehme, daß vielleicht das eine oder andere der Zehn Gebote, zum Beispiel das Tötungsverbot (positiv gewendet: das Lebensschutzgebot), auch den früher genannten Elementarwerten des Lebens zugeordnet werden kann.

Auf jeden Fall gehören jedoch zu den Tugendwerten die bereits erwähnten vier Kardinaltugenden Klugheit, Gerechtigkeit, Tapferkeit und

Maß. (Die drei Theologaltugenden Glaube, Hoffnung und Liebe will ich mit den drei ersten der Zehn Gebote verrechnen.) Weitere zehn Tugendwerte, knapp gerechnet, können aus den Grundrechtskatalogen demokratischer Verfassungen herausgelesen werden. Mindestens drei ebensowohl individuelle wie kollektive Tugendwerte möchte ich des weiteren aus dem Ideenbestand der ökologischen Bewegung herausfiltern, obwohl sie noch nicht Verfassungsrang haben: Schonung, Pflege und Langsamkeit im Umgang mit der Natur und Kultur. Das macht bisher 27 Tugendwerte.

Die letzten drei Tugendwerte, die dann die Zahl dreißig vollmachen, entnehme ich mit einem gewissen Mut zur Kontingenz meiner persönlichen Lebensgeschichte. Als ich nämlich in meinen jungen Jahren die Schule besuchte, bekam ich, wie jeder andere Schüler auch, in regelmäßigen Abständen Zeugnisse, die über meinen Leistungsstand in den Schulfächern Auskunft gaben. Zusätzlich nun zu den Zensuren, die meine jeweils erreichte Interims-Kompetenz beurkundeten, enthielten die Zeugnisse meiner Schulzeit die sogenannten Kopfnoten, und zwar in der kanonischen Reihenfolge: Betragen, Aufmerksamkeit, Fleiß. Auf diese Kopfnoten schauten meine Eltern viel genauer als auf die Fachnoten, und ich möchte hier nicht im einzelnen wiedergeben, mit welchen Kommentaren ich mit meinen Zeugnissen zu Hause empfangen wurde, wenn ich einmal in den Kopfnoten «abrutschte». Mit diesen drei Kopfnoten, deren Inhalte heute gelegentlich mit schnöder Zunge als bloße «Sekundärtugenden» apostrophiert werden, möchte ich die Zahl «meiner» dreißig Tugendwerte abrunden – und kann nun abwarten, daß eine Leserin oder ein Leser mir in freundlicher Ermahnung oder harscher Kritik entgegenhält, es seien gar nicht dreißig, sondern vielleicht zwanzig oder vierzig zu zählen, und überhaupt gebe es ganz andere Tugendwerte zu katalogisieren als meine subjektiven Vorzugswerte. Ja, dann müssen die zwei oder mehr voneinander abweichenden Kataloge einvernehmlich oder streitig miteinander verglichen und abgeglichen werden, bis am Ende vielleicht ein Konsens erreicht wird, vielleicht aber auch nicht oder jedenfalls nicht bei jedem einzelnen Wert.

So weit meine Überlegungen zu den vorgeschlagenen Gruppierungen der hier besprochenen Werte, für die als Regel gelten soll, daß sie nicht durch randscharfe Abgrenzung voneinander zu trennen sind. Ich möchte vorschlagen, in solchen Unschärfen keine ernsthaften Mängel unserer

Wertekataloge zu sehen. Greifen wir als Beispiel aus den Tugendwerten die erste der traditionellen Kardinaltugenden heraus: Klugheit. Das ist, wie oft gesagt worden ist, eine noetische Tugend, im Unterschied etwa zur zweiten Kardinaltugend, der Gerechtigkeit, die zweifellos eine moralische Tugend darstellt. Man könnte sich nun fragen, ob die Klugheit, da sie nicht fertig vom Himmel fällt, sondern in vielen Situationen eingeübt und erprobt werden muß, nicht besser zu den Kompetenzwerten paßt, insofern diese ja auch als spezifische Klugheiten interpretierbar sind. Einer solchen Umgliederung der besprochenen Wertekataloge möchte ich jedoch nicht das Wort reden, und zwar nicht nur aus Respekt vor der philosophischen Tradition, sondern vor allem deshalb nicht, weil Wertekataloge klassische Anwendungsbereiche der Prototypen-Semantik darstellen, in der grundsätzlich – außer im Fall terminologisierter Fachsprachen – keine randscharfen, sondern nur kernprägnante Abgrenzungen zwischen den semantischen Einheiten zu beobachten sind. So ist es mir im Rahmen dieser Überlegungen auch nicht unlieb, daß unter den Tugendwerten mindestens einige sind, die sehr deutlich eine zeitökonomische Komponente haben, genau wie die Kompetenzwerte. Als Beispiel dafür mag die Tugend des Fleißes dienen, die ja zu meinen oben aufgerufenen «Kopfnoten» gehört. Diesem Tugendwert kommt in einer zeitökonomisch orientierten Wertebetrachtung deshalb besondere Bedeutung zu, weil ohne Fleiß der ganze zeitverzehrende Erwerbsprozeß zur Erlangung der für bestimmte geistige Werte erforderlichen Kompetenz überhaupt nicht zu steuern ist. Denn «ohne Fleiß kein Preis», so stand schon auf dem Umschlag meines alten Zeugnisheftes zu lesen.

Ich möchte noch einen anderen Wert aus den Kopfnoten meiner alten Zeugnishefte herausgreifen, den Tugendwert des Betragens, den ich aber vielleicht, um ihm mehr historische Weite und Tiefe zu geben, in Höflichkeit umbenennen darf. Auf Höflichkeit als Tugendwert würde ich auch dann nicht verzichten wollen, wenn mir jemand schroff einen ganz anderen Katalog von Tugendwerten entgegenhielte, in dem gerade dieser Wert nicht verzeichnet ist. Wie soll ich mich in einem solchen Abweichungsfall verhalten? Das Gespräch mit diesem groben Kerl abbrechen und mich mit ihm nicht mehr zusammen-, sondern nur noch auseinandersetzen? Das ist vielleicht ein äußerstes Mittel. Vorher aber würde ich noch versuchen, meinen Grobian auf andere Weise zum Tugendwert der Höflichkeit zu bekehren, etwa indem ich andere geistige Werte zu Hilfe rufe, beispielsweise jene vorher besprochenen Kompetenzwerte, unter denen sich hoffentlich auch die Belesenheit befindet. Sollte es denn nicht möglich sein, einige große literarische Texte, die von der Höflichkeit handeln, etwa Castigliones Dialog vom «Hofmann» (*Il Cortegiano*) oder Knigges Schrift «Vom Umgang mit Menschen», als Befürworter dieses alteuropäischen Tugendwertes aufzubieten (vgl. oben S. 85 ff.)? Oder wenn die Werbung mit Castiglione und Knigge nicht hilft, dann vielleicht mit Gracián, La Bruyère oder Chesterfield? Nun, ich weiß natürlich nicht, ob solche Lektüren, sofern sie überhaupt zustande kommen, tatsächlich in jedem Fall helfen, denn wir finden natürlich in der moralistischen Literatur, etwa bei Rousseau, auch Warnungen vor zuviel Höflichkeit. Ich will hier also kein konfliktfreies Bild von den Segnungen der Belesenheit entwerfen. Aber eine Umkehrung dieser Überlegungen ist fast noch wichtiger. Wer nur einen schmalen Katalog von Tugendwerten in der Hand hält und sich nicht via Belesenheit – die bloße Lebenserfahrung reicht hier nicht aus – ein konkretes Anschauungsbild vom Tugendwert der Höflichkeit mit dem Reichtum aller seiner Differenzierungen und Nuancierungen machen kann, der trägt keine sehr soliden Werte in seinem geistigen Gepäck und bleibt ein schlechter Botschafter dieser Tugend- und Wertethik.

Ich möchte nun zum Abschluß noch einmal kurz auf das anfangs an den materiellen Werten entwickelte pragmatische Vier-Momente-Modell für den Umgang mit Werten zurückkommen und es versuchsweise auch auf die zuletzt besprochenen Tugendwerte anwenden. Greifen wir zu diesem Zweck als letztes Beispiel aus den Grund- und Menschenrechten die Toleranz heraus, die natürlich aus keinem Katalog von Tugendwerten wegzudenken ist, zumindest soweit die Wirkung der europäisch-amerikanischen Aufklärung reicht. Mit unserem Modell in der Hand wäre nun wieder zu fragen: Wie erwirbt man, besitzt man, bewahrt man Toleranz gegenüber Andersglaubenden, Andersdenkenden, Anderslebenden, und wie kann Toleranz in ihrem Wert verfügbar und umsetzbar gemacht werden? Und nach welchem Standard sind die genannten vier Momente in den Währungen des Geldes, der Zeit oder der Lebensqualität ausdrückbar?

Eine Antwort auf diese Fragen bereitet Schwierigkeiten, sofern wir uns nicht entschließen, den bisher vorzugsweise gewählten individuellen Rahmen des Wertediskurses aufzugeben. Denn auch wenn die Toleranz als individuelle Tugend praktiziert wird, so stellt sie doch einen sozialen Wert dar, der sich erst im Horizont der Gesellschaft in seiner ganzen Bedeutungsfülle realisiert. Das übersteigt bei weitem den Rahmen jeder individuellen Lebenszeit. Denn man kann den Tugendwert der Toleranz nicht wie einen Kompetenzwert mit einem bestimmten Aufwand an individuell verfügbarer Lebenszeit erwerben, besitzen, erhalten. Bei solchen geistigen Werten wie der Toleranz ist immer schon vorausgesetzt, daß viele Generationen aufgeklärter Menschen an der Wertschöpfung gearbeitet haben, die mit einem solchen politisch-sozialen Wert verbunden ist. Dieser Werterwerb hat schon vor Jahrhunderten mit John Locke, mit Voltaire und in Lessings Drama «Nathan der Weise» begonnen und wirkt über die *longue durée* der Geschichte in unser heutiges Wertebewußtsein hinein. Es ist die Lebens- und Denkzeit vieler Generationen in diesen Wert eingegangen und hat die Toleranz so unvergleichlich wertvoll gemacht, was natürlich nicht ausschließt, daß sich auch alle historischen Kontroversen um diesen Wert in den gegenwärtigen Wertediskursen wiederfinden. Wenn das nun für die lange Dauer des Werterwerbs gilt, dann folgt daraus auch für unseren gegenwärtigen Wertbesitz und Werterhalt, daß von uns ein Leben lang daran zu arbeiten ist, im unmittelbaren Anschluß an die historischen Vorleistungen, die bereits in diesen Werten aufgehoben sind. Auch hier zeigt sich also, daß die geistigen Werte trotz ihrer deutlichen Analogien zur Ökonomie der materiellen Werte in ihrem Kern nicht der leicht berechenbaren Ökonomie des Geldes unterliegen, sondern der viel bedeutsameren Ökonomie der Zeit, die eben doch die härteste Währung ist.

Ein weltgeschichtlicher Moment: das Erdbeben von Lissabon

Unter die alltäglichen Neuigkeiten, die uns über die Medien erreichen, mischen sich in unregelmäßigen Abständen, jedoch mit beklemmender Wiederkehr, Nachrichten von schweren Erdbeben aus verschiedenen Weltgegenden. Hunderte oder Tausende von Menschen finden dann wohl unter den Trümmern der einstürzenden Gebäude den Tod, und die Überlebenden verlassen vor der Gefahr neuer Erdstöße ihre Wohnungen. Die Kunde solcher Katastrophen löst gewöhnlich in der ganzen Welt ein Echo tiefer Anteilnahme aus. Das Rote Kreuz und andere Hilfsorganisationen rufen zu Spenden auf, mit denen die schlimmste Not gelindert werden kann. Die Welt sieht nicht tatenlos zu, wenn eine Naturkatastrophe eine Stadt oder ein Land in Not bringt.

Welche Reaktionen löst ein Erdbeben sonst noch bei den Menschen aus? Sicher nicht solche wie die des jungen Goethe, von dem der Autor im 1. Kapitel von «Dichtung und Wahrheit» folgendes schreibt:

> Durch ein außerordentliches Weltereignis wurde jedoch die Gemütsruhe des Knaben zum erstenmal im tiefsten erschüttert. Am 1. November 1755 ereignete sich das Erdbeben von Lissabon und verbreitete über die in Frieden und Ruhe schon eingewohnte Welt einen ungeheuren Schrecken. [...] Der Knabe, der alles dieses wiederholt vernehmen mußte, war nicht wenig betroffen. Gott, der Schöpfer und Erhalter Himmels und der Erden, den ihm die Erklärung des ersten Glaubensartikels so weise und gnädig vorstellte, hatte sich, indem er die Gerechten mit den Ungerechten gleichem Verderben preisgab, keineswegs väterlich erwiesen.

Es ist höchst fraglich, ob der sechsjährige Knabe Goethe tatsächlich das Naturereignis des Erdbebens als Weltereignis begriffen und angesichts der zerstörten Stadt schon die Frage nach dem Sinn des Übels in der Welt gestellt hat. Im Jahre 1811 aber, als Goethe diese Überlegungen rückschauend niederschrieb, wußte jeder denkende Mensch in Europa, daß das Jahr 1755, das Jahr des Erdbebens von Lissabon, ein Wendepunkt der europäischen Geistesgeschichte geworden war.

Die Jahre um die Mitte des 18. Jahrhunderts waren erdbebenreich. Für das Jahr 1750 wissen wir von vier Erdbeben im Mittelmeerraum. Griechenland, Italien, Frankreich und Spanien wurden in Mitleidenschaft gezogen. Die größte Katastrophe suchte Portugal heim. Drei schwere Erdstöße am 1. November 1755 vormittags erschütterten die Stadt Lissabon und verwandelten sie in einen Ort der Zerstörung. Es war der Allerheiligen-Tag und die Stunde des Gottesdienstes. Viele Menschen fanden in den dreißig zerstörten Kirchen der Stadt den Tod. Die Gesamtzahl der Todesopfer wird in den Quellen verschieden angegeben: zwischen 10 000 und 60 000. Auswirkungen des Erdbebens wurden in ganz Europa wahrgenommen. Immanuel Kant verzeichnet eine «wallende Bewegung» der Seen in der Mark Brandenburg, in Norwegen und in Schweden.[1] Ein französisches Buch vermerkt Überschwemmungen mehrerer deutscher Flüsse und berichtet, die drei Lüster der Hauptkirche von Rendsburg hätten eine Stunde lang hin und her geschwankt.[2] Kleinere Erdbeben folgen dem großen nach. Am Genfer See bebt die Erde am 10. Dezember. Voltaire, der sich auf dem Land bei Genf aufhält, beachtet das Beben kaum und läßt sich nicht beim Essen stören: *«le dîner n'en a pas été dérangé».*[3] Die Nachrichten aus Lissabon jedoch, die zunächst unbestätigt, bald aber unbezweifelbar bei Voltaire eintreffen, lassen ihn nicht in gleichem Maße unbeteiligt. In einem Brief vom 12. November 1755 schreibt er: «Da sieht man eine recht grausame Natur! (...) Welch trauriges Glücksspiel ist doch das Spiel des menschlichen Lebens!» Neben der Klage kommt in diesem Brief jedoch auch die Ironie schon zu Wort. Voltaire schreibt: «Man wird schon seine Schwierigkeiten haben, herauszufinden, wie die Bewegungsgesetze in der besten der möglichen Welten solche schrecklichen Katastrophen bewirken können.» Voltaire unterstreicht in dem Brief: *«dans le meilleur des mondes possibles».* Und sarkastisch setzt er hinzu, er hoffe, daß wenigstens auch die Herren von der Inquisition bei dem Erdbeben in Lissabon zugrundegegangen seien. Das würde allen eine Lehre sein, niemanden zu verfolgen; denn die gleiche Erde verschlingt Verfolger und Verfolgte.

Etwa um die Zeit dieses Briefes, also Ende November 1755, und unter dem unmittelbaren Eindruck der Katastrophe schreibt Voltaire sein berühmtes Gedicht über das Erdbeben von Lissabon: *Poème sur le désastre de Lisbonne*. Das Gedicht trägt den Untertitel: *Untersuchung des philosophischen Lehrsatzes ‹Alles ist gut›*. Von Dezember an zirkulieren Abschriften des Gedichts in den Pariser Salons. Anfang 1756 erscheint das Gedicht im Druck und wird in ganz Europa mit leidenschaftlichem Interesse gelesen. Allein im Erscheinungsjahr kommen von dem Gedicht etwa zwanzig Ausgaben in Umlauf. So wird das Erdbeben von Lissabon, hauptsächlich unter der Wirkung des Voltaireschen Gedichts, ein europäisches Ereignis. In Gazetten und Broschüren, in Poemen und Traktaten pflanzt sich das Erdbeben durch die europäische Geisteswelt fort und wird zu einem Gegenstand, an dem sich die Geister scheiden. So gelangt es auch zu Goethe. Das Erdbeben wird für Goethe zum geistigen und geistlichen Problem, weil das Unglück offenbar die Güte Gottes in Frage stellt. Das aber ist ein Problem, auf das Goethe nicht spontan verfallen ist, sondern seine persönliche Antwort auf die geistige Wendung darstellt, die Voltaire dem Naturereignis gegeben hat. Das Erdbeben von Lissabon ist von Voltaires Reflexion unabtrennbar geworden. Diese aber besteht, wie der Untertitel des Gedichtes angibt, in der Untersuchung des philosophischen Axioms «Alles ist gut» (*tout est bon*), d. h. des metaphysischen Optimismus, der die Überzeugung vertritt, daß aus den Händen eines guten Schöpfers nur eine gute Welt hervorgehen kann.

Der Gedanke des metaphysischen Optimismus hat eine lange Vorgeschichte. Er hat ursprünglich die Form der sogenannten Theodizee, d. h. der Rechtfertigung Gottes vor dem denkbaren Vorwurf, er sei als Schöpfer der Welt auch Urheber alles Schlechten und Bösen, ja der Sünde in der Welt. Auch das Problem der Willensfreiheit gegenüber dem göttlichen Vorwissen oder sogar seiner Vorherbestimmung ist damit verknüpft.

Für Voltaire ist das Problem der Theodizee mit dem Namen Leibniz verbunden, der 1710 seine Essays über die Theodizee (übrigens in französischer Sprache) veröffentlicht hatte.[4] Von Leibniz stammt auch die Bezeichnung Theodizee. Leibniz versucht das Problem zu lösen, indem er zwischen dem natürlichen Übel, dem moralischen Übel und dem metaphysischen Übel unterscheidet. Mit dem letzteren ist die Unvollkommenheit und Endlichkeit des Geschöpfes überhaupt gemeint. Wer also Geschöpf sagt, muß auch Übel sagen. So ist zwar diese Welt nicht unbedingt gut, aber doch «die beste aller möglichen Welten»: Voltaire kannte wenn nicht unmittelbar die Leibnizsche Theodizee, so doch die von allerhand Populärphilosophen verbreitete Leibnizsche Theodizee-Lösung, besonders die Optimismus-Formel von der besten aller möglichen Welten. Sie wird ihm, indem er den Akzent von der besten aller *möglichen* Welten auf die *beste* aller möglichen Welten verlegt, zum Ärgernis.

Eine weitere Optimismusformel fand Voltaire in dem großen Poem des Engländers Alexander Pope *An Essay on Man* aus den Jahren 1733/34.[5] Dieser Versuch über den Menschen war in Frankreich in mehreren Übersetzungen bekannt und verbreitet. Voltaire las ihn in englischer Sprache und hat das Exemplar seiner Bibliothek mit zahlreichen Randglossen versehen. Voltaire schätzte Pope sehr, bewunderte ihn eine Zeitlang sogar. In seinen *Lettres philosophiques* hat er dazu beigetragen, Pope auf dem Kontinent bekanntzumachen. Aber unter dem Eindruck des Erdbebens von Lissabon wurde ihm Popes Philosophie mehr denn je zweifelhaft. Denn dessen *Essay on Man* ist in der Nachfolge Shaftesburys ein Manifest des äußersten metaphysischen Optimismus. Das Übel in der Welt? Es ist nur Täuschung, antwortet Pope. Wir haben seinen Sinn noch nicht oder nicht im rechten Zusammenhang verstanden. Jedes Übel ist partiell und erweist sich, im Sinnganzen der Schöpfung gesehen, als heilsam und gut: «*All partial Evil, universal Good.*» Eine Betrachtung des Ganzen läßt unfehlbar die Weltharmonie erkennen, die Gott als guter Gott gewollt haben muß. So bekennt sich Pope in radikalem Optimismus zu dem Lehrsatz: «*Whatever is, is right.*»

Der metaphysische Optimismus, entwickelt am Problem der Theodizee, fand in Europa zunächst allgemeine Zustimmung. Man spricht in diesem Zusammenhang geläufig von einem Aufklärungs-Optimismus. Selbst Friedrich der Große, den wir uns kaum als gutmütigen Weltbeschöniger vorstellen können, korrespondierte mit Voltaire über dieses Problem und sprach sich für Popes Optimismus-Prinzip aus. Die Welt sei als Schöpfung Gottes notwendig vollkommen, und diese Vollkommenheit zeige sich jedem, der nicht die Teile für sich betrachtet.[6]

Friedrichs des Großen Interesse an den Fragen der Theodizee war mit diesem Briefwechsel nicht erschöpft. Denn knapp zwanzig Jahre später beschloß die Berliner Akademie der Wissenschaften, sicherlich nicht ohne die Billigung ihres königlichen Schutzherrn, eine Preisfrage auszuschreiben. Sie lautete: «Gefordert wird die Untersuchung des Popeschen Systems, wie es in dem Lehrsatz ‹Alles ist gut› enthalten ist.» Mit dem Popeschen System war gleichzeitig die Leibnizsche Metaphysik gemeint, die damals, verstärkt durch die Wolffsche philosophische Schule, die deutschen Universitäten beherrschte und der Maupertuis, der französische Präsident der preußischen Akademie, die größten Antipathien entgegenbrachte. Vier Autoren reichten bei der Akademie ihre Arbeiten ein, unter ihnen Gottsched mit einer lateinisch geschriebenen Dissertation sowie Lessing und Mendelssohn mit der Schrift «Pope ein Metaphysiker!». Auch Kant hatte eine Zeitlang mit dem Gedanken gespielt, auf die Preisfrage zu antworten. Den Zuschlag erhielt eine Arbeit von A. F. Rheinhard. Es war die einzige Schrift, die sich gegen den Optimismus aussprach und damit den Vorstellungen des Präsidenten der Akademie entgegenkam.

Das war im Jahre 1755. Im Herbst dieses Jahres erschienen die bei der Akademie eingereichten Schriften im Druck. Voltaire lebte um diese Zeit, wie schon erwähnt, in der Schweiz. Aber die Vorgänge am preußischen Königshof waren ihm nicht gleichgültig. Im Jahre 1750 hatte Voltaire den drängenden Einladungen des aufgeklärten Monarchen nachgegeben und am Potsdamer Hof Wohnung genommen. Zwei der hervorragendsten Köpfe ihres Jahrhunderts, aber auch zwei unverträgliche Charaktere wohnten unter einem Dach. Dem Sarkasmus des Königs war nicht einmal die Ironie eines Voltaire gewachsen. Nach allerhand unliebsamen Zwischenfällen verließ der gedemütigte Philosoph ohne Abschied den Hof, wurde in Frankfurt noch von preußischen Soldaten festgesetzt, bis er sich schließlich in die Schweiz zurückziehen konnte, enttäuscht und verbittert. Unter den Mißhelligkeiten, welche das Verhältnis des Königs und des Philosophen belasteten und das klägliche Ende ihres Zusammenseins förderten, war auch das schlechte Verhältnis Voltaires zu Maupertuis, dem Philosophenkollegen, der sich gleich ihm der Protektion des Königs erfreute. Als Voltaire schließlich gegen seinen Kollegen eine anonyme, ihren Verfasser gleichwohl nicht verleugnende Schmähschrift veröffentlichte, löste eben dieser Zwischenfall Voltaires Abschied aus.

Ich erwähne diese Begebenheiten, weil sie erklären, welches Interesse

Voltaire jener erwähnten Preisfrage der Berliner Akademie entgegengebracht hat. Als erklärter Feind des Akademie-Präsidenten Maupertuis konnte er keinesfalls selber mit der Preisarbeit hervortreten. Andererseits muß ihn der Gedanke daran sehr beschäftigt und sein Interesse an den Fragen der Theodizee in jenem Jahre 1755 neu belebt haben. Da kam am 1. November dieses Jahres das Erdbeben von Lissabon, und Voltaire schreibt unmittelbar danach sein Gedicht. Dessen Untertitel *Untersuchung des Axioms ‹Alles ist gut›* bezeichnet genau die Aufgabe, die von der Berliner Akademie gestellt war. Dieses Erdbebengedicht ist demnach Voltaires Beitrag zur Optimismus-Diskussion der Berliner Akademie, ein Beitrag übrigens, der ganz im Sinne seines Feindes Maupertuis sein mußte. Darin waren sie eben beide französische Philosophen und standen sich auch als Feinde nahe.

Man darf sich also nicht vorstellen, daß da in Lissabon ein großes Erdbeben war und irgendwo in Mitteleuropa ein fühlender Mensch, der aus der tiefen Sympathie seines Herzens eine große Elegie schreibt. So etwas gibt es natürlich auch gelegentlich in der Literatur, aber das hat selten große Macht über den Geist der Zeiten. Voltaire fand sich nicht nur den Trümmern Lissabons gegenüber, sondern einer Jahrzehnte währenden und just 1755 mit der Preisfrage der Berliner Akademie auf ihren Höhepunkt gelangten Diskussion der Philosophen und vieler aufgeklärter Geister Europas über die Metaphysik des Guten und des Bösen. So entstand bei Voltaire aus vielfältigen literarischen und philosophischen Quellen eine Disposition, die zusammen mit dem Naturereignis des Erdbebens jene energische und allergische Abkehr vom Optimismus auslöste, die wir in dem Gedicht über das Erdbeben von Lissabon vor uns haben.

Voltaires Gedicht mit dem Titel *Poème sur le désastre de Lisbonne* ist keine große Dichtung.[7] Zu nahe waren die Ereignisse von Lissabon, zu deutlich ist die polemische Wendung. Zeitliche Nähe und Tagesstreit sind oft nicht die besten Ratgeber für einen Autor. Aber der mindere poetische Rang des Gedichts hat seinem Erfolg keinen Abbruch getan und ihm nichts von seiner Bedeutung als Zeugnis eines Menschen und Dokument einer bewegten Zeit genommen. Das Gedicht – es ist mit seinen etwa 250 Versen zum vollständigen Abdruck zu lang – beginnt mit einer Klage; aber mit drei Versen Klage läßt es Voltaire fürs erste genug sein und wendet

sich sogleich polemisch an die falschen Philosophen und gegen ihr trügeri-
sches Prinzip «Alles ist gut».

> Ihr ruft: «Alles ist gut!» Getäuschte Philosophen,
> kommt her und schaut euch an: entsetzliche Ruinen,
> die Scherben und der Schutt, von Asche die Lawinen.

> *Philosophes trompés qui criez: «Tout est bien»,*
> *Accourez, contemplez ces ruines affreuses,*
> *Ces débris, ces lambeaux, ces cendres malheureuses.*

Diese Anrede an die irrenden Philosophen des Optimismus wird das ganze
Gedicht hindurch beibehalten. Voltaire findet dabei Gelegenheit, auch verschiedene andere Lösungen des Theodizee-Problems vorzuführen und
gleichermaßen zurückzuweisen. Die einen sagen, das Übel sei in der Welt,
weil Gott selber an Gesetze gebunden sei, die stärker sind als er. Andere
meinen, das Erdbeben von Lissabon und überhaupt das Übel in der Welt
sei eine Strafe Gottes. Oder aber, das ist die alte Lehre der Manichäer, die
Materie sei als Prinzip des Bösen widerspenstig gegen Gott als Prinzip des
Guten. Einige glauben auch, das Erdenleben sei eine Plage, der Tod ein
Glück. Demnach wäre auch das Erdbeben von Lissabon gar kein Übel, sondern ein Gutes.

Voltaire hält sich mit Argumenten dieser Art nicht lange auf. Er konzentriert seine polemische Verve auf das Optimismus-Argument. Alles
soll gut und aufs beste bestellt sein? Könnte man sich nicht eine Welt
ohne die Schrecknisse des Lissabonner Erdbebens denken, und wäre diese
nicht besser? Konnte Gott das Erdbeben wirklich nicht vermeiden? Hält
man denn seine Allmacht für begrenzt? Diese Argumentationstechnik ist
bemerkenswert. Voltaire setzt nicht etwa den christlichen Philosophen
Leibniz und Pope unchristliche Argumente entgegen, sondern er versucht,
den christlichen Philosophen mit noch christlicheren Argumenten beizu-
kommen. Seine Polemik kommt gleichsam von der eigenen Partei, und wir
finden Voltaire in der unvermuteten Position oder Pose, daß er Gott,
namentlich sein Attribut der Allmacht, gegen seine christlichen Interpre-
ten in Schutz nimmt und diese damit in die Rolle der Kleingläubigen
drängt.

Ein zweites Moment charakterisiert seine Argumentationstechnik. Voltaire konfrontiert in seinem Gedicht in ständigem Nebeneinander die

Schrecken der heimgesuchten Stadt mit dem Räsonieren der Philosophen, das nun mehr denn je als unangebracht erscheint. Voltaire legt seinen Lesern nahe, sich die Philosophen als «geruhsame Zuschauer» am Rande des Trümmerfeldes vorzustellen. Ihre Devise «Alles ist gut» fügt zum Schaden den Spott. Anstatt zu trösten, verbittern sie die Unglücklichen. Er, Voltaire, mag sich nicht zu ihnen stellen. Er verzichtet vielmehr darauf, das Unglück von Lissabon und das Übel in der Welt überhaupt erklären zu wollen. Die Frage nach dem Sinn des Übels in der Welt bleibt unbeantwortet. Ratlos schließt das Gedicht. Ein matter Appell an die Hoffnung am Schluß der Verse kann nicht darüber hinwegtäuschen.

Die Katastrophe auf der einen Seite, leidige Tröster auf der anderen Seite und am Ende keine Antwort auf die Frage nach dem Sinn des Übels – wir erkennen hier ein berühmtes literarisches Muster wieder, das Voltaire und vielen seiner Leser im 18. Jahrhundert bekannt und geläufig war. Ich denke an das Buch Hiob des Alten Testaments.[8] Voltaire, der ein eifriger Bibelleser war, schätzte es als «eines der wertvollsten Bücher des Altertums». Hiob, so wußte Voltaire und so kannten es auch seine Zeitgenossen, wird von Gott auf die Probe gestellt. Satan erhält Macht, alles Unglück auf ihn zu häufen. Und bald schon treffen die «Hiobsbotschaften» ein: Sieben Söhne und drei Töchter kommen um, aller Besitz geht verloren, und den Vater selber befällt der Aussatz. Nun kommen Freunde zu Hiob, und es beginnt ein Gespräch zwischen ihnen und Hiob über den Sinn des Leidens und des Unheils, das über ihn gekommen ist. Hiob klagt über sein unverdientes Mißgeschick. Die Klage erregt den Unwillen der Freunde, die Hader und Lästerung aus den Worten heraushören. Das Gespräch geht mit wachsender Bitternis zwischen Hiob und seinen Freunden hin und her. Schließlich greift Gott selber in die Reden ein und tadelt Hiob, daß er auf seine Gerechtigkeit gepocht hat, mehr noch aber tadelt er dessen Freunde, die lieblos von Hiob gesprochen haben. Es steht dem Menschen nicht an, von Gott Rechenschaft zu verlangen. Hiob demütigt sich und erhält Kinder und Besitz zurück.

Kein Zweifel, das Buch Hiob ist eine Theodizee, denn es geht um die Frage, wie das Unglück, das Hiob trifft, mit Gottes Gerechtigkeit zu vereinbaren ist. Es geht sogar im engeren Sinne gleichfalls um ein Erdbeben; denn auch für Hiob ist Gottes Allmacht daran zu erkennen, daß er die

Erde von ihrem Ort bewegt und ihre Säulen erschüttert. Ein Erdbeben ist offenbar für Juden und Christen keine beliebige Katastrophe. Unter allen Naturgewalten scheinen die Kräfte des Erdbebens, wenn sie dem Menschen den sicheren Boden unter den Füßen wegziehen, am nachdrücklichsten an die Transzendenz zu erinnern. So wie Hiob im Ringen um die Rechtfertigung an ein Erdbeben denkt, so kann umgekehrt der Kirchenvater Johannes Chrysostomos im Jahre 396 unter dem Eindruck des großen Erdbebens von Antiochien mit Hiob die Frage nach der Rechtfertigung stellen.[9] Die Predigten auf den Kanzeln Europas zum Erdbeben von Lissabon bewegen sich in den gleichen Bahnen.

Auch die Theodizeen von Leibniz und Pope stellen wieder die Verbindung zwischen den Fragen nach dem Sinn des Übels in der Welt und dem Naturereignis Erdbeben her. Leibniz exemplifiziert das moralische Übel an Caligula und Nero, das natürliche Übel an einem Erdbeben. Pope sieht die moralischen Übel an Catilina und dem Borgia-Papst verkörpert. Bei den natürlichen Übeln denkt er, wie Leibniz, an die Elementargewalten eines Sturmes oder Erdbebens. Sollen wir nun mit einigen Kommentatoren sagen, das habe Pope unter dem Eindruck der Erdbebenkatastrophe von Chile im Jahre 1732 niedergeschrieben? Gewiß, wir wollen gerne glauben, daß Pope angesichts der chilenischen Erdbebenkatastrophe nicht gleichgültig geblieben ist. Aber bei einem Erdbebenunglück menschliche Teilnahme zeigen und ein solches Unglück auf die geistig-geistliche Problematik der Theodizee beziehen, sind zwei Dinge. Der Textzusammenhang läßt vielmehr bei Pope ebenso wie bei Leibniz erkennen, daß ihnen beiden das Erdbeben prototypisches Beispiel für das (natürliche) Übel in der Welt geworden ist. Das Erdbeben hat nunmehr einen festen philosophischen und theologischen Stellenwert in der Welt des Geistes eingenommen. Auch Voltaire hat das Erdbeben von Lissabon nicht mit der bloßen Anteilnahme des Philosophen aufgenommen, sondern er hat zugleich – von Hiob, Leibniz und Pope her – von der Beispielhaftigkeit des Erdbebens als eines typischen Weltübels eine deutliche Vorstellung gehabt.

Unter den ersten Lesern des Voltaireschen Gedichts auf das Erdbeben von Lissabon war Jean-Jacques Rousseau, der damals gerade durch seine ersten Schriften als aufgeklärter Philosoph und Verächter der Zivilisation berühmt geworden war. In einem denkwürdigen Brief an Voltaire aus dem Jahre 1756 nimmt Rousseau zu Voltaires Erdbebengedicht Stellung.[10] Er ist ganz und gar nicht einverstanden mit Voltaires Ansichten und hält weiterhin mit den Philosophen des Optimismus an der Überzeugung fest, daß Gott die Welt aufs beste eingerichtet hat. Allerhand Gründe führt er von neuem zugunsten des Optimismus an. Unter diesen ist einer besonders bemerkenswert, weil er ganz aus Rousseaus Kulturphilosophie entwikkelt ist und in die Zukunft weist. Das Unglück von Lissabon, so schreibt Rousseau, ist nicht im Einklang mit den göttlichen Absichten über die Erde gekommen, sondern als notwendige Folge menschlicher Verkehrtheit. Diese liegt darin, daß die Menschen nicht mehr wie im glücklichen Urzustand naturgemäß leben wollen, sondern sich der verderblichen Zivilisation in die Arme geworfen und zum Beispiel solche Städte wie Lissabon gebaut haben. Voltaire hatte in seinem Gedicht gewünscht, Gott möge solche Erdbeben, wenn sie schon unvermeidlich sein sollten, lieber über Wüsteneien kommen lassen. Wer trägt aber die Schuld, fragt Rousseau zurück, daß Erdbeben wie das von 1755 nicht menschenleeres Land, sondern eine dicht besiedelte Großstadt getroffen hat? Nur die Zivilisation, antwortet er selber, sie ist daher die eigentlich Schuldige.

Voltaire hat auf diesen Brief nur knapp geantwortet. Fortan war Feindschaft zwischen den beiden Männern. Er hat das erwähnte Argument Rousseaus wohl nur als ein rhetorisches Sophisma empfunden. Es ist jedoch, zumal es tief in Rousseaus Philosophie verankert ist, weit mehr als eine Spiegelfechterei des Denkens und hat wiederum eine gewisse Signalfunktion. Rousseaus Argument zeichnet sich nämlich unter allen Argumenten zur Theodizee, einschließlich der Argumente des Streitgesprächs im Buche Hiob, dadurch aus, daß er das Problem aus der Metaphysik in die Geschichte verlegt. Aus der Frage, welchen Sinn Gut und Böse in der Welt und vor Gott haben, wird nun die Frage, unter welchen historischen Bedingungen Gut und Böse in der Welt zustande gekommen sind. Rousseaus Antwort lautet bekanntlich, daß die Natur das Gute hervorbringt, die Kultur es hingegen zum Bösen wendet. Der Natur- und der Kulturzustand und damit auch Gut und Böse lösen einander in der Geschichtszeit ab. Das hängt nicht von der Moralität dieser oder jener historischen Person ab, sondern vom Weltmoment. Das ganze Problem der Theodizee wird dadurch zu einem prinzipiell historischen Problem, und es wird in ganz neue Bahnen gelenkt, welche die Bahnen des 19. Jahrhunderts sein werden.[11] Nicht Kant ist in diesem Sinne der Überwinder der Aufklärung, sondern Rousseau, Herder und Vico. Mit ihnen tritt das Geschichtsdenken die Nachfolge der Metaphysik an. Nicht als ob die Metaphysik verschwände; sie existiert ja heute noch, wenn auch in gebrochener Kraft. Aber sie gibt schon im ausgehenden 18. Jahrhundert nicht mehr den Ton der Epoche an. Voltaire hat der Metaphysik in Europa den Kredit genommen. Aber er hat nichts Neues an ihre Stelle gesetzt. Das tat Rousseau. Auf ihn, weniger auf Voltaire, hat sich die Französische Revolution und hat sich das ganze 19. Jahrhundert berufen. Das ist so, obwohl Voltaire zeitlebens Geschichtsschreiber war, Rousseau nie. Aber hinter Voltaires Geschichtsschreibung steht eine ausschließlich moralistische Deutung der Geschichte. Er mißt die Begebenheiten der Geschichte nach ihrem Gehalt an Vernunft oder Unvernunft und beurteilt sie wie ein geschichtliches Drama nach dem Regelsystem des Verstandes. Gut und Böse sind mehr oder weniger regelmäßig über die Epochen verteilt; kaum daß ein Besser oder Schlechter zu erkennen ist. Wenn das Übel einmal in der Welt ist, wird es auch wohl darin bleiben.

Ganz anders Rousseau. Für ihn war das Übel nicht immer in der Welt, und es braucht folglich auch nicht für alle Zeiten in ihr zu bleiben. Literatur, Pädagogik und politisches Denken haben als Fernziel eine Welt ohne Übel. Sie ist denkbar und grundsätzlich möglich. Der ursprüngliche Naturzustand kann wieder erreicht werden. Dabei ist das berühmte Schlagwort «Zurück zur Natur!» nicht so zu verstehen, daß, um bei Rousseaus Erdbebenbeispiel zu bleiben, die Stadt Lissabon abgerissen werden müßte, damit die Menschen wieder naturgemäß leben können. Man kann auch, das liegt in der Konsequenz seines Denkens, die Städte naturgemäßer und das bedeutet zugleich erdbebensicherer bauen. Man kann, mit einem Wort, politisch handeln, damit im weiteren Verlauf der Geschichte das Übel vermindert und das Gute durch Tatkraft vermehrt wird. Ein Erdbeben lädt dann nicht mehr so sehr zur Reflexion, sondern vielmehr zum Handeln ein. Eben dies ist die praktische Theodizee-Lösung der modernen Zeiten.

So hat es auch Bertolt Brecht im 20. Jahrhundert verstanden, als er in seiner Schrift *Fünf Schwierigkeiten beim Schreiben der Wahrheit* die folgende Bemerkung niederschrieb:

In vielen amerikanischen Zeitschriften konnte man nach einem großen Erdbeben, das Yokohama zerstörte, Photographien sehen, welche ein Trümmerfeld zeigten. Darunter stand *steel stood* («Stahl blieb stehen»), und wirklich, wer auf den ersten Blick nur Ruinen gesehen hatte, bemerkte nun, durch die Unterschrift darauf aufmerksam gemacht, daß einige hohe Gebäude stehengeblieben waren. Unter den Darstellungen, die man von einem Erdbeben geben kann, sind von unvergleichlicher Wichtigkeit diejenigen der Bauingenieure, welche die Verschiebungen des Bodens, die Kraft der Stöße, die sich entwickelnde Hitze und so weiter berücksichtigen und zu Konstruktionen führen, die dem Beben widerstehen.[12]

Diese Überlegungen Brechts betreffen, wenn wir es noch einmal in der Sprache des Philosophen Leibniz sagen dürfen, das natürliche Übel. Aber wie für Voltaire ist auch für Brecht das natürliche Übel vom moralischen Übel unabtrennbar. Allerdings in einer besonderen Weise, die weit von Voltaire abweicht und über moralische Momente hinaus auf ein Übel hinweist, das wir in Weiterbildung der Gedanken des 17. und 18. Jahrhunderts das politische Übel nennen können. Hören wir noch einmal Brecht, der unmittelbar anschließend weiter schreibt:

> Wer den Faschismus und den Krieg, die großen Katastrophen, welche keine Naturkatastrophen sind, beschreiben will, muß eine praktikable Wahrheit herstellen. Er muß zeigen, daß dies Katastrophen sind, die den riesigen Menschenmassen der ohne eigene Produktionsmittel Arbeitenden von den Besitzern dieser Mittel bereitet werden. Wenn man erfolgreich die Wahrheit über schlimme Zustände schreiben will, muß man sie so schreiben, daß ihre vermeidbaren Ursachen erkannt werden können. Wenn die vermeidbaren Ursachen erkannt werden, können die schlimmen Zustände bekämpft werden.

Weltironie im Taschenformat

Über Voltaires «Candide»

Für Europa war das 18. Jahrhundert das Zeitalter der Aufklärung. Für Frankreich war es darüber hinaus das Jahrhundert Voltaires (1694–1778), der von Goethe einmal «der höchste unter den Franzosen denkbare, der Nation gemäßeste Schriftsteller» genannt worden ist. Und im 18. Jahrhundert wiederum bezeichnen die fünfziger Jahre dasjenige Jahrzehnt, in dem sich die aufgeklärte Vernunft am deutlichsten mit dem Geist und Witz dieses Franzosen (Valéry: «*notre homme d'esprit par excellence*») identifiziert hat.[1]

Solche oder ähnliche Gedanken mag auch König Friedrich II. von Preußen im Jahre 1750 im Sinn gehabt haben, als er ein Jahrzehnt nach seiner Thronbesteigung diesen hochgerühmten Schriftsteller und Philosophen an seinen Potsdamer Hof einlud und ihn in die ohnehin französisch parlierende Königlich Preußische Akademie der Wissenschaften berief. Für ihn sollte «Sanssouci» ein sorgenfreier Ort geistreich-geselliger Konversation zur weiteren Schärfung und Beflügelung seiner Feder sein. Und für sich selber wollte Friedrich unter seiner aufgeklärten Herrschaft die platonische Idee eines Staatswesens verwirklicht sehen, in dem die Könige Philosophen und die Philosophen Könige sind.

Es kam anders. Der Preußenkönig und sein französischer Staatsgast hielten es nur drei Jahre miteinander aus. Ein heftiger Streit Voltaires mit dem ebenfalls französischen Akademie-Präsidenten Maupertuis, bei dem sich der König vor seinen Präsidenten stellte, bereitete der franko-preußischen Kohabitation ein vorzeitiges Ende. Enttäuscht und verbittert kehrte Voltaire nach Frankreich zurück, wo er allerdings in Paris und Versailles auch schon seit längerem *persona non grata* war. In weiter Entfernung vom monarchischen Machtzentrum ließ er sich in der Nähe der Schweizer Grenze nieder.

In dieser Situation und Geistesverfassung wurde Voltaire im Jahre 1755 mit dem Erdbeben von Lissabon konfrontiert. In fliegender Eile schrieb er aus diesem Anlaß unter dem unverfänglichen Titel *Poème sur le désastre de Lisbonne* sein eigenes Lehrgedicht zu diesem Thema (vgl. oben S. 112 ff.). Tatsächlich aber war jeder Vers dieses Gedichts gewürzt mit bitterböser Ironie nicht nur gegen die Philosophen des metaphysischen Optimismus, sondern auch gegen alle weltlichen und geistlichen Autoritäten, die sich in der Welt, so unvollkommen sie sein mag, behaglich und selbstzufrieden eingerichtet hatten. Mehr noch als das Erdbeben selber erschütterte Voltaires poetische Kampfschrift die geistig-moralischen Fundamente einer Kultur, die sich angewöhnt hatte, aus der Frömmigkeit des dankbaren Gotteslobes ein billigendes Einverständnis mit allen entweder von Gott geschaffenen oder doch wenigstens von ihm geduldeten Weltübeln abzuleiten. War das polemische Potential des Theodizee-Problems damit ausgeschöpft?

Davon kann keine Rede sein. Denn wenige Monate, nachdem Voltaires Lissabon-Gedicht die Öffentlichkeit erreicht hatte, brach der Siebenjährige Krieg aus (1756–1763). Es war nicht der erste, wohl aber der schwerste Krieg, den der aufgeklärte König für Preußens Gloria zu führen hatte. Für Voltaire schien das die richtige Stunde zu sein, um die philosophische Debatte um Gut und Böse in der Welt aufs Neue zu entfachen und diesen Streit nun mit anderen und schärferen Waffen auszutragen.

Für diesen Zweck bot sich dem geschliffenen Witz unseres Autors die bis dahin noch wenig erprobte Form des philosophischen Kurzromans (*conte philosophique*) an, der auf der Skala der literarischen Gattungen in weitester Entfernung von den voluminösen Abhandlungen der Systemphilosophen und in größtmöglicher Nähe zu Pascals frech-ironischen *Lettres provinciales* (1656/57) angesiedelt war. Man kann auch schon eine Vorform des modernen Taschenbuchs in dieser neuen Gattung erkennen. In narrativer Verkleidung also und überdies als anonyme Übersetzung aus dem Deutschen getarnt, erschien im Jahre 1759 unter dem wiederum ziemlich unschuldig erscheinenden Titel *Candide ou l'Optimisme* Voltaires neue Kampfschrift, deren unverwechselbare Handschrift natürlich sofort erkannt und von einem großen Leserpublikum bejubelt wurde.[2] Es zeigte sich hier vor aller Welt, daß dieser Autor auch mit 65 Jahren noch nicht bereit war, seine lästerliche Zunge im Zaum zu halten.

Candide, das ist der Name, den Voltaire dem Helden seines Kurzromans gegeben hat. Harmlos und arglos nämlich, so sagt es der sprechende Name, eine *anima candida* und *tabula rasa* ist dieser jugendliche Held aus «*Vestphalie*», der von seinem philosophischen Mentor mit dem ebenfalls sprechenden Namen Pangloß («Allredner») vor allem dazu erzogen worden ist, «*à ne jamais juger de rien par lui même*» (frei ins Kantische übersetzt: «sich nie seines eigenen Verstandes zu bedienen»). So bewundert er maßlos die großspurigen Lehrsätze seines pedantischen Mentors, dem von der Philosophie des metaphysischen Optimismus nichts als ein paar Formeln und Floskeln im Kopf geblieben sind. Auf alles nämlich, was ihm und seinem blindgläubigen Jünger auf ihrem Lebensweg widerfährt, weiß Pangloß nur die immer gleiche Antwort, daß die Menschen – so Leibniz – in der besten aller möglichen Welten leben, so daß sich – so Pope – in jeder Hinsicht der Lehrsatz bestätigt: «Was immer besteht, das besteht zu Recht.»

In diesem philosophischen Szenario findet nun auch der Erzähler seinen Platz. Mit der von ihm gewählten Erzählperspektive «von unten» nimmt er für sein Erzählen die spielerische Attitüde des «Kleintuns» (Goethe) an und täuscht damit dem Leser die gleiche Naivität vor, wie sie dem naiven Helden von seinem Charakter her eigen ist. Mit dieser amüsanten, an Pascal geschulten Erzählperspektive bringt Voltaire in seinem Roman jene narrative Ironie zustande, die seinem philosophischen Roman, mehr als alle sonstigen Schriften seines siebzigbändigen Lebenswerks, literarischen Weltruhm eingetragen hat.[3]

Was aber nun die weite Welt in ihrer östlichen und westlichen Hemisphäre an gefährlichen Abenteuern, bösen Überraschungen und schlimmen Erfahrungen für das gute Dutzend Experimentierfiguren des Romans bereit hält, das füllt auf kurzweiligste Weise dieses philosophische Werk im Taschenformat. Auf seinen kaum mehr als 150 Seiten werden Candide, Pangloß und die anderen Personen ihrer Umgebung mit unerhörtem Erzähltempo durch alle Unwahrscheinlichkeiten der Welt gewirbelt und müssen sich auf diesen Wegen einem Dauerhagel von Widrigkeiten, Schrecklichkeiten und Schlechtigkeiten aussetzen, die einzeln und in ihrer Häufung zu demonstrieren haben, daß diese Welt eine hoffnungslos verunglückte und mißratene Schöpfung ist.

Das zeigt sich bei Voltaire am deutlichsten darin, daß er sich in seinem

Roman streng an die Ordnung der Weltübel hält, wie sie Leibniz in seiner Theodizee schulmäßig abgehandelt hatte mit dem Ziel, Gott vor dem möglichen Vorwurf zu bewahren, er habe als Schöpfer der Welt auch alle Weltübel mitgeschaffen.[4] So sind in deren Systematik, in Leibniz' französischer Terminologie, die folgenden drei Klassen zu unterscheiden:

- *Le mal physique*: Damit ist dasjenige Unheil gemeint, das durch die Naturgewalten und deren unvermeidliche Katastrophen in die Welt kommt.
- *Le mal moral*: Das sind alle diejenigen Formen von Verderbtheit und Bösartigkeit, die aus dem geistig-moralischen Habitus der Menschen entspringen.
- *Le mal métaphysique*: Dies ist das eigentliche Grundübel der Schöpfung, und zwar deren essentielle Begrenztheit, Endlichkeit und Unvollkommenheit, die sowohl in der Natur als auch im sittlichen Handeln der Menschen alle einzelnen Mängel hervortreibt.

Natürliche Übel, die Candide und seinen Gefährten widerfahren, sind zum Beispiel: in erster Linie das Erdbeben von Lissabon (hier als Episode narrativ wiederholt und zugespitzt), sodann Sturm und Schiffbruch, Pocken und Pest, die venerischen Krankheiten sowie der (fast) unübersteigbare Kranz von Bergketten, der den Zugang zum moralischen Schlaraffenland des Eldorado – also gibt es doch irgendwo im fernen Amerika ein Stück Welt ohne jedes Böse und Schlechte? – für gewöhnliche Sterbliche unmöglich macht.

Viel ausführlicher und mit üppigerer Schreckensphantasie werden in Voltaires Roman die geistig-moralischen Übel ausgebreitet: an erster Stelle der Krieg, der mit seinen Scheußlichkeiten und Grausamkeiten zwischen den Bulgaren und ihren Nachbarn (etwa seit 1756?) tobt und auch im fernen Westfalen noch über das Schloß des Freiherrn Thunder ten Tronck Leid und Unheil bringt. Bei dieser Gelegenheit wird auch Kunigunde, die von Candide heißgeliebte Tochter des Freiherrn, von den Bulgaren vergewaltigt, gepeinigt und zum Erdulden weiterer Leiden verschleppt, als deren Opfer sie jedoch am Ende, wenngleich alt und häßlich geworden, mit Candide verheiratet überleben darf.

Des weiteren ist den geistig-moralischen Übeln der Romanhandlung exemplarisch jenes Strafgericht zuzurechnen, das auf den Trümmern Lissabons von den geistlichen und weltlichen Autoritäten der Stadt zur Abwendung weiterer natürlicher Übel veranstaltet wird und der gespielten Naivität des Erzählers als «*un bel auto-da-fé*» erscheint. Von Menschen verursachte Weltübel der moralischen Art sind weiterhin in langer Erzählreihe: Heuchelei und Aberglaube, Verrat und Schurkerei, Kastrationen und Folterungen, Mord und Totschlag, Sklaverei und Menschenfresserei. Einige Personen scheinen in die Erzählung überhaupt nur als Projektionsflächen für Missetaten eingeführt zu sein, so zum Beispiel «die Alte», die in einer der eingeschobenen Geschichten eine ganze Litanei von erlittenen Mißhandlungen aufzählen kann, von denen sie sich aber immer erstaunlich schnell wieder erholt, so daß der Leser mit seinem Mitgefühl gar nicht nachkommt. In ähnlicher Weise müssen auch alle anderen Nebenpersonen der Handlung – der tugendhafte Wiedertäufer Jacques, der weltkluge Schelm Cacambo, der pessimistische Moralist Martin und die unverdrossen kokette Paquette – ohne Atempause für den Leser die schlimmsten Leiden erdulden, so daß sie am Ende sogar mit einem gewissen Leidensstolz um die Wette erzählen können, wem von ihnen es wohl in dieser besten aller möglichen Welten am schlechtesten ergangen ist.

Candide, dem ja in diesem philosophischen Roman die erste und wichtigste Zeugenrolle zugedacht ist, wird von diesen Weltübeln überraschenderweise am meisten verschont, doch fügt es sich, daß er im Getümmel der Geschichte selber drei Personen niedersticht, unter ihnen zwei Kleriker, wie er selber genau nachrechnet. So gehört in diesem Roman nicht nur das von den Opfern erlittene, sondern auch das von ihnen als Tätern bewirkte Böse zur Allgegenwart des *mal moral*. In dieser Hinsicht wird der Erzähler während des ganzen Verlaufs der Geschichte nicht müde, an zahlreichen Schreckensbeispielen aufzuzählen, wie sich gerade die Kleriker und die Mönche aller frommen Orden an der Vermehrung des Bösen in der Welt höchst wirksam beteiligen, in erster Linie die Jesuiten, an denen schon Pascal seine bissige Ironie am liebsten ausgelassen hatte. Diesen saftigen Braten für seine amerikanischen Menschenfresser mag sich Voltaire, der ehemalige Jesuitenschüler, nicht entgehen lassen, und er setzt noch einen weiteren Schelmenspaß obendrauf, insofern Candide dem Schicksal, von den Ohrlappen-Indianern verspeist zu werden, nur deshalb entgeht, weil er nachweisen kann, daß er kein Jesuit ist.

Und wo bleibt bei Voltaire das metaphysische Weltübel? Es spricht in dieser Geschichte mit obstinater Stimme aus dem Mund des biederen Pangloß, der bis zum ironischen Schluß nicht davon ablassen kann, seine metaphysischen Optimismus-Sprüchlein aufzusagen, als eine lebende Demonstration dafür, daß der menschliche Verstand – glücklicherweise mit ein paar aufgeklärten Ausnahmen – seine eigene Begrenzt- und Beschränktheit nicht einzusehen vermag. Es stimmt jedoch hoffnungsvoll, daß sogar dem Naivling Candide am Ende der Geschichte Zweifel kommen, ob er nicht doch, außer nach seinem entführten Jugendschwarm Kunigunde, auch nach der bitteren Wahrheit über die Dinge dieser Welt suchen soll.

Oder handelt er etwa aufgeklärter, wenn er, wie ihm und den anderen überlebenden Personen in der letzten Szene der Geschichte ausgerechnet ein türkischer Derwisch rät, in allen philosophischen Fragen das Grübeln unterläßt und sich fortan damit begnügt, «seinen Garten zu bestellen» (*cultiver son jardin*)? Wir sollten diese «*conclusion*» der Erzählung nicht allzu ernst nehmen. Voltaire, der seit 1758 Besitzer des Gutes Ferney am Genfer See war und dort neben seiner literarischen und philosophischen Tätigkeit auch noch als «Gärtner, Winzer und Ackersmann» eine segensreiche Landwirtschaft betrieben hat, scheint hier am Ende dieses philosophischen Romans mit seiner eigenen Biographie kokettiert zu haben. Wir wollen uns also den leidgeprüften Candide, nachdem er mit Mühe zur Aufklärung und Vernunft gebracht ist, zwar gerne schweigsam und mit allerhand Gartenarbeiten beschäftigt vorstellen, doch wünschen wir unserem Helden auch, daß ihm zwischendurch noch genügend Zeit zum Lesen, Schreiben und Nachdenken übrigbleibt.

Wie zivilisiert ist der Teufel?

Die Französin Germaine de Staël (von der Literaturkritik meistens «Madame de Staël» genannt), der wir das epochemachende Werk *De l'Allemagne* (1813) verdanken, hat Goethe nicht nur persönlich in Weimar aufgesucht, sondern ihm auch ein mit viel Sympathie geschriebenes Kapitel ihres Deutschland-Buches gewidmet. In diesem Porträt stellt sie ihren Landsleuten den Dichter Goethe als Inbegriff des deutschen Geistes vor. Alle wesentlichen Züge, die sie am *«génie allemand»* zu schätzen weiß, findet sie in dem Weimarer Autor in reichem und überreichem Maße vereinigt. In diesem Zusammenhang kommt sie auch ausführlich auf den *Faust* zu sprechen, von dem ihr damals allerdings nur der erste Teil bekannt war. Zwei Sätze scheinen mir in diesem Kapitel die besondere Aufmerksamkeit deutscher Leser zu verdienen. Der erste lautet: «Der Teufel ist der Held dieses Dramas» (*Le diable est le héros de cette piece*). Der zweite: «Mephistopheles ist der zivilisierte Teufel» (*Méphistophélès est le diable civilisé*).[1]

Zunächst zum ersten der beiden Sätze. Wieso konnte Frau von Staël so etwas meinen? Kommt denn nicht für die Heldenrolle des Stückes als erster Faust selber in Frage, da er doch dem Drama seinen Namen gegeben hat? Das ist nicht die Meinung der Französin. Zwar bewundert sie als Kritikerin die Gestalt des Doktor Faust in Goethes Faust-Drama, doch ist sie nicht bereit, hinsichtlich seines dramatischen Charakters einen gewichtigen Vorbehalt zu unterdrücken. Sie nennt ihn ausdrücklich einen «unbeständigen Charakter» (*un caractère inconstant*). Das ist ein poetologisches Prädikat mit negativen Konnotationen von erheblichem Gewicht, wenn man es vor dem Hintergrund der aristotelischen Poetik bewertet. In dieser Kunstlehre, deren Regeln man in Frankreich lange Zeit sehr aufmerksam beachtet hat, ist die Charakterkonstanz unerläßlich für die Eignung einer dramatischen Person auf der tragischen Bühne. Sie spielt auch eine große Rolle in dem von Goethe ins Französische übersetzten Dialog «Rameaus Neffe» (*Le Neveu de Rameau*), von dem sogleich noch in anderem Zusammenhang die Rede sein wird.

Aber käme denn für die Französin nicht auch Margarete als Heldin des Dramas in Frage? Das wird von Frau von Staël ebenfalls nicht erwogen. Von dieser deutschen Frauengestalt hält die feine Dame aus Paris wenig. «Unser» Gretchen ist für sie eine Naive von niederem Stande, folglich «beschränkten Geistes» (*d'un esprit borné*). Ganz ähnlich wird sich später im 19. Jahrhundert von Italien her auch der Kritiker Giosue Carducci über «Goethes dummes Mädchen» (*la stupida ragazza Goethiana*) äußern.[2] Aus solchem Stoff werden in Frankreich und in Italien keine Dramenheldinnen gemacht. So bleibt als ernsthafter Kandidat für die Heldenrolle in Goethes Drama nur Mephistopheles übrig: der Teufel als *dramatis persona*.

Aber stimmt nun auch der zweite Satz, nach dessen Wortlaut Mephistopheles «der zivilisierte Teufel» ist? Hier bin ich mir übrigens nicht ganz sicher, ob ich sein Epitheton zutreffend ins Deutsche übersetzt habe. Das Prädikat *civilisé* umfaßt im Französischen andere und bessere Eigenschaften als im Deutschen das Wort «zivilisiert». Im Gegenzug ist im Französischen das Prädikat *cultivé* stärker eingeschränkt, so daß Mephistopheles mit guten semantischen Gründen auf deutsch auch «kultivierter Teufel» genannt werden könnte.[3] Mit diesem Vorbehalt im Sinn will ich hier aber trotzdem bei der wörtlichen Übersetzung bleiben und also fragen, ob Frau von Staël in ihrer sehr kenntnisreichen Rezension dem Teufel zu Recht das Prädikat der Zivilität zugeschrieben hat. Dafür gibt es in der Tat gute Gründe in der Konzeption des Dramas, und zwar unter den nachfolgenden fünf Gesichtspunkten.

Mephistopheles ist in Goethes Drama erstens ein «Weltmann» (*homme du monde*) oder «Weltmensch», wie Thomas Mann ihn in einem Aufsatz über Goethes *Faust* anerkennend genannt hat.[4] In eben diesem Aufsatz finden wir auch eine feinsinnige Beschreibung seiner weltmännischen Art. So spricht Thomas Mann beispielsweise mit Blick auf Goethes Mephistopheles von der «achselzuckenden Überlegenheit des Weltmenschen». Daß auch Goethe selber schon mit dem Begriff des Weltmännischen eine hohe Wertvorstellung verbunden hat, zeigt sich besonders

deutlich daran, daß er anläßlich ihres Zusammentreffens in Weimar ausgerechnet auf Frau von Staël ein neues Wort der deutschen Sprache ge-
münzt hat: er nennt sie «Weltfrau», um damit den französischen Ausdruck *femme du monde* wiederzugeben.

Es steht damit wohl außer Frage,
daß in Goethes Drama eine gewisse kulturell-gesellschaftliche Überlegenheit des weltmännischen Mephistopheles über seinen Antagonisten Faust
zu verzeichnen ist, verbunden mit einem deutlichen Modernitätsvor-
sprung, wie er zur Goethezeit für fast alle französischen Sitten galt.

Zweitens kann Mephistopheles ohne Zögern die höflichste Gestalt des
Dramas genannt werden. Das muß ich etwas ausführlicher begründen.
Höflichkeit bedeutete den Franzosen der damaligen Zeit (wie auch noch
vielen heutigen Franzosen) sehr viel. La Bruyère hat Frankreich «das Zentrum des guten Geschmacks und der Höflichkeit» genannt.[5] Und Goethe
selber hat an verschiedenen Stellen seines Werkes, zum Beispiel in «Hermann und Dorothea», zu verstehen gegeben, daß er die Höflichkeit für
eine ganz besonders französische Tugend gehalten hat, die sich vorteilhaft
von manchem in Deutschland vorfindbaren Grobianismus abhob. Die
Schüler-Szene des ersten Teils und die mit ihr korrespondierende Bacca-
laureus-Szene des zweiten Teils, in denen Mephistopheles jeweils inkogni-
to als Professor Faust auftritt, bestätigen die Rolle, die der Teufel auch in
diesem Drama einnimmt: er ist ein Meister, ja, ein Lehrmeister der Höflichkeit. Und natürlich ist er in beiden Szenen, in deutlichem Kontrast zu
seinem dumpf-akademischen Gegenspieler, auch der Sympathieträger des
Publikums. Es ist zu vermuten, daß Frau von Staël innerlich zugestimmt
hätte, wenn sie auf der Bühne aus dem Mund des grob-unhöflichen Bacca-
laureus den Satz hätte hören können: «Im Deutschen lügt man, wenn man
höflich ist».[6] Frau von Staël trug nämlich, was die deutsche Höflichkeit betrifft, sehr eigene Ansichten mit sich herum. Von Deutschland und den
Deutschen hatte sie zwar im allgemeinen – sonst hätte sie ihr Buch nicht
schreiben können – eine sehr hohe Meinung. Ihre Deutschen sind ja zu-
meist angesehene Dichter und Denker, Musiker und Philosophen. Dennoch kann sie sich nicht der mißbilligenden Anmerkung enthalten, daß sie
allesamt von der Höflichkeit nichts Rechtes verstehen. Wenn sie partout
einmal höflich sein wollen, so fallen ihnen nur verschnörkelte, zeremo-
nielle Höflichkeitsfloskeln ein, die für Pariser Ohren noch unerträglicher
sind als derbe Unhöflichkeiten.[7] Diese Beobachtung war zu ihrer Zeit

sicher nicht ganz falsch. Wir wissen zum Beispiel aus der Weimarer amtlichen Korrespondenz, daß selbst der Geheime Rat von Goethe sich bei seinen Regierungsgeschäften solchen Pseudo-Höflichkeiten nicht entziehen konnte und es vielleicht nicht einmal wollte.

Eine ähnliche Einschränkung ihrer großen Lobeshymne auf Deutschland zeigt sich bei Frau von Staël drittens hinsichtlich der Konversationskunst, die sie nach Pariser Muster auch von den Weimarern erwartete – natürlich immer nur auf französisch, diesem Zwang mußten sich alle ihre deutschen Gesprächspartner mehr oder weniger radebrechend unterwerfen. Gleichviel, sie war sich dessen gewiß: die Kunst der Konversation liegt den Deutschen nicht. Schon die deutsche Sprache mit ihren langen und gewundenen Sätzen (woher wußte sie das nur?) ist so beschaffen, daß mit ihr so schnell und schlagfertig, wie das in einem Pariser Salon zu geschehen hat, keine Konversation zu machen ist. Nur einen einzigen Deutschen hat die Französin von dieser unvorteilhaften Einschätzung ausgenommen: Goethe. Von ihm schreibt sie voller Bewunderung, daß er auch auf französisch die Kunst der Konversation bravourös beherrscht. Wenn er in Paris statt in Weimar lebte, würde man ihn sicher von einem Salon zum andern zerren – was man ja eine Literatengeneration später mit Heinrich Heine tatsächlich getan hat. Wer beherrscht nun aber im Faust-Drama vollkommen die Kunst der Konversation? Wer ist witzig? Wer ist frech? Wer kann in Sentenzen und Aphorismen reden? Es steht ganz außer Frage, daß die einzige Person, der die hohe Kunst der Konversation nach Pariser Maßstäben voll zu Gebote steht, Mephistopheles ist.

Viertens ist Mephistopheles die aufgeklärteste Person des Dramas. Er zeigt deutlich Züge von Voltaire, ist ironisch wie dieser und mindestens so scharfzüngig wie König Friedrich von Preußen. Am Hof von Sanssouci hätte man einen gewitzten Gast wie ihn sicher zu schätzen gewußt. Am deutlichsten ist sein aufgeklärter Geist daran erkennbar, daß er keine Vorurteile kennt. Nun kann es ihm als Teufel allerdings ziemlich leicht fallen, in seinem Reden und Handeln absolut vorurteilsfrei aufzutreten, doch ist er es sogar selbstironisch gegenüber seinen eigenen dämonologischen Existenzbedingungen. Das durfte bei seiner Aufgeklärtheit nicht fehlen.

Und fünftens ist Mephistopheles schließlich der Moralist des Dramas. Bei dem Wort «Moralist» und dem dazugehörigen Abstraktum «Moralistik» ist jedoch nicht an Moral zu denken. Die Moralisten sind in der Geschichte der Literatur, der französischen (La Rochefoucauld, La Bruyère, Chamfort) ebenso wie der deutschen (Lichtenberg, Schopenhauer, Nietzsche), die Beobachter der *mores*, diejenigen Autoren also, die sich in den Sitten der Menschen, so wie die Stärken und Schwächen der Menschen nun einmal sind, besonders gut auskennen und deren Eigenarten in knapp gefaßter und elegant geschliffener Form auszudrücken wissen. In diesem Sinne ist Mephistopheles der wirkliche und einzige Moralist des Goetheschen Dramas.

Die hier genannten fünf Charaktermerkmale sind es, an denen man – und zwar sehr konstant, wie mir scheint – den dramatischen Charakter des Goetheschen Mephistopheles eindeutig identifizieren kann. Und zugleich sind sie auch Kenn- und Kernworte der europäischen Zivilisation, so wie dieser Begriff vor allem in Frankreich seit der zweiten Hälfte des 18. Jahrhunderts zu einem Leitbegriff des intellektuellen Selbstverständnisses in Europa geworden ist.

Habe ich nun vielleicht bei meinen Charakterisierungen der Dramenperson Mephistopheles ganz aus den Augen verloren, daß dieser der Satan in Person ist oder doch jedenfalls einer der hohen Potentaten in dessen Reich? Wie böse ist eigentlich Mephistopheles, rein literarisch gesprochen wenigstens? Diese Frage möchte ich nun noch in einem anderen literarischen Zusammenhang erörtern, auf den namentlich Paul Valéry (auch er ein Faust-Autor!) aufmerksam gemacht hat. Es geht um einige verwandte Züge, die Goethes *Faust* mit Diderots berühmtem, oben bereits kurz erwähntem Dialog «Rameaus Neffe» (*Le neveu de Rameau*) gemeinsam hat, einem Text, der von keinem geringeren als von Goethe selber im Jahre 1805 ins Deutsche übertragen worden ist.[8] In diesem Dialog, der auf vielen Umwegen über Sankt Petersburg in seine Hände geraten war, lange bevor er in Frankreich selber authentisch bekannt war (1891), hat Goethe sich vor allem deshalb für den Neffen (des Komponisten Rameau) interessiert, weil Diderot in dessen Gestalt, und zwar mit Charakterkonstanz, eine Art Bosheit dargestellt hat, für die es in der Literatur bis dahin noch kein Modell gab. Das ist der Typus des «Sublim-Bösen», in dessen Natur sich das moralisch Böse und das ästhetisch Sublime (im Sinne des berühmten Longinus-Traktats) zu einer Art erhabener Bosheit verbinden.[9]

Ein besonderer Satz soll hier aus Diderots Dialog zum Beleg dieses neuen Charaktertypus herausgegriffen werden. Diderot schreibt dort, zunächst mit Goethes deutschen Worten: «Wenn es bedeutend ist, sublim in irgendeiner Art zu sein, so ist es besonders im Bösen» (*S'il importe d'être sublime en quelque genre, c'est surtout en mal*). Man erkennt, daß Goethe hier den französischen Text um das deutsche Wort «bedeutend» erweitert hat, von dem man weiß, welch hohen kulturellen Ausdruckswert es für Goethe gehabt hat. Es ist also eine zugleich bedeutende und sublime Niedertracht, die von Rameaus Neffen verkörpert wird. In Diderots Dialog findet Goethe einen vollkommen amoralischen Charakter vor, der mit seinen, wenn ich es mit Blick auf Mephistopheles so sagen darf, «zivilisierten» Eigenschaften noch böser ist, als er es ohne sie sein könnte.

Eine weitere – aber sicherlich immer noch nicht die letzte – literarische Inkarnation des zivilisierten Teufels finden wir in Paul Valérys dramatischem Werk «Mein Faust» (*Mon Faust*), das in den Kriegsjahren 1940–1945 geschrieben wurde und durch den Tod des Autors Fragment geblieben ist.[10] In gewisser Weise hat Valéry in seinem Drama alles das an Goethes *Faust* korrigiert, was schon Frau von Staël an diesem Drama nicht gefallen hat. So ist «sein» *Faust* beispielsweise ein richtiges Konversationsstück geworden, im vollen Sinne des Wortes, so wie die Französin in ihrer Sprache das Wort *conversation* gebraucht hat. Salopp ausgedrückt: es passiert in dem Stück nichts, aber alle reden gut. Wahrscheinlich schreiben sie auch alle gut, an erster Stelle Faust selber, der im Unterschied zu Goethes Auffassung von dieser Rolle selber Schriftsteller ist und an einem Buch schreibt, das ein über alle Maßen großartiges Buch werden soll. Auch die bei Frau von Staël behauptete fehlerhafte Charakteranlage der Gretchen-Figur wird bei Valéry von Grund auf korrigiert. An die Stelle des naiven Gretchens tritt bei ihm als Fausts Geliebte eine moderne und städtische Gestalt mit dem sprechenden Namen Mademoiselle Lust. Und Mephistopheles selber? Er ist mehr noch als bei Goethe ein zivilisierter und sublimböser Teufel, der Faust in vielen zivilisatorischen Fragen, einschließlich solchen des literarischen Stils, kompetent beraten kann. Auch für Mademoiselle Lust sollte er eigentlich nach einem (nicht ausgeführten) Entwurf Valérys ein versierter Ratgeber werden, und zwar als ihr Psychoanalytiker. Schade, daß Valéry diese Idee nicht ausgeführt hat. Es wäre ein Geniestreich erster Güte geworden.

Der Stil, das ist der Mensch,
das ist der Teufel

Lassen wir hier zunächst noch den (zivilisierten) Teufel außer Betracht und wenden wir uns jenem Stil zu, wie er von dem Franzosen Buffon höchst menschlich gefaßt worden ist. George Louis Leclerc, Comte de Buffon (1707–1788), ist ein Mann, der sich in der europäischen Literatur durch zwei sehr ungleiche Leistungen hervorgetan hat. Die eine, extrem kurz, ist das Dictum *Le style c'est l'homme*; die andere, extrem lang, ist seine 44-bändige Naturgeschichte, die – zum Teil postum – in den Jahren 1749–1804 erschienen ist. Dieses Werk war zu seiner Zeit außerordentlich erfolgreich.[1] Man pries den Autor als einen «neuen Aristoteles» oder einen «französischen Plinius». Wolf Lepenies, der die europäische Buffon-Rezeption im einzelnen beschrieben hat, zitiert einen Bewunderer, der zu Ehren von Buffon die folgenden Verse gereimt hat:

> Oh schönster Tag in meinem Leben!
> Mein höchster Ehrgeiz ist befriedigt.
> Ich sah Buffon ... Nun bin ich froh![2]
>
> *O jour le plus beau de ma vie!*
> *J'ai satisfait ma noble envie,*
> *J'ai vu Buffon ... je suis content!*

Der ungewöhnliche Erfolg, den Buffons Naturgeschichte bei Lesern und Kritikern schon nach Erscheinen der ersten Bände erzielen konnte, ist wesentlich dem Stil zuzuschreiben, in dem dieses Werk geschrieben ist. Schon bald sprach man bewundernd von einem *«style Buffon»*. Er beruht im wesentlichen darauf, daß Buffon die traditionelle Lehre von den drei literarischen Stilen, denen nach der bekannten «Ständeklausel» drei Höhenlagen der gesellschaftlichen Wirklichkeit zugeordnet sind, auf die

Naturgeschichte übertragen hat. So wie nämlich in der Gesellschaft Adelige, Bürger und Bauern zu unterscheiden waren, denen jeweils die zu ihnen in der Ranghöhe passenden Stile des *stilus sublimis, stilus mediocris* oder *stilus humilis* zukamen, so waren für Buffon in analoger Weise die natürlichen Arten nach Ranghöhen zu unterscheiden, so daß sie folglich ebenfalls eine stilistisch hierarchisierte Beschreibungssprache verlangen konnten.

Löwe, Pferd und Schwan waren beispielsweise in Buffons zoologischer Hierarchie Tierarten, die in Anlehnung an die ständischen Menschenarten König, Ritter und Poet eine «sublime» Beschreibungssprache verdienten. Und so heißt es etwa in seiner Naturgeschichte des Schwans:

Die Anmut seiner Gestalt, die Schönheit seiner Form entsprechen beim Schwan der Sanftmut seines Naturells; er ist allen Augen ein Wohlgefallen, er schmückt und verschönt alle Orte, an denen er sich aufhält. Man liebt ihn, zollt ihm Beifall, bewundert ihn, und keine Species verdient das mehr als er. Tatsächlich hat die Natur keiner Tierart soviel edle und sanfte Anmut zukommen lassen, wie wenn sie uns an ihm ihre liebenswürdigsten Werke zur Erinnerung bringen wollte: eleganter Zuschnitt des Körpers, gerundete Formen, liebliche Umrisse, strahlendes Weiß, weiche und empfindsame Bewegungen, eine Haltung, die bald lebhaft, bald lässig-gelassen ist. Alles am Schwan atmet Liebeslust und jenen Zauber, wie er von Anmut und Schönheit ausgeht; alles verkündet und malt ihn als den Vogel der Liebe, alles gibt der geistreich lachenden Mythe recht, die diesem liebenswürdigen Vogel die Rolle zugedacht hat, Vater zu sein der schönsten aller sterblichen Frauen.

Les grâces de la figure, la beauté de la forme répondent, dans le cygne, à la douceur du naturel; il plaît à tous les yeux, il décore, embellit tous les lieux qu'il fréquente; on l'aime, on l'applaudit, on l'admire; nulle espèce ne le mérite mieux; la Nature en effet n'a répandu sur aucune de ces grâces nobles et douces qui nous rappellent l'idée de ses plus charmants ouvrages: coupe de corps élégante, formes arrondies, gracieux contours, blancheur éclalante, mouvements flexibles et ressentis, attitudes tantôt animées, tantôt laissées à un mol abandon; tout dans le cygne respire la volupté, l'enchantement que nous font éprouver la grâce et la beauté, tout nous l'annonce, tout le peint comme l'oiseau de l'amour, tout justifie la spirituelle et riante mythologie d'avoir donné ce charmant oiseau pour père à la plus belle des mortelles.[3]

Bis in diese ätherischen Höhen wagt sich also bei Buffon der sublime Stil vor, wann immer ihm der Gegenstand ein so hohes Lied zu verlangen scheint. Natürlich geraten wir hier schnell in die Nähe Mephistos, der ja bei Goethe auch auf die unwiderstehlichen Reize der schönen Helena einige Hoffnungen gesetzt hat, um die Wette mit Faust für sich zu entscheiden. Doch müssen wir andererseits noch einmal betonen, daß sich Buffon mit Geschick auch in den anderen Höhenlagen des Stils bewegt. Zwar rechnet er auch die Gesetzmäßigkeiten der Natur zu den hohen Gegenständen, die einen sublimen Stil verlangen, aber andererseits bekommen Mäuse und Ratten natürlich einen niederen Stil, und alles in allem herrscht in seinem Werk ein mittlerer Stil vor.

Doch so differenziert hat die Nachwelt nicht geurteilt, und ebensosehr wie die ersten Leser und Kritiker ihn maßlos bewundert hatten, so wird er bald darauf von einer zweiten Generation seiner Kritiker (nicht unbedingt seiner zahlreichen Leser, die ihm noch lange treu bleiben) verlästert als ein Schwätzer und Schönredner, der mit seinem Stil die Wissenschaft in Verruf bringt: «ein Pfau, der sein Gefieder spreizt» – so ein Zeitgenosse, der Moralist Joseph Joubert.[4] Eine besonders gefährliche Gegnerschaft erwuchs ihm in der Schule Linnés. Der schwedische Naturforscher hatte schon vor Buffon, im Jahre 1735, eine erste Version seines *Systema Naturae* veröffentlicht und damit ein Zeichen dafür gesetzt, wie eine umfassende Darstellung der Natur ganz ohne Stil, nämlich als eine trocken-lateinische Nomenklatur, in der Wissenschaft Erfolg haben kann, sofern sie sich auf eine strenge Methodik stützen kann.[5] Zum Schwan beispielsweise findet man bei ihm nur die trockene Unterscheidung: *cygnus ferus/cygnus mansuetus*. Doch bald schauen gerade die Linneaner von der Höhe ihrer exakten Taxonomie verächtlich auf Buffon herab und münzen auf ihn das gefährliche Wort: «im Stil der erste, in der Wissenschaft der letzte» (*stilo primus, doctrina ultimus*). Es wird wie ein Etikett an ihm kleben bleiben. Nie hat sich Buffons Ansehen von dieser Kritik erholt, und in der Geschichte der exakten Naturwissenschaft ist er seitdem nicht mehr existent.

Zum sublimen Ausgleich des bröckelnden Ruhms wird Buffon jedoch im Jahre 1753, wenige Jahre nach Erscheinen der ersten Bände seiner Naturgeschichte, in die *Académie Française* gewählt. Da er für seine wissenschaftlichen Verdienste als Naturforscher schon früher in die Pariser Akademie der Wissenschaften aufgenommen worden war, übrigens in die Klasse der Mechanik, darf man die Aufnahme in die davon als Sprachakademie zu unterscheidende *Académie Française* als Huldigung an den Schriftsteller und als Anerkennung seines literarischen Stils auffassen. Das wird besonders eindrucksvoll dadurch bestätigt, daß Buffon seiner Antrittsrede (*Discours de réception*) vor den vierzig Unsterblichen dieses erlauchten Gremiums das Thema des Stils gegeben hat, so daß man diese Rede auch gerne als *Discours sur le style* tituliert.[6] In dieser Rede steht «jener schöne Satz» (Heinrich Laube), der Buffon mehr als die 44 Bände seiner Naturgeschichte in der Welt bekannt gemacht hat: *Le style c'est l'homme*, so daß Laube schon 1835 hinzusetzt: «Wer über den Stil spricht, muß Buffon kennen».[7]

Ist dieser Satz wirklich nun so bemerkenswert, wie aus seiner überwältigenden Rezeption zu schließen wäre? Eigentlich hat Buffon nichts Neues gesagt. Denn es war, wie Wolfgang G. Müller im einzelnen gezeigt hat, schon seit der Antike ein «Topos», daß die Art und Weise, wie jemand spricht oder schreibt, sein Wesen und seinen Charakter offenbart.[8] Bei Cicero konnte man beispielsweise lesen, «daß der Mensch selber so ist, wie seine Rede ist» (*qualis autem homo ipse esset, talem eius esse oratio-nem*).[9] Und auch bei Buffon steht der Satz an einer eher unauffälligen Stelle seiner Rede. Man muß hier nämlich wissen, daß die strengen Stilkonventionen, die in der *Académie Française* gelten, für die Antrittsrede eines neuen Akademiemitglieds drei Teile verlangen: als erstes ein Lob auf die Akademie und den verstorbenen Vorgänger, dessen Sitz neu eingenommen wird, dann einen etwas freier zu gestaltenden thematischen Teil und schließlich einen dritten, abschließenden Teil, in dem wieder die Akademie zu apostrophieren und ihren Mitgliedern Dank zu sagen ist. In diesem letzten und nicht im thematischen Teil steht der in Frage stehende Satz. Eine Anrede an die anwesenden Akademiemitglieder («*Messieurs*») geht ihm voraus, desgleichen ein Lob ihrer «sublimen» Werke, verbunden mit einer öffentlichen Anerkennung ihrer stimulierenden Wirkung auf ihn selber als Leser dieser Schriften. Dann folgt bei Buffon noch eine spezifische Überlegung, wie man eigentlich jene «Unsterblichkeit» (*immorta-lité*) erreicht, die für die vierzig Mitglieder der *Academie Française* notorisch ist. Diese Frage ist von besonderer Relevanz für einen Mann, der wie Buffon nicht eigentlich Literat, sondern Wissenschaftler ist. Deswegen bekennt Buffon ausdrücklich, daß nach seiner Überzeugung wissenschaftliche Verdienste allein («Kenntnisse, Fakten und Entdeckungen») noch nicht für die Unsterblichkeit ausreichen. Es muß ein exquisiter Stil hinzukommen, und zwar mit den Stileigenschaften «gehoben, edel, erhaben» (*élevé, noble, sublime*), um das wissenschaftliche Werk für die Unsterblichkeit reif zu machen, denn es gilt gerade hier die Maxime, daß nur die gut geschriebenen Werke die Nachwelt erreichen werden. Das ist, wie mir scheint, eigentlich der interessanteste, allerdings auch der diskutabelste Satz in Buffons Rede, demgegenüber dann jenes berühmt gewordene Dictum eher abfällt, das in der authentischen Fassung der Rede lautet: *Le style est l'homme même* («Der Stil ist der Mensch selber»). Hier hat nun offenbar der (höchst zivilisierte) Teufel seine Hand im Spiel gehabt. Denn das Buffonsche Dictum wird fast nie so zitiert, wie es im Text wirklich lautet. Der quasi-mephistophelische Witz der Sache wird von dem französischen Stilistiker Pierre Guiraud augenzwinkernd auf den Punkt gebracht in einer paradoxen Formulierung, die lautet: *Quoi qu'en dise Buffon, le style c'est l'homme.* («Was Buffon auch dazu sagen mag: der Stil, das ist der Mensch»).[10] Ist der solcherart pointierte Unterschied nun wichtig oder unwichtig? Um diese Frage beantworten zu können, müssen wir uns den unmittelbaren Kontext des Dictums etwas genauer ansehen. Er lautet:

> Nur die gut geschriebenen Werke werden die Nachwelt erreichen. Die Menge an Kenntnissen, die Einzigartigkeit der Fakten wie auch die Neuigkeit der Entdeckungen sind nicht schon von sich aus sichere Garanten der Unsterblichkeit. Wenn die Werke, in denen sie enthalten sind, ohne Geschmack, ohne Noblesse und ohne Genie geschrieben sind, werden sie untergehen, denn Kenntnisse, Fakten und Entdeckungen lassen sich einem Wissenschaftler leicht entwinden und auf andere Schriften übertragen, ja, sie können sogar noch dadurch gewinnen, daß sie von geschickteren Händen arrangiert werden. Diese Dinge sind dem Menschen äußerlich, der Stil ist der Mensch selber.
>
> *Les ouvrages bien écrits seront les seuls qui passeront à la postérité: la quantité des connaissances, la singularité des faits, la nouveauté même des découvertes ne sont pas de sûrs garants de l'immortalité; si les ouvrages qui les contiennent ne roulent que sur de petits objets, s'ils sont écrits sans goût, sans noblesse et sans génie, ils périront. parce que les connaissances, les faits et les découvertes s'enlèvent aisément, se transportent et gagnent même à être mises en œuvre par des mains plus habiles. Ces choses sont hors de l'homme, le style est l'homme même.*[11]

Wir ersehen aus dem Kontext: Was der Mensch *selber* ist, der Stil, das ist ihm innerlich im Gegensatz zu dem vielförmigen Faktenwissen, mit dem er sich als Wissenschaftler abzugeben hat, das ihm aber bei allem Wert, der ihm natürlich zuzusprechen ist, äußerlich bleibt und insofern auf dem Weg zur Unsterblichkeit immer gefährdet ist. Dahinter steht die alte, seit der Antike gut bekannte und vielfach erörterte Unterscheidung von *res* und *verba* (französisch: *choses* und *mots*), die im Idealfall zusammenwirken, wie es nach seiner Überzeugung bei ihm, Buffon, der Fall ist, da er gleichzeitig – wegen der *res/choses* – Mitglied der Akademie der Wissenschaften und – wegen der *verba/mots* – Mitglied der Sprachakademie ist. Das ist der sehr pragmatische, den Sessel des neuen Akademiemitgliedes innerhalb der Akademie positionierende Sinn des in Frage stehenden Satzes.[12]

Damit daraus ein weltberühmtes Dictum mit einer natürlich ganz anderen Bedeutung – oder mehreren anderen Bedeutungen – werden konnte, mußte der Satz sich zunächst formal wandeln. Er mußte für den Gebrauch in der textuellen Isolierung zunächst sein kontrastives, ohne den vorausgehenden Kontext unverständliches *même* («selber») abwerfen. Gebrauchsdienlich, wenn auch nicht unbedingt nötig, war ferner für den gleichen Zweck die textuelle Fokussierung des Prädikatsnomens *l'homme* durch das Präsentativ-Morphem *c'est*, durch das eine Textbedeutung zustande gebracht wird, die semantisch etwa in der Mitte zwischen den deutschen Ausdrücken «der Stil ist der Mensch» und «der Stil, das ist der Mensch» liegt.

Was sodann die weitere Bedeutungsgeschichte betrifft, so tritt in der Ablösung vom Kontext der Akademierede eine Schub- und eine Sogwirkung auf. Die Schubwirkung nimmt ihren Ausgang von der Vergangenheit, nämlich von dem bereits in seiner ciceronianischen Fassung besprochenen Topos, der das Buffonsche Dictum als klassische Maxime beglaubigt. Mindestens ebenso stark wirkt aber auf das Buffonsche Dictum ein Sog, der von der Zukunft ausgeht, nämlich von der nach Buffons Lebenszeit immer deutlicher ins Bewußtsein der Öffentlichkeit tretenden Vorromantik und Romantik, die dem Individuum und seiner unverwechselbaren Erlebniswelt eine neue anthropologische Würde verleiht. So kann das Buffonsche Dictum im 19. Jahrhundert, zur allgemeingültigen Maxime promoviert, ein Fahnenwort ausgerechnet der Individual-Stilistik werden – woran der Wissenschaftler und Gesellschaftsmensch Buffon natürlich nicht im Traum gedacht hat. Wenn also bei dieser vertrackt-verzwickten Rezeptionsgeschichte nicht der Teufel seine Hand im Spiel gehabt hat, weiß ich nicht, wie eine solche Häufung von Kontingenzen sonst zustande gekommen sein soll.

Noch ein weiteres Mal, nun aber im 20. Jahrhundert, hat sich der Teufel offenbar tüchtig ins Zeug gelegt, um die Reflexion über den Stil in seine

verwirrenden Bahnen zu lenken. Diese Gelegenheit wurde ihm in Frankreich von Paul Valéry geboten, der mitten im Zweiten Weltkrieg und unter der deutschen Besatzung, wie oben schon erwähnt, ein Faust-Drama
geschrieben hat (*Mon Faust*, 1946).[13] Es ist gleichwohl, anders als Thomas
Manns Roman «Doktor Faustus» (1947) keine kritische Auseinandersetzung mit der «dämonischen» deutschen Geschichte geworden, sondern
eher, Valérys dominanter Thematik entsprechend, eine kritische Reflexion
über Glanz und Elend des schöpferischen Geistes in der modernen Welt.
In ihr hat auch der Teufel seinen Platz. Er heißt, wie bei Goethe, Mephistopheles und gleicht diesem in vielen Zügen seines zivilisiert-teuflischen
Charakters. Der andere Protagonist des Stückes ist Faust selber, der als
Charakter ebenfalls nach dem Goetheschen Muster geformt ist, sich jedoch von diesem durch einige Züge wissenschaftlicher Modernität unterscheidet. Er soll nach Valérys Notizen an Einstein oder Heisenberg erinnern. Des weiteren unterscheidet er sich von Goethes Faust dadurch, daß
er mit Leidenschaft Schriftsteller ist oder wenigstens danach strebt, es zu
sein. Zwar sehen wir auch schon Goethes Faust mit der Feder in der Hand.
Er müht sich ja ab, den Johannes-Prolog in sein geliebtes Deutsch zu übertragen. Doch wird dieser Schreibversuch alsbald abgebrochen, kaum daß
er eine gute Übersetzung für den Eingangsvers gefunden hat.

In dieser Hinsicht ist Valérys Faust ein Schriftsteller ganz anderen Kali-
bers. Er ist von dem Ehrgeiz besessen, ein einzigartiges und unerhörtes
Buch zu schreiben, das als ein zugleich wissenschaftliches und literarisches
Werk von totalem und universalem Anspruch alle anderen Werke der
Weltliteratur zusammenfaßt und damit überflüssig macht. Man kann es
daher «das Buch schlechthin» (*le Livre*) nennen. Eben um dieses definitive
Buch schreiben zu können, möchte Faust einen Pakt mit dem Teufel
schließen:

FAUST Nun gut, treffen wir eine Abmachung …
MEPHISTOPHELES Aber ich weiß ja noch gar nicht, um was es sich han-
delt.
FAUST Höre: Ich will ein großes Werk schaffen, ein Buch …
MEPHISTOPHELES Du? Genügt es dir nicht, selber ein Buch zu sein?…
FAUST Ich habe meine Gründe. Es soll eine innige Mischung meiner
wahren und meiner falschen Erinnerungen sein, meiner Ideen, meiner
Voraussagen, meiner Hypothesen und scharfsinnigen Folgerungen, ima-
ginären Erfahrungen: all meiner verschiedenen Stimmen. Man könnte

an jeder beliebigen Stelle anfangen, an jeder anderen aufhören …
MEPHISTOPHELES Das ist nicht eben neu. Das besorgt jeder Leser.
FAUST Vielleicht wird es niemand lesen; aber wer es gelesen hat, wird
kein anderes mehr lesen können.

FAUST *Eh bien, faisons accord …*
MEPHISTOPHELES *Mais tu ne m'as rien dit.*
FAUST *Ecoute: Je veux faire une grande œuvre, un livre …*
MEPHISTOPHELES *Toi? Il ne te suffit pas d'être toi-même un livre?…*
FAUST *J'ai mes raisons. Il serait un mélange intime de mes vrais et de
mes faux souvenirs, de mes idées, de mes prévisions, d'hypothèses et de
déductions bien conduites, d'expériences imaginaires: toutes mes voix di-
verses! On pourra le prendre en tout point, le laisser en tout autre …*
MEPHISTOPHELES *Ceci n'est pas trop neuf. Chaque lecteur s'en charge.*
FAUST *Personne, peut-être, ne le lira; mais celui qui l'aura lu n'en pourra plus lire d'autre.*

In den anschließenden Repliken dieses Dialogs mit dem Teufel beschreibt
Faust nun auch den Stil dieses Buches, und zwar wie folgt:

Dieses Werk soll in einem eigens von mir ersonnenen Stil geschrieben
sein, einem Stil, der mir erlaubt, mit wunderbarer Leichtigkeit vom Bizarren zum Gewöhnlichen hinüberzuwechseln und umgekehrt, von der frei-
esten Phantasie zur äußersten Genauigkeit, von der Prosa zum Vers, von
der plattesten Wahrheit zu den … zu den zerbrechlichsten Idealen …

*Je veux que cet ouvrage soit écrit dans un style de mon invention, qui per-
mette de passer et de repasser merveilleusement du bizarre au commun,
de l'absolu de la fantaisie à la rigueur extrême, de la prose au vers, de la
plus plate vérité aux idéaux les plus … les plus fragiles …*

Da gibt Mephistopheles zu erkennen, daß er genau – allzu genau – verstanden hat, was sich hinter Fausts Buchplan verbirgt: die alte Todsünde
der Hybris, auf die gerade er sich aufs beste versteht: «Ihr werdet sein wie
Gott …» (*Eritis sicut Deus …*). Und so unterbricht er trocken Fausts Rede-
fluß und repliziert spottend:

*Ho ho … Man sieht, daß du meinen Umgang genossen hast. Dieser Stil
will mir ganz mephistophelisch erscheinen, Herr Autor! … Mit einem
Wort: Der Stil … ist des Teufels!*

*Ho ho … Il se voit que tu m'as fréquenté. Ce style-là me paraît tout mé-
phistophélique, Monsieur l'Auteur! … En somme, le style … c'est le diable!*

Mephistopheles erweist sich in dieser Replik als ein ausgezeichneter Ken-
ner der Literatur. Nicht nur, daß er offensichtlich Buffon kennt, da er ja

dessen Zitat verdreht. Er weiß auch, daß es in der Literatur das Buch schlechthin längst gibt, sogar in zwei konkurrierenden Fassungen. Die erste Realisierung ist das Buch der Bücher, wie es die Christen kennen: die Bibel. Dieses Buch, vom Heiligen Geist inspiriert, steht über allen anderen Büchern und hat diese für fromme Gemüter nicht selten ganz ersetzt. Die zweite Fassung ist die laizistische Variante der ersten. Stéphane Mallarmé (1842–1898) war von dieser Idee besessen und hat sein gesamtes literarisches Werk als Vorarbeit eines einzigartigen und definitiven Buches aufgefaßt, das er ebenfalls schlicht und unbescheiden «das Buch schlechthin» (*le Livre*) nennen will.[14] Es ist bei den Mallarmé-Forschern umstritten, ob er dieses Buch tatsächlich, wenigstens als Fragment, verwirklicht hat. Wenn nicht, dann müssen wir vielleicht mit den Bibliothekaren der von Jorge Luis Borges ersonnenen «Bibliothek von Babel» (1941) weiter nach diesem unerhörten Buch suchen.

Chamissos Gedächtnisse

Der Name des verdienten Biologen Adelbert von Chamisso ist im Gedächtnis der Wissenschaft fest verankert. Der kalifornische Goldmohn
beispielsweise, der in der Nähe von San Francisco im Dünensand blüht,
wurde erstmals im Jahre 1820 in der wissenschaftlichen Zeitschrift *Horae
physicae Berolinenses* beschrieben und trägt seitdem den Namen *Esch-
scholtzia californica* mit dem Zusatz *Chamisso*. Aus dem Zusatz zur Na-
menform kann man entnehmen, daß der Erstbeschreiber dieser Blumenart
kein anderer war als der Dichter Adelbert von Chamisso.[1]

Zur Geschichte dieser Namengebung muß man weiterhin wissen, daß
Adelbert von Chamisso in den Jahren 1815–1818 als freier Wissenschaftler (damals sagte man «Titulargelehrter») an einer Pazifik-Expedition der
russischen Brigg «Rurik» teilgenommen und auf dieser Weltreise auch in
Kalifornien Station gemacht hat. Die Expedition stand unter dem Kom-
mando des Kapitäns Otto von Kotzebue, der ein Sohn des damals sehr bekannten und auf Goethes Weimarer Bühne meistgespielten Dramatikers
August von Kotzebue war. Zur Besatzung des Forschungsschiffes «Rurik»
gehörte nun auch der Schiffsarzt Johann Friedrich Eschscholtz, und nach
ihm hat Chamisso, der als Erstbeschreiber das Recht der Namengebung
hatte, den kalifornischen Goldmohn benannt, dem später übrigens noch
die besondere Ehre widerfahren ist, Wappenblume des amerikanischen
Bundesstaates Kalifornien zu werden.

Nicht *von* Chamisso, sondern *nach* Chamisso benannt ist hingegen die
kalifornische Lupine. Sie trägt den botanischen Namen *Lupinus chamissonis* mit dem Zusatz *Eschscholtz*, und dieser Name gibt dem in der botanischen Fachsprache bewanderten Blumenfreund Auskunft darüber, daß
dieser Schiffsarzt sie als erster beschrieben und nach Chamisso benannt

hat. Ein blühendes Chamisso-Gedächtnis finden wir ferner in vielen anderen Gegenden des Globus, so die *Viola chamissoniana* auf dem Sandwich-Archipel, die *Erica chamissonis* in Kapland, die *Veronica chamissonis* in Brasilien, die *Aster chamissonis* noch einmal in Kalifornien, die *Arnica chamissonis* auf der Aleuten-Insel Unalaschka.

Eine noch größere Ehre widerfährt einem Botaniker, wenn nicht nur eine Art oder Unterart nach ihm benannt wird, sondern eine Gattung. Das ist deshalb besonders wichtig, weil Carl von Linné, der in seiner *Philosophia Botanica* (1751) die Namengebung der botanischen Fachsprache verbindlich geregelt hat, zur Angabe der artbildenden Differenz eigentlich keine Botanikernamen zulassen will. Was hingegen die Gattungsnamen betrifft, so ermuntert er die Fachgenossen ausdrücklich dazu, Pflanzengattungen nach verdienten Botanikern zu benennen, und formuliert eine diesbezügliche Maxime wie folgt: «Gattungsnamen, die zum Gedenken an einen hochverdienten Botaniker gebildet worden sind, müssen mit großem Respekt behandelt werden» (*Nomina generica, ad Botanici optime meriti memoriam conservandam constructa, sancte servanda sunt,* n° 238). Es bedeutet folglich einen Legitimationssprung, wenn ein Botaniker der damaligen Zeit, Heinrich Friedrich Link, für eine in Chile heimische, von Chamisso entdeckte Art Nachtschattengewächs vorschlägt, sie zur Gattung zu erheben und sie, «dem Entdecker zu Ehren», *Chamissonia* zu nennen. Gattungsrang hat auch die nach Chamissos Vornamen benannte *Adelbertia*, ein tropisches Schwarzmundgewächs, das zur Flora Westindiens gehört. Man müßte schon über Siebenmeilenstiefel verfügen, wollte man Exemplare aller von oder nach Chamisso benannten Blumengattungen und -arten zu einem Gedächtnisstrauß zusammenbinden und an seinem Grab auf dem Friedhof vor dem Halleschen Tor in Berlin niederlegen.

Zum rühmenden Gedächtnis unseres Biologen ist weiterhin zu erwähnen, daß auch verschiedene Tierarten bis heute Chamissos Namen tragen, so zum Beispiel eine Laufkäferart auf Unalaschka, *Carabus chamissonis,* eine Schmetterlingsart in Brasilien, *Papilio chamissonis,* eine ebenfalls in Brasilien vorkommende Schlangenart, *Coluber chamissonis,* und eine im pazifischen Raum beheimatete Molluskenart, *Oikopleura chamissonis,* mit der Begründung, «weil Chamisso der erste war, der die Aufmerksamkeit der Naturforscher auf dieses Tier gelenkt hat».

Auf dem Gebiet der Zoologie hat Adelbert von Chamisso schließlich zusammen mit Eschscholtz die Entdeckung gemacht, die ihm in der Wissenschaft wohl das dauerhafteste Ansehen eingetragen hat. Ich zitiere aus einer neueren Auflage des Brockhaus-Lexikons: «In der Naturwissenschaft ist sein Name mit der Entdeckung des Generationswechsels der Salpen verknüpft.» Bei diesen Manteltieren ist nämlich, wie Chamisso auf seiner großen Reise herausgefunden hat, von Generation zu Generation ein Wechsel von geschlechtlicher und ungeschlechtlicher Vermehrung zu beobachten. Wir verstehen, daß Charles Darwin, der anscheinend das wissenschaftliche Werk Chamissos gut gekannt hat, diesen einen «zu Recht hochangesehenen Naturwissenschaftler» (justly distinguished naturalist) genannt hat.

Der dritte Bereich, in dem wir Chamissos Namen für die Nachwelt festgehalten finden, ist die Geographie, deren Kenntnisse ebenfalls durch seine Entdeckungsreisen erweitert worden sind. So gibt es eine Chamisso-Insel mit einer Eschscholtz-Bucht im Kotzebue-Sund unweit der Behring-Straße sowie einen kleinen, Port Chamisso genannten Hafen auf der Inselgruppe der Karolinen in der Südsee. Wenn Chamisso also in seinem ersten Expeditionsbericht von 1819 schreibt, er sehe diese Publikation als sein wissenschaftliches Hauptwerk an und wünsche, sich damit «einen Namen zu machen», so ist dieser Wunsch schon im wörtlichen Sinne reichlich und überreichlich in Erfüllung gegangen, und wir verstehen vielleicht von hierher Chamissos testamentarische Verfügung, es solle auf seinem Grab keine andere Inschrift stehen als sein Name.

Der Name Adelbert von Chamisso jedoch, der nun tatsächlich als einzige Inschrift auf dem Grabstein steht, ist gar nicht der Name, auf den der vierte Sohn des Grafen Louis-Marie de Chamisso, Seigneur de Boncourt, im Jahre 1781 getauft worden ist.[2] Sein französischer Taufname lautet vielmehr: Louis-Charles-Adélaïde Chamisso de Boncourt. Das ist ein klingender Name, wie er gut zum Sproß eines uralten französischen Adelsgeschlechtes paßt. Die Namen Louis und Charles sind bekannte französische Königsnamen, und auch der weibliche Name Adélaïde, den er nach seiner Patin als dritten Vornamen trug, war in französischen Königs- und Fürstenhäusern weit verbreitet. Chamisso ist dann der eigentliche Familienname und Boncourt der Name des Stammschlosses in der Champagne, wo die Familie Chamisso bis zur Französischen Revolution residierte. Als der Graf von Chamisso 1792 mit seiner Familie ins Exil ging, wurde das Schloß zur Versteigerung angeboten und, als sich kein Käufer fand, bis auf den letzten Stein abgetragen.

Über verschiedene Zwischenstationen gelangt die Familie des Grafen schließlich nach Preußen, nach Berlin, wo man seit der Zeit der Hugenottenverfolgung Asylanten aus Frankreich mit offenen Armen empfängt. So wird auch der fünfzehnjährige Louis-Charles, nachdem er sich wie seine Brüder zunächst mit allerhand Verlegenheitsarbeiten, zum Beispiel Blumenbinden und Porzellanmalerei, den Lebensunterhalt verdient hat, als Page – Thomas Mann wird später schreiben: als «Edelknabe» – in den Dienst der Königin Friederike Louise übernommen, was ihm auch Gelegenheit gibt, einige Zeit das hugenottische *Collège Français* zu besuchen. Noch liest er hauptsächlich französische Literatur und schreibt unter dem Verfassernamen Chevalier de Chamisso seine ersten französischen Verse. Bald aber wird er Fähnrich und ein paar Jahre später Leutnant in der preußischen Armee. Der blutjunge Offizier nutzt manchen öden Kasernenabend, um zu lesen – nun jedoch mehr und mehr deutsche Literatur. In dieser Zeit wird er auch in die Berliner Literaturszene hineingezogen und schließt sich den Frühromantikern an. Er hört Vorlesungen bei August Wilhelm Schlegel und verkehrt in der berühmten «Dachstube» der Rahel Levin, geb. Varnhagen, von der gleich noch ausführlicher die Rede sein wird.[3]

In dieser von deutscher Literatur geprägten Phase seines Lebens paßt Louis-Charles-Adélaïde Chamisso de Boncourt seinen französischen Adelsnamen der deutschen Umgebung an. Zunächst ist sein Leutnantspatent aus dem Jahre 1801 – Chamisso war damals gerade zwanzig Jahre alt – noch auf den Namen Ludwig von Chamisso ausgestellt. Bald danach hat der Leutnant von Chamisso jedoch den Vornamen seines Offizierspatentes von Ludwig in Adelbert umgewandelt und im Jahre 1806 sein erstes, dazu passendes Prosastück geschrieben, eine romantische Fabel autobiographischen Inhalts unter dem Titel «Adelberts Fabel». Diese Prosafabel, literarisch noch ziemlich anspruchslos, verdient gleichwohl Aufmerksamkeit als Allegorie einer heftigen Willenskraft, die sich gegen eine Anhäufung von Widerständen einen mühseligen Wanderweg bahnt mit dem Ziel, «die Welt zu erschauen». Auf diesem Weg folgt Adelbert einer wundersamen Erscheinung, einer «hohen weiblichen Gestalt», von der es heißt: «Sie sprach geheimnisreich die mächtigen Klänge ihres nichtirdischen Namens aus, wie nicht Töne von Menschenzungen sie nachzusprechen vermögen». Doch so sehr sich Adelbert auch müht, diese hehre Frauengestalt zu erreichen: «Ihr ward ein Schweigenschleier übergeworfen, und sie hüllte sich in den Schleier, und häufig rückwärts blickend nach ihm wallte sie rasch nach Norden hin».

«Adelberts Fabel» ist in der Festung Hameln entstanden, die im Jahre 1806 von der preußischen Garnison, der auch der Leutnant von Chamisso angehörte, gegen die anrückenden französischen Truppen verteidigt werden sollte.[4] Es wurde ernst mit dem Krieg. Napoleon hatte die Preußen bei Jena und Auerstedt geschlagen, und der Leutnant mit dem halbfranzösischen Namen war für seine Kameraden auf einmal, wie er später schrieb, «ein Geächteter aus dem Volke des Feindes». Die Erinnerung an seine französische Herkunft, die er selber schon zur Hälfte hinter sich gelassen hatte, war für seine Umgebung ganz und gar nicht gelöscht. Doch der große Konflikt blieb dem preußischen Franzosen oder französischen Preußen erspart; die Festung ergab sich, ohne daß ein Schuß gefallen wäre. Als Franzose empfand Chamisso Erleichterung über die Lösung des Konflikts, als preußischer Offizier litt er unter der Schande der kampflosen Kapitulation. Immerhin, der Krieg war für Chamisso zu Ende, und er konnte bald als Zivilist seine französische Heimat besuchen, wo der alte Adel inzwischen wieder wohlgelitten war. Doch im gleichen Jahr starben seine Eltern, und Boncourt, das Schloß seiner Väter, existierte schon lange nicht mehr.

So war die Französische Revolution mit ihren nahen und fernen Auswirkungen auch für Adelbert von Chamisso, was sie für die ganze französische Gesellschaft sein wollte, ein Gedächtnissturz. Die Revolutionäre fegten ja nicht nur das *Ancien Régime* hinweg, sondern gaben sich auch alle Mühe, dessen Gedächtnis vollständig auszulöschen: *damnatio memoriae*[5].

So zeigt es auch eines seiner bekanntesten Gedichte, das er allerdings erst zwanzig Jahre später im Rückblick auf jenen Besuch in Frankreich niedergeschrieben hat.[6] Es trägt den Titel «Das Schloß Boncourt» und lautet:

> Ich träum als Kind mich zurücke
> Und schüttle mein greises Haupt;
> Wie sucht ihr mich heim, ihr Bilder,
> Die lang ich vergessen geglaubt?

Hoch ragt aus schattgen Gehegen
Ein schimmerndes Schloß hervor,
Ich kenne die Türme, die Zinnen,
Die steinerne Brücke, das Tor.

Es schauen vom Wappenschilde
Die Löwen so traulich mich an,
Ich grüße die alten Bekannten,
Und eile den Burghof hinan.

Dort liegt die Sphinx am Brunnen,
Dort grünt der Feigenbaum,
Dort, hinter diesen Fenstern,
Verträumt ich den ersten Traum.

Ich tret in die Burgkapelle
Und suche des Ahnherrn Grab,
Dort ists, dort hängt vom Pfeiler
Das alte Gewaffen herab.

Noch lesen umflort die Augen
Die Züge der Inschrift nicht,
Wie hell durch die bunten Scheiben
Das Licht darüber auch bricht.

So stehst du, o Schloß meiner Väter,
Mir treu und fest in dem Sinn,
Und bist von der Erde verschwunden,
Der Pflug geht über dich hin.

Sei fruchtbar, o teurer Boden,
Ich segne dich mild und gerührt,
Und segn ihn zwiefach, wer immer
Den Pflug nun über dich führt.

Ich aber will auf mich raffen,
Mein Saitenspiel in der Hand,
Die Weiten der Erde durchschweifen,
Und singen von Land zu Land.

Besonders aufschlußreich für Chamissos Selbstverständnis sind in diesem Gedicht die beiden letzten Strophen. Die Schlußstrophe weist den Weg, den Chamisso von Boncourt aus genommen hat und der ihn einerseits in die Literatur, andererseits in die weite Welt der Wissenschaft geführt hat. Noch mehr von sich läßt Chamisso vielleicht in der vorletzten Strophe erkennen, in der er den Ort Boncourt segnet, einmal als Gedächtnisort seiner Familie und Kindheit und zum zweiten als Lebensraum der Bauern, die nun dort den Acker bestellen. «Mild und gerührt» oder, wie es in der französischen Version des gleichen Gedichts heißt, «heiteren Herzens» (*d'un coeur serein*) sagt Chamisso sich in diesen Versen vom raum- und besitzbezogenen Adelsgedächtnis los. Ähnliche Äußerungen finden wir auch in verschiedenen Briefen Chamissos an seine Brüder, die seit ihrer Rückkehr nach Frankreich wieder streng an den alten Familientraditionen festhalten und die eingetretene Revolution des Gedächtnisses nicht wahrhaben wollen.

Daß der Autor jedoch seine französische Herkunft und adelige Abkunft keineswegs so leicht und munter abgestreift hat, wie es nach diesem Gedicht scheint, wissen wir aus zahlreichen direkten und indirekten Quellen. Als er beispielsweise um 1810 einige Zeit im Gefolge der Frau von Staël zubrachte, die gerade ihr Buch *De l'Allemagne* fertiggestellt hatte, dennoch aber als Französin und Pariserin ihre fortdauernden Fremdheitsgefühle gegenüber Deutschland bekannte, schrieb er ihr in einem Billet halb spielerisch und halb ernsthaft: «Dann fließt der Rhein zwischen uns.» Das war eine Anspielung auf eine berühmte Stelle im Buch der Frau von Staël, wo sie ein Kontrastbild der beiden Nationen Deutschland und Frankreich entwirft und schließlich das betreffende Kapitel mit dem Satz beschließt: «Die ewige Schranke des Rheins trennt zwei Geistesregionen, die einander ebenso fremd sind wie die entsprechenden Landschaften.» (*L'éternelle barrière du Rhin sépare deux régions intellectuelles qui, non moins que les deux contrées, sont étrangères l'une à l'autre*).[7]

Aus den genannten Gründen verdient es auch einiges Interesse, daß Adelbert von Chamisso nach dem übereinstimmenden Zeugnis seiner Freunde und Zeitgenossen seinen französischen Akzent nie ganz abgelegt hat, so vollkommen er auch sonst die deutsche Sprache zu beherrschen lernte. Wilhelm Grimm schreibt beispielsweise im Jahre 1809 an seinen Bruder Jacob: «Wunderlich ist, daß, während er so gewandt mit der deutschen Sprache in seinen Versen umgeht, er im Sprechen sehr geniert ist; er ist nämlich ein Franzose». Und Varnhagen van Ense schreibt: «Den Franzosen konnte Chamisso in keinem Zuge verleugnen. (…) Am meisten aber und sichtbarsten kämpfte er mit der Sprache, die er unter gewaltigen Anstrengungen mit einer Art Meisterschaft und Geläufigkeit radebrechte, zumal wenn er seine eigenen Dichtungen mit seiner zerquetschten Aussprache, in einer Tür stehend und den Durchgang hemmend, mir aus dem Gedächtnis hersagte». Thomas Mann schließlich faßt in seinem Chamisso-Essay diese und andere Zeugnisse zusammen und schreibt: «Nie brachte er es in unserer Sprache zu mündlicher Geläufigkeit. Er zählte französisch. Es ist überliefert, daß er, produzierend, bis zuletzt seine Eingebungen laut auf französisch vor sich hinsprach, bevor er daran ging, sie in Verse zu gießen, – und was zustande kam, war dennoch deutsche Meisterdichtung. Das ist erstaunlich, mehr, das ist unerhört!»[8]

Wenn es nun gestattet ist, den starken phonetischen Akzent Chamissos als hartnäckige Erinnerungsspur in seinem Gedächtnis zu deuten, dann gehören in diesen Zusammenhang zweifellos auch die wiederholten thematischen Behandlungen des Fremdheitsmotivs, vor allem in seinen Gedichten zum Motivkreis der Ahasver-Legende.[9] Das sind vor allem die beiden großen Rollengedichte «Der neue Ahasverus» und «Der Ewige Jude», letzteres eine Nachdichtung nach Béranger, der dieses Motiv seinerseits mit den in Frankreich und Deutschland sehr populären Bildgeschichten (*Images d'Epinal*, Neuruppiner Bilderbögen) teilt. Ahasver, das ist die mythische Gestalt jenes Unglückseligen, der am Rande der biblischen Geschichte den Heiland auf seinem Passionsweg verhöhnt hat und dafür nun bis ans Ende der Zeiten ruhelos durch die Welt irren muß: *le Juif errant*, der Ewige Jude. Viele Male wird im 19. Jahrhundert gemeldet, er sei gesichtet worden und leide immer noch an seinem «alt Gedächtnis», wie es bei Chamisso in dem Béranger nachgebildeten Gedicht heißt. Und schließlich gehört in diesen Zusammenhang auch das eindrucksvolle Erzählgedicht «Abba Glosk Leczeka». Es handelt von einem jüdisch-polnischen Talmudisten, der als Schriftgelehrter und Wanderprediger durch das Land zieht und auf seinen Wegen, da er Kompromisse mit den geltenden Konventionen verschmäht, alles Unglück auf sich zieht:

> ... er ging und lehrt' und sprach,
> bis über ihn aufs neue das Ungewitter brach.

Abba Glosk Leczeka: wir können ihn auch einen Schlemihl nennen, wenn wir diesem Wort denjenigen Sinn geben, den es seit dem Talmud hat. In dieser jüdisch-jiddischen Tradition bezeichnet man mit dem Na-

men Schlemihl einen Typus Mensch, der das Unheil und alle Art von
Schlamassel (die Wörter Schlemihl und Schlamassel sind über das Jiddi-
sche verwandt) geradezu magisch anzieht und daran zugrunde geht. Pierre
Péju, der Herausgeber und Kommentator einer französischen Schlemihl-
Ausgabe (1991), hat in seiner Einleitung auf diesen Zusammenhang noch
einmal mit Nachdruck hingewiesen und dabei auf Hannah Arendts Biographie der Rahel Varnhagen aufmerksam gemacht, wo tatsächlich der
Schlüssel dieses Namenrätsels zu liegen scheint. Denn diese «deutsche Jüdin aus der Romantik», wie Rahel Varnhagen im Untertitel der Biographie
genannt wird, war offensichtlich bis zur Obsession von der Furcht gequält,
zur Schlemihl-Rolle bestimmt zu sein, und hat dieser Bestimmung um
jeden Preis entgehen wollen. Hannah Arendt hat daher das erste Kapitel
ihrer Biographie «Jüdin und Schlemihl» überschrieben und von Rahel den
charakteristischen Ausspruch zitiert: «Es wird mir nie einkommen, daß
ich ein Schlemihl und eine Jüdin bin.»[10]

Es steht also nach diesen Hinweisen außer Frage, daß Chamisso, als er
in seinen jungen Jahren den Kreis um Rahel Varnhagen frequentierte, aus
ihrem Munde häufig diesen Namen gehört haben muß als eine Art Be-
schwörungsformel gegen jede Art von «Schlemihltum» (so noch Heinrich
Heine in seinem Romanzero mit ausdrücklichem Bezug auf Chamisso).[11]
Außer Frage steht dann auch wohl, daß Chamisso nirgend anders als in
dieser Berliner «Dachstube» zur Namengebung seines Helden und zur
Prägung dieses Charakters angeregt worden ist, mit der Besonderheit
allerdings, daß er diesem metaphysischen Pechvogel zu seinem jüdischen
Nachnamen einen betont christlichen Vornamen gibt, der in dem historischen Namenstreit um die jüdischen Namen in Deutschland, wie Dietz
Bering in seinem Buch «Der Name als Stigma» im einzelnen belegt hat,
häufig als Prototyp eines christlichen Vornamens (wegen Petrus!) aufge-
führt wird. So trägt Peter Schlemihl, wie Adelbert von Chamisso selber,
einen Mischnamen, dessen heterogene Bestandteile Exponenten unterschiedlicher, ja gegensätzlicher Gedächtniskulturen sind.

Am Anfang von «Peter Schlemihls wundersamer Geschichte», als der
Held dieser Novelle mittellos, nur mit einem Empfehlungsbrief an einen
Herrn John ausgestattet, in einer norddeutschen Hafenstadt, vielleicht
Hamburg, eintrifft, ist dieser junge Mann zwar ein Niemand, aber noch
kein Schlemihl. Er gleicht eher jenem namenlosen deutschen Handwerks-

burschen, der in Johann Peter Hebels tiefsinniger Geschichte «Kannitverstan» in Amsterdam ankommt und fassungslos vor einem so üppigen, andersartigen Leben steht, bis er schließlich dafür einen alles erklärenden, alles begütigenden Namen findet: Kannitverstan. Gleichermaßen verständnislos bewegt sich Peter Schlemihl durch die elegante Gesellschaft, die sich im Park um den reichen Herrn John und seine schöne Geliebte Fanny versammelt hat. Auch Schlemihl erhält übrigens eine summarische Erklärung solcher für ihn so neuen Verhältnisse; sie lautet, mit den schnöden Worten des Herrn John: «Wer nicht Herr ist wenigstens einer Million, (…) der ist, man verzeihe mir das Wort, ein Schuft!»

In dieser Situation tritt der Teufel als Mann im grauen Rock auf und bietet seinen Handel an: eine ständig gefüllte Börse und alles, was man sich damit an Glücksgütern in der Welt verschaffen kann («Fortunati Glückssäckel»), im Tausch gegen jenes Nichts von Schatten, der allerdings, das räumt der Graue ein, «ein schöner, schöner Schatten» ist. Peter Schlemihl, der in den Handel einwilligt, wird nun und bleibt für einige Zeit des Teufels unfreiwilliger Geschäftspartner.

Bevor wir uns sogleich der Frage zuwenden, was es mit diesem Schatten und seinem Verlust für Peter Schlemihl auf sich hat, wollen wir uns den Teufel etwas genauer ansehen, mit dem dieser Pakt geschlossen worden ist. Es handelt sich, wie aus allen Beschreibungen deutlich wird, um einen recht unansehnlichen und ganz und gar nicht zivilisierten Teufel, einen Teufel fast ohne Eigenschaften, da selbst die wenigen Merkmale, an denen er zu identifizieren ist – «ein stiller, dünner, hagrer, länglichter, ältlicher Mann» in einem «altfränkischen, grautaffentnen Rock» und «mit bescheidener, ja demütiger Gebärde» – nur Chiffren seiner Eigenschaftslosigkeit sind. Insbesondere fällt jedoch auf – zumal wenn man ihn mit den großen, namhaften Teufeln der Welt- und Literaturgeschichte vergleicht: Luzifer, Beelzebub, Leviathan, Asmodeus, Mephistopheles –, daß er namenlos ist. Er heißt nur «der Graue», und auch diese Bezeichnung kann als bloße Chiffre seiner Namenlosigkeit gelesen werden. Ein namenloser und banaler Teufel also, ein anonymer Amtsträger der Hölle vereinnahmt Peter Schlemihls Schatten, und erst dadurch entfaltet sich das Gedächtnispotential dieses Namens, so daß der Mann namens Peter Schlemihl zu einem Schlemihl im wahren Sinne des Wortes wird.

Unter den skizzierten Bedingungen brauchen wir nicht lange herumzu-
rätseln, was mit dem verlorenen Schatten gemeint ist, und es genügt,
Schlemihls Schatten mit einem relativ unspezifischen und überdies ana-
chronistischen Ausdruck sein kollektives Gedächtnis zu nennen. Dieser
Ausdruck ist, wie man weiß, in den 1920er Jahren von Maurice Halbwachs
geprägt worden und schnell ins Zentrum der Gedächtnisforschung ge-
rückt.[12] Er hat zum Inhalt die evidente Tatsache, daß ein individuelles Gedächtnis keineswegs in allen seinen Aspekten dem betreffenden Individuum allein eigen ist, sondern von vielen sozialen Gedächtnissen gemäß der
jeweiligen Familie, Landschaft, Berufsgruppe, Klasse, Religion und anderen gesellschaftlichen Gruppierungen mitgeformt ist. Was Peter Schlemihl betrifft, von dessen Vorgeschichte wir in Chamissos Erzählung
nichts erfahren, so ist mit dem Verlust seines Schattens, wie sich im Verlauf der Geschichte herausstellt, die Verbindung mit jeder Art kollektivem
Gedächtnis seiner Lebensumwelt unterbrochen, von der Freundschaft
zum treuen Bendel abgesehen, dessen Name übrigens aus Chamissos
«wirklichem» Leben stammt.

Daß Schlemihls Schatten etwas mit Chamissos Gedächtnissen zu tun
haben muß, geht auch aus der Entstehungsgeschichte dieses literarischen
Motivs hervor. Auf einer Reise, so erzählt der Autor anekdotisch, sind ihm
einmal Hut, Mantelsack, Handschuhe, Schnupftuch und sein ganzes be-
wegliches Gut abhanden gekommen. Als das sein Dichterfreund Friedrich
de la Motte-Fouqué hört – auch er übrigens französischer, genauer huge-
nottischer Abkunft –, fragt dieser in neckendem Tone zurück, ob Chamisso nicht vielleicht auch seinen Schatten verloren habe. Beide lachen und
malen sich zusammen ein solches Mißgeschick aus. Die unerhörte Begebenheit als Kern der Novelle war geboren.

Das ist zweifellos eine amüsante Anekdote, die sogar als wahre Geschichte genommen werden kann, der man jedoch, wie mir scheint, von
ihrem Witz nichts nimmt, wenn man in dieser momentanen Vergeßlich-
keit Chamissos schon einen Vorboten für den späteren Verlust des kollektiven Gedächtnisses bei Peter Schlemihl sieht. Dazu paßt, daß Adelbert
von Chamisso in einem poetischen Dialog mit seinem «alten Freund»
Peter Schlemihl von sich gesagt hat:

Gestrebet hab ich und gehofft ins Blaue,
Und gar am Ende wenig nur erzielt;

> Doch schwerlich wird berühmen sich der Graue,
> Daß er mich jemals fest am Schatten hielt;
> Den Schatten hab ich, der mir angeboren,
> Ich habe meinen Schatten nie verloren.[13]

Er hat vielmehr, so zählt schon sein Freund Julius Eduard Hitzig auf, einen dreifachen Schatten neu gefunden: den des Preußenadlers, die Baumschatten des ihm anvertrauten Botanischen Gartens und schließlich den lebendigen Schatten, den seine junge Frau Antonie auf ihn geworfen hat. Das sind geradezu prototypische Bestimmungen dessen, was unter einem für eine bestimmte Person relevanten kollektiven Gedächtnis zu verstehen ist. Aber der verlorene Schatten bedeutet nicht die verlorene Seele. Im Unterschied zu Fausts Teufelspakt hat Peter Schlemihl dem Grauen «nur» seinen Schatten und nicht seine unsterbliche Seele verkauft, und es ehrt ihn, daß er sich von seiner ersten Schuld nicht durch eine zweite, größere Schuld freikauft. So bleibt er zwar ein Schlemihl, wird aber selber kein Grauer. Nur muß er sich nunmehr ohne Schatten in der Welt einrichten und beschließt, Wissenschaftler zu werden, Naturwissenschaftler.

Seltsamer Entschluß, die Schattenlosigkeit durch naturwissenschaftliche Forschungen vergessen zu machen, ihre Folgen sogar dadurch zu kompensieren! Der Wissenschaftler Schlemihl begründet seinen Entschluß wie folgt: «Durch frühere Schuld von der menschlichen Gesellschaft ausgeschlossen, ward ich zum Ersatz an die Natur, die ich stets geliebt, gewiesen.» Eine ähnliche Äußerung wie die von Schlemihl findet man bei Chamisso selber in einem Brief aus dem Jahr 1814, also ein Jahr nach Niederschrift der wundersamen Geschichte: «Ich beschloß, mich dem Studium der Natur zu widmen, sobald ich erkannt hatte, daß ich hier (scil. in Deutschland), weil ich ein Fremder bin, dort (scil. in Frankreich) durch meinen Haß gegen die Tyrannei vom öffentlichen Leben ausgeschlossen bin.»

Tatsächlich hat sich Chamisso, was die Fakten betrifft, im Jahre 1812, ein Jahr vor dem «Schlemihl», an der Berliner Universität als Student der Medizin einschreiben lassen und damals wie auch später ausgiebige Studien in verschiedenen Naturwissenschaften betrieben, und zwar mit der quasi-dialektischen Vorstellung, daß die Natur, verstanden als Handlungsraum des Naturwissenschaftlers, ein hierarchisch Drittes darstellt gegenüber den Entzweiungen der menschlichen Gesellschaft.

Diese Überlegungen lassen sich noch konkretisieren, wenn man an die Siebenmeilenstiefel denkt, die Peter Schlemihl nach seiner Absage an den Grauen durch Zufall findet und die ihm erlauben, die Welt fortan in Windeseile zu durchstreifen. Warum dieses Tempo, junger Mann, möchte man fragen, sofern überhaupt Neigung besteht, dieses alte Märchenmotiv in seinem neuen Kontext ernst zu nehmen. Das sollte man aber wohl tun. Denn was macht der eilige Wissenschaftler an all den Weltorten, die er im Geschwindschritt erreicht? Er betreibt, modern gesprochen, Feldforschung. Er entdeckt, beobachtet, mißt und beschreibt. Zu diesem Zweck braucht er übrigens außer den Siebenmeilenstiefeln, was von manchen Erklärern als bieder-bürgerliches Requisit belächelt worden ist, ein Paar Hemmschuhe in Gestalt von Überziehpantoffeln, die seinen schnellen Stiefeln von Zeit zu Zeit das Tempo wieder nehmen. So verfügt er nun, wie wir den Verächtern dieses komplizierten, aber leistungsfähigen Schuhwerks entgegenhalten wollen, schon über eine richtige Zeit-Raum-Maschine, die manche literarische Utopie unseres modernen und postmodernen Zeitalters vorwegnimmt.

Vor allem aber, seltsam genug, nehmen die letzten Kapitel des Buches Chamissos eigenen Lebensweg vorweg. Er wird ja erst, nachdem er den schattenlosen Schlemihl als einen Forschungsreisenden durch die Welt geschickt hat, selber an der Expedition der «Rurik» teilnehmen (das entspricht Schlemihls Siebenmeilenstiefeln), und noch später wird er als Kustos am Berliner Botanischen Garten mit beträchtlichem «Sitzfleisch», worauf er stolz ist, Pflanzen beschreiben und sie nach den Linnéschen Regeln klassifizieren (das entspricht Schlemihls Hemmschuhen). In einem Brief aus dem Jahre 1827 bestätigt er das selber: «Im übrigen habe ich jetzt an meinen Stiefeln festansitzende Pantoffeln übergezogen.» Sein wichtigstes Arbeitsinstrument ist in dieser Zeit sein Herbarium, für das er zeitlebens gesammelt hat und das am Ende seines Lebens 10–12 000 Pflanzenarten umfaßt. Es existiert noch heute und befindet sich zum größten Teil in der Sankt-Petersburger Akademie der Wissenschaften, zu einem kleineren Teil bei den Beständen der Universität Halle-Wittenberg. Über den Wert eines Herbariums hat er einmal geschrieben: «Dem Botaniker ist ein Herbarium notwendig. Das Herbarium ist sein lebendiges Gedächtnis.» Auch seinen «Schatz» und seine «Lust» hat er sein Herbarium genannt. Gewiß, manchmal hat er sich auch über sein ständiges Sammeln und Ordnen lustig gemacht. So heißt es beispielsweise in einem Gedicht, das er auf der Rurik-Expedition schrieb:

> Ich pflücke Blumen und ich sammle Heu;
> Botanisieren nennen das die Leute.

Das Reimwort für «Leute» heißt dann «trockene Beute». Aber ganz ernsthaft rät er andererseits einem Kollegen: «Beobachtet, ihr Freunde, sammelt, speichert ein für die Wissenschaft, was in euren Bereich kommt!»

Aus diesen und anderen Zeugnissen Chamissos können wir schließen, daß sein Herbarium für ihn das Zentrum seiner wissenschaftlichen Tätigkeit war. Er hatte wirklich das Bewußtsein und Ethos, für das Gedächtnis der Wissenschaft zu arbeiten. So nimmt es auch nicht wunder, daß er die Sammlung seiner eigenen Gedichte, die er sich zunächst für den Hausgebrauch, später aber für eine geplante Publikation anlegte, sein Herbarium nannte, so sehr er auch sonst seine wissenschaftliche und literarische Tätigkeit streng getrennt hielt. In einem Brief aus dem Jahre 1822 schrieb er nämlich an seinen Freund de la Foye: «Ich singe noch ein Lied, wenn es mir gerade einfällt, und ich sammle sogar diese Zeitrosen zu einem eigenen Herbarium, für mich und meine Lieben auf künftige Zeit.» Die im Bild des Herbariums gefaßte Gedächtnisfunktion scheint eine stabile Brücke zu sein, die er für sich zwischen den beiden Lebensrollen des Wissenschaftlers und des Schriftstellers gebaut hat.

Als Hitler noch der Kutzner war

Über Lion Feuchtwangers Roman «Erfolg»

Diesen Roman heute zu lesen, ist auf paradoxe Weise richtig. Denn Lion Feuchtwanger, der sich in den Jahren nach dem Ersten Weltkrieg, insbesondere durch «Die häßliche Herzogin Margarete Maultasch» (1923) und den Bestseller «Jud Süß» (1925), einen weit über Deutschlands Grenzen hinausreichenden Ruf in der Gattung des historischen Romans verschafft hatte, hat auch sein Buch «Erfolg» (1930), obwohl dessen Ereignisse in den Jahren 1921 bis 1924 spielen, als einen historischen Roman komponiert.[1]

Er hat für seine erzählerische Perspektive einen Standort weit in der (damaligen) Zukunft gewählt, um von dort rückschauend zu erzählen, was «damals», «in jenen Jahren», als die Inflation in Deutschland zu galoppieren begann und Hitler seinen November-Putsch vorbereitete, in München und im Staate Bayern geschah. Dem Leser von heute oder, wie Feuchtwanger sich vorstellt, des Jahres 2000, der diesen Ereignissen schon weit entfremdet ist, erklärt der Erzähler daher genau, was es mit den sogenannten Rucksäcken und den sogenannten Leberknödeln der Münchner auf sich hat, und überhaupt erscheint in dieser verfremdeten Perspektive das ganze Völkchen der Bajuwaren als eine eigenartige, die Neugierde der völkerkundlichen Forschung herausfordernde Spezies des Menschengeschlechtes.

Die zeitgenössische Kritik hat an diesem erzählerischen «Trick» allerdings wenig Gefallen gefunden, und auch die zeitgenössischen Leser, die diesen Roman noch vor seinem Verbot im Jahre 1933 lesen konnten, scheinen wenig Geschmack an dieser unzeitgemäßen Betrachtung ihrer jüngsten Vergangenheit gewonnen zu haben. «Erfolg» wurde kein Erfolgsroman.[2]

Lion Feuchtwanger, 1884 in München geboren, stammte aus einer wohl-
habenden jüdischen Familie, die seit dem sechzehnten Jahrhundert in Bayern ansässig war. So ist dieser Roman mit dem Untertitel «Drei Jahre Geschichte einer Provinz» durchaus das Buch eines Bayern. Als er es in den
Jahren 1927 bis 1929 schrieb, hatte er allerdings die «schöne behagliche
Stadt» München, die er an anderer Stelle auch eine «ungewöhnlich er-
kenntnislose Stadt» nennt, bereits verlassen und lebte als freier Schriftsteller in der «lebendigen Stadt Berlin». Die geistig Regeren, so klärt uns
der Erzähler auf, wanderten eben ab, und nur die «Männer in festen Stel-
lungen, mit festen Ansichten», leider noch untermischt mit einigen
«Schlawinern», blieben auf ihren Bierbänken sitzen und richteten sich in
ihrer historischen Verspätung gemütlich ein.

Die Romanpersonen bestätigen dies Bild. Es gibt in «Erfolg» nicht eigentlich einen Helden, wenn man nicht einen wenigstens latenten Helden in
dem Münchener Museumsdirektor Dr. Krüger sehen will, der wegen einer
modernistischen Ankaufs- und Ausstellungspolitik das Mißfallen der in
Bayern herrschenden Politiker erregt und daraufhin von einem korrupten
Gericht in einem rechtsbeugerischen Meineidsverfahren zu drei Jahren
Haft verurteilt wird. Um den im Zuchthaus einsitzenden Krüger organisiert sich eine Gruppe von Personen, die aus unterschiedlichen Interessen
und mit abgestuftem Engagement für die Rehabilitierung «des Mannes
Krüger» tätig werden und bei diesen Bemühungen tief in die verfilzte bayerische Gesellschaft eindringen. Die eindrucksvollste Gestalt unter ihnen ist
Krügers junge Freundin Johanna Krain, die mit vielen sympathischen Zügen ausgestattet ist und einiges mit ihrer französischen Namensschwester,
der von Domremy, gemeinsam hat. Sie setzt mit List und Hartnäckigkeit,
jedoch am Ende vergeblich, die halbe bayerische Gesellschaft in Bewegung,
um die Freilassung des ungerecht Verurteilten zu bewirken. Aber aus diesem Harnisch steigt sie zwischendurch immer wieder aus. Obwohl sie Krüger, um ihm besser helfen zu können, sogar im Zuchthaus geheiratet hat,
vergißt sie ihn nicht selten auf diesem umwegigen Marsch durch die juristischen und gesellschaftlichen Instanzen und lebt in wechselnden Lagen
ein abwechslungsreiches, erregendes Leben, dessen Abschluß durch einen
«Erfolg» ihrer Bemühungen sie bisweilen eher fürchtet als herbeisehnt. So
ist der Zorn der Johanna zwar der Motor des Romans, aber ihre «Zappelei»
macht, daß dieser Motor ziemlich unregelmäßig läuft.

Um Johanna Krain sind drei Schriftsteller. Der erste ist der jüdische Rechtsanwalt Dr. Siegbert Geyer, der an einem Buch zur Geschichte des Unrechts im Lande Bayern arbeitet und bereit ist, den Fall Krüger als ein Beispiel für den Niedergang der Justiz aufzugreifen. Aber sein Kopf denkt nur analytisch, und so gelingt es ihm nicht, das Unrecht konkret zu packen.

Der zweite Schriftsteller ist Jacques Tüverlin, ein Schweizer, der sich bei München niedergelassen hat, weil er dieses Land Bayern «schmecken» will. Er ist ein «ausgelüfteter richtiger Mensch», als Schriftsteller schreibt er mit leichter Hand und läßt den Spaß seinen ersten Ratgeber sein. Aber je mehr er zusammen mit Johanna, die er liebt, das konkrete Unrecht dieses Justizverbrechens aufdeckt, um so deutlicher erkennt er seine Berufung, so zu schreiben, daß die Erkenntnis von der Liebe oder von Haß, am besten aber von einem «guten Haß» angetrieben wird. Es fällt nicht schwer, in diesem Jacques Tüverlin ein Selbstporträt des Schriftstellers Lion Feuchtwanger zu erkennen.

Der dritte im Bunde ist der Kraftfahrzeug-Ingenieur Kaspar Pröckl. Er ist nachlässig gekleidet, hat schroffe Manieren und verteidigt in endlosen Diskussionen die kantigen Ansichten seiner marxistischen Überzeugung. Es ist ein Geruch von Revolution um ihn, und hin und wieder geht ihm durch den Kopf, wen er wohl nach dem Sieg der Revolution mit Bedauern und wen er ohne Bedauern an die Wand stellen wird. Erst an seinen «hundsordinären Balladen» kann man ihn deutlich identifizieren und darf sicherlich, wie verschiedene Kommentatoren im einzelnen gezeigt haben, Bertolt Brecht in ihm erkennen, mit dem Feuchtwanger eng befreundet war.

Eine zweite Gruppe besteht aus Personen, die Macht im Staate Bayern haben. Auch sie tragen zum großen Teil verschlüsselte Namen, hinter denen man mehr oder weniger deutlich historische Personen der frühen zwanziger Jahre erkennen kann. Es sind in erster Linie die Minister Flaucher und Klenk, die Industriellen Baron Reindl und Hessreiter sowie der Zuchthausdirektor Förtsch, den Feuchtwanger in seiner derben Physiognomik gewöhnlich nur den Kaninchenmäuligen nennt. Dazu eine Reihe von weiteren großkopfeten Drahtziehern mitsamt den ausführenden Klein- und «Kleinstbürgern» (Lukács). Das Proletariat und die Bauern kommen nicht vor.

Alle diese Romanpersonen muß man sich etwa so vorstellen, wie Olaf Gulbransson bayerische Typen im «Simplicissimus» gezeichnet hat. In ihrem Aussehen sind sie gewöhnlich an dem «landesüblichen Rundschädel» kenntlich, die Körper sind fleischig, die Gesichter feist, und der Chauffeur Ratzenberger, der den Museumsdirektor Krüger mit einem Meineid belastet, hat «den landesüblichen Kropf». Als Charaktere sind alle diese Personen machtgierig und skrupellos, bigott und verlogen und je nach Opportunität liebedienerisch oder brutal. Nur wenn es um die bayerischen Belange geht, die gegen das Reich zu wahren sind, werden sie sich schnell einig und hauen vereint auf den Biertisch.

Das gibt ein miserables Bild vom Staate Bayern, in dem sozusagen alles faul ist. Da die Satire aber bekanntlich (fast) alles darf, wollen wir die Bayern, die vielleicht erst heute Leser dieses Romans werden, freundlich bitten, unverdrossen weiterzulesen. Es ergeht dem Satiriker Feuchtwanger nämlich wie so vielen Meistern der Satire in der Weltliteratur: unterderhand gerät ihm die anfangs bitterböse Satire zu einem immer stärker von Sympathien aufgehellten Bild dieses eigenwilligen Landes und seiner urwüchsigen Charaktere. Von seinem Doppelgänger im Roman sagt er schließlich: «Es liegt Tüverlin fern, diese Stammeseigentümlichkeiten zu verhöhnen, im Gegenteil, er möchte am liebsten aus der bayerischen Hochebene mit allem, was darauf lebt, säuft, hurt, in den Kirchen kniet, rauft, Justiz, Politik, Bilder, Fasching und Kinder macht, er möchte am liebsten aus diesem Land mit seinen Bergen, Flüssen, Seen, seinem Getier und seinem Gemensch einen Naturschutzpark machen.»

Aber Feuchtwanger hat kein nostalgisches Buch geschrieben. Denn «Erfolg» ist gleichzeitig der erste deutsche Roman, der sich mit Hitler und der Nazi-Partei auseinandersetzt. Hitler selber tritt verschlüsselt unter dem Namen des (bayerischen!) Monteurs Rupert Kutzner auf, an seiner Seite finden wir den närrischen General Vesemann/Ludendorff, und um ihn herum sind seine fanatischen Anhänger, darunter viele junge Leute in Windjacken, die aus einer Verbindung von bayerischer Rauflust und Frontsoldatenerlebnis zu SA-Schlägern und Fememördern werden.

Hinzu kommen die von der Inflation geschädigten und vom Staat enttäuschten Kleinbürger wie jener Cajetan Lechner, der eine wertvolle alte Kommode (das «Schrankerl») zu einem Spottpreis an einen Holländer verkauft hat und nun am liebsten Krieg gegen die Holländer führen würde (man muß sich vorstellen: er tut es auch), um sich die Antiquität zurückzuholen. Sein Sohn allerdings, der Benno, träumt von der proletarischen Revolution, und die Anni geht mit dem Kommunisten Pröckl. Der Sohn des jüdischen Rechtsanwalts Geyer hinwiederum, blond und blauäugig, geht zu den Nazis und wird Gauleiter. So sortiert sich diese durch den Krieg demoralisierte Generation nach den heraufziehenden stärkeren Kräften, in Feuchtwangers Worten: die materiell Minderbemittelten nach links, die geistig Minderbemittelten nach rechts.

In dem Maße, wie das «System» (so sagt Dr. Geyer) sein wirtschaftliches Unvermögen und seine politische Korruptheit offenbart, wächst die Anhängerschaft der Wahrhaft Deutschen, wie Feuchtwanger in der Verschlüsselung des Romans die Nazi-Partei nennt. Die Ereignisse spitzen sich zu, ein Marsch auf Berlin nach italienischem Vorbild steht unmittelbar bevor. Wir wissen inzwischen durch historische Forschung recht genau Bescheid über die Hintergründe, die im November 1923 zu Hitlers Putschversuch geführt haben, und wir müssen Feuchtwanger dafür bewundern, daß er dieses Vabanquespiel Hitlers trotz der fiktionalen Einkleidung mit großer historischer Treue dargestellt hat.

Der Marsch zur Feldherrnhalle scheitert, weil sich der Ministerpräsident Dr. Flaucher/von Kahr, Hitlers Mit- und Gegenspieler, den man im Roman bis dahin nur als latenten Faschisten kennengelernt hatte (er will den «Schädling Krüger ausrotten»), in der Stunde der Krise zugleich als «solider bayerischer Beamter» entpuppt, und so «der einzig rechte Staatsmann der Stunde» wird. Feuchtwanger vergißt aber nicht zu erwähnen, daß dieser Mann zum Schießbefehl sicher nicht den Mut gefunden hätte, wenn das amerikanische Großkapital ihm nicht unmittelbar zuvor mit der Aussicht auf eine Elektrifizierungsanleihe für Bayern den Rücken gestärkt hätte.

Überhaupt muß man erwähnen, daß Feuchtwanger in jedem Teil des Romans das Wirken und Wühlen anonymer wirtschaftlicher Mächte ausgiebig zur Geltung bringt, was ihm die DDR-Interpreten seinerzeit hoch angerechnet haben. Aber eindrucksvoller ist doch die erzählerische Begabung, mit der er den großen und schwarzen Tag der Nazis in Tolstoischer Manier aus der Perspektive des kleinen Mitläufers schildert, jenes Cajetan Lechner nämlich, der schließlich nach der Sprengung des Demonstrations-

zuges und der schimpflichen Flucht des «Führers» beschämt von der Groß-
hesseloher Brücke in die Isar springen will, von diesem Vorhaben aber
durch ein paar spöttisch aufmunternde Rotzbuben abgebracht wird und
sich statt dessen entschließt, eine ordentliche Leberknödelsuppe zu essen.
Werden diese satirischen Züge den historischen Ereignissen gerecht?
Ist es literarisch gerechtfertigt und historisch richtig, an die überlieferten
Worte Hitlers im Bürgerbräukeller, alias Kutzners im Kapuzinerbräu, mit
ihrem pathetischen Schluß «Der Morgen findet entweder eine deutsche
nationale Regierung oder mich tot» fortzufahren: «Dann, mit starker
Stimme, befahl er: Maßkrug her! Trank tief»? Brecht hat geantwortet:
Nein. Und heute, nachdem wir wissen, wie es mit Hitler und Deutschland
ausgegangen ist, müssen wir tatsächlich einräumen, daß Feuchtwangers
satirisches Porträt von Kutzner/Hitler als einem zwar blindwütigen und
brutalen, zugleich aber auch bornierten und theatralischen Bandenführer
weit hinter den Ungeheuerlichkeiten zurückbleibt, die später von diesem
Mann und seinem Regime bekannt geworden sind.

Aber ich meine, wir sollten unsererseits gegenüber Feuchtwanger gerecht sein und seiner Einsicht des Anfangs nicht unser Wissen des Endes
entgegenhalten. Feuchtwangers Klarsicht und Erkenntniskraft bleibt erstaunlich genug. In dem Porträt von Kutzner/Hitler und in der Einbezie-
hung der ersten Nazi-Untaten in die Handlung eines Romans haben wir
tatsächlich die früheste Struktur- und Motivationsanalyse dieser politischen Bewegung vor uns, und es darf der deutschen Literatur zur Ehre ge-
reichen, daß diese warnende Analyse aus der Feder eines Schriftstellers
gekommen ist.

Sofort nach Hitlers Machtübernahme wurde Feuchtwangers Roman
verboten und verbrannt. Der Autor, im Ausland hoch geehrt, fand ein Exil
in den Vereinigten Staaten, wo er 1958 starb. Die Roman-Trilogie, deren
ersten Teil der Roman «Erfolg» bildet, setzt sich anders als geplant mit den
Romanen «Die Geschwister Oppermann» (1933) und «Exil» (1940) fort.
Die Trilogie trägt insgesamt den Namen «Wartesaal»; der Autor verstand
sich als Angehöriger einer Epoche des Übergangs. Mit seinen späteren Romanen und Novellen kehrte er wieder stärker zur historischen Erzählung
zurück. Den Erfolg seines frühen Romans «Jud Süß» und das historische
Gewicht seines Romans «Erfolg» hat er jedoch nie wieder erreicht. Unter
der Teufelei des Joseph Goebbels, der ausgerechnet den Roman «Jud Süß»

dieses jüdischen und antifaschistischen Schriftstellers als – freilich perver-
tierte – Vorlage für einen antisemitischen Hetzfilm auswählte, hat er sehr
gelitten.[3] Feuchtwangers Wirkung auf das literarische Leben der Nachkriegszeit
ist geteilt geblieben. Im Ausland, insbesondere in den Vereinigten Staaten,
in Osteuropa und in Skandinavien, hat sich sein Vorkriegsruhm als recht
dauerhaft erwiesen. In der DDR, die sogar einen Lion-Feuchtwanger-Preis
gestiftet hatte, galt er als Klassiker und wurde in den Schulen gelesen.
Dort sind auch zuerst die (unvollständigen) «Gesammelten Werke in Ein-
zelausgaben» erschienen, von denen dann der Fischer Verlag und der Verlag Langen-Müller westdeutsche Lizenz-Ausgaben herausgebracht haben
– leider bei dem Roman «Erfolg» mit dem Ergebnis, daß sowohl die Ausgabe des Ostberliner Aufbau-Verlages (1955) als auch die aus urheber-
rechtlichen Gründen auf ihr fußenden westdeutschen Ausgaben (Rowohlt
1956, Fischer Taschenbuch Verlag 1975, Deutscher Bücherbund 1985) an
mehreren Stellen gegenüber dem Original (leicht) verstümmelt sind, und
zwar aus ideologischen Gründen.

In der Bundesrepublik ist dieser «Exil-Schriftsteller» lange Zeit fast un-
beachtet geblieben, obwohl Hans Mayer und Marcel Reich-Ranicki früh
auf ihn aufmerksam gemacht haben, allerdings mit einigen Vorbehalten
gegenüber seiner manchmal überbelichteten und dann das Triviale strei-
fenden Erzählkunst. Diese kritischen Vorbehalte sind auch mit einem
Hinweis auf die analytische Kraft und die historische Hellsichtigkeit, wie
sie in dem Roman «Erfolg» zum Ausdruck kommen, nicht ganz zu ent-
kräften. Man muß diesen Roman mit seinen häufig wechselnden Szenen
und rasch ausgetauschten Perspektiven, seinem rasanten Erzähltempo ungefähr so aufnehmen wie einen jener frühen Filme, die Feuchtwanger sehr
geschätzt und deren kühne Schnitt-Technik er in seinem Roman bewußt
nachgeahmt hat. Am meisten bewundert hat Feuchtwanger Eisensteins
Film «Panzerkreuzer Potemkin», dem auch eine eigene Szene des Romans
gewidmet ist. Der bayerische Minister Klenk, der diesen Film sieht, verläßt das Kino mit dem Ausdruck der Betroffenheit. Betroffene oder wenigstens nachdenkliche Leser, Bayern oder nicht, sind auch diesem Roman
immer noch zu wünschen.

Carl Zuckmayer zu loben

Carl Zuckmayer zu loben, ist das reinste Vergnügen, vor allem deshalb, weil er selber ein Laudatiker war, will sagen, ein Mensch, der zum Loben wie geboren war und der als Autor diese unzeitgemäße Kunst vollkommen beherrscht und mit Leidenschaft ausgeübt hat. Er war nämlich von seinem Naturell her ein unverwüstlicher Welt- und Menschenfreund, dem alles, was ihm begegnete, erst einmal spontan zum Lob geriet, ehe Kritik und Tadel, an denen er sich in den finsteren Zeiten, in denen er zu leben hatte, mindestens ebenso leidenschaftlich beteiligte, den zweiten Zugriff erhielten. Was aber hat nun in der Welt und bei den Menschen, genauer sei es gefragt, am meisten seinen Beifall, sein Lob gefunden?

Wenn ich auf diese Frage eine erschöpfende Antwort geben wollte, müßte ich einen langen Katalog Zuckmayerscher Lobtopik vortragen, mit Vorzugsplätzen darin für die vielen blut- und kraftvollen Charaktere beiderlei Geschlechts, mit denen er zum Entzücken des Publikums die deutsche Bühne bevölkert hat, aber auch für die in seinen Geschichten besonders liebevoll gezeichneten Paare der Jungverliebten, die sich meistens am Ende auch tatsächlich kriegen, ferner für die große Zahl ausgelassener und manchmal auch ein bißchen bußfertiger Fastnachtsfiguren und schließlich auch für den Wein, den er all seinen Personen freigebig einschenkt. Lebenslanges Lob- und Preisobjekt dieses eingefleischten Laudatikers ist offenbar, wenn ich es statt eines immer unvollständigen Katalogs mit einem einzigen Wort ausdrücken darf, das Leben selbst mit seinen Höhen und Tiefen, ja Tiefen – das Leben, wie es sich dennoch so lustvoll lebt, zum Teufel nochmal.

Ich möchte das Gemeinte an seiner wunderbaren Erzählung «Der Seelenbräu» erläutern.[1] Das ist eine hintersinnig idyllische Geschichte, die im

Salzburgischen spielt, einer Landschaft, die Zuckmayer aus guten und schlechten Jahren vertraut war. Hauptpersonen der Erzählung sind zwei Männer oder besser gesagt zwei Mannsbilder: einerseits der trink- und überzeugungsfeste Brauherr Matthias Hochleithner, genannt der Leibesbräu, und andererseits der ihm als charakterstarke Persönlichkeit ebenbürtige Dechant von Köstendorf, genannt der Seelenbräu. Beide Gestalten sind dem Autor wie zum personifizierten Lob des Lebens geraten. Das gleiche gilt von dem jungen Paar dieser Geschichte, der hübschen und gesangsbegabten Ziehtochter Clementin und dem ebenfalls musikversessenen Aushilfslehrer Franz Haindl. Es gibt zwar ein paar Hindernisse, die dem Glück dieser Liebesleute entgegenstehen, doch hilft in solchen Bedrängnissen zunächst der Fasching, dann Johann Sebastian Bach, und so geht diese Geschichte zum Mitvergnügen der Leser am Ende gut und glücklich aus.

Mein Gott, was für eine Geschichte! Das darf doch alles, von der ersten bis zur letzten Zeile, nach den spitzen Federn der heutigen Literaturkritik so sonnig und glücklich nicht sein. Haben wir denn nicht dergleichen schon vor Zeiten in Goethes «Hermann und Dorothea» und in Manzonis Roman «Die Verlobten» prä- und parakritisch gehabt und in der Literaturgeschichte längst zu den Akten gelegt? Das ist doch heute beim besten Willen so laudativ nicht mehr zu ertragen. Ja, da könnte die Affirmationskritik, die über die moderne Literatur bekanntlich ein striktes Glücksverbot verhängt hat, wohl ein leichtes Spiel mit Carl Zuckmayer haben – wenn nur nicht das vertrackte Datum des Frühjahrs 1945 wäre, in dem diese heitere Erzählung, der großen und schrecklichen Geschichte zum Trotz, im amerikanischen Exil entstanden ist, gerade als amerikanische Soldaten im Salzburgischen den letzten Widerstand deutscher Truppen brachen. Ich kann mir diesen zeitlichen Zusammenhang nicht anders erklären, als daß der Autor hier aus äußerster Hoffnungsnot, offenbar jenseits aller Einflüsterungen der verzweifelnden Vernunft, noch einmal einen Lebensanker ausgeworfen hat, um sich festzuhaken in einem tiefen Grund, der mit einem Ausdruck aus Zuckmayers schönem Essay über Gerhart Hauptmann «die mächtige Menschlichkeit» genannt werden kann.[2]

Wenn nun schon an dieser kleinen Geschichte so vieles zu loben war, was werde ich dann erst zum Lob seiner großen Theaterstücke sagen, in denen Carl Zuckmayer seine reichen Talente am glücklichsten zur Entfaltung bringen konnte? An erster Stelle aus seiner überbordenden Produktion will ich – natürlich – ein Lustspiel nennen, das schon in seinem Titel die gute Stimmung verrät: «Der fröhliche Weinberg».³ Der Wein, der zum Mitvergnügen an diesem Lustspiel am meisten zu empfehlen wäre, ist ein Riesling aus Zuckmayers Geburtsort Nackenheim am Rhein, am besten vom Weingut Gunderloch, da gerade dessen Wein in Strömen durch die Handlung des Stückes fließt. Jean Baptist Gunderloch, so heißt auch der männliche Held des Stückes. Er ist «ein Mann wie ein Baum» und wird seine hübsche Ziehtochter Klärchen nur dem zur Frau geben, der ihr erstens gefällt und ihr zweitens schon vor jedem Gedanken an Verlobung ein Kind macht, was seine Männlichkeit beweist. Jean Baptist Gunderloch ist zugleich derjenige, der am Ende die Glücksbilanz zieht: «Alle müssen sie sich kriege am Schluß, sonst is das Stück nicht gut».

Es gibt noch viele andere Gründe dafür, daß dieses Stück so gut ist: der Wirbel der Handlung, die Buntheit der Charaktere, die Mischung von List und Lust, Witz und Schwindelei und immer dabei Zuckmayers Geheimrezept: das Feine im Derben, das Zärtliche im Rohen. Ein Volksstück als Kunststück, vorwiegend übrigens in rheinhessischer Mundart geschrieben, so daß Hans Sahl in einer Theaterkritik schreiben konnte: «Zuckmayer hat den rheinischen Menschen theaterfähig gemacht, wie damals Gerhart Hauptmann den Schlesier».

Am 22. Dezember 1925 war Premiere in Berlin. Der bis dahin noch ganz erfolglose und bettelarme Autor stand nervös hinter der Bühne und trank vor Aufregung eine ganze Flasche Nackenheimer. Erleichtert vernahm er, wie schon nach den ersten Szenen ein fröhliches Lachen im Theatersaal aufkam, das dann bald als prustendes Gelächter das ganze Publikum ergriff und dem Stück zu einem beispiellosen Erfolg verhalf. Selbst der bissige Kritiker Alfred Kerr, der Zuckmayer eigentlich gar nicht mochte, hat bei der Aufführung, wie die Mutter des Autors berichtet, «zweimal gelächelt». Die deutschen Bühnen rissen sich um das Lustspiel und freuten sich, daß dieses «schweinische» Stück, in dem mit der Liebe nicht eben zimperlich umgegangen wird, manchen kassenfüllenden Theaterskandal produzierte.

Den nächsten großen Theatererfolg Zuckmayers gab es im Jahre 1931 mit dem «Hauptmann von Köpenick», inszeniert von Heinz Hilpert mit Werner Krauß als Schuster Wilhelm Voigt.[4] Das Stück ist weithin bekannt, wenn nicht von der Bühne, dann vom Film mit Heinz Rühmann in der Titelrolle. Es ist nach den Worten von Thomas Mann, der sonst nicht gerade zu Zuckmayers uneingeschränkten Bewunderern zählte, seit Gogols *Revisor* «die beste Komödie der Weltliteratur». Dieses Urteil hat sicher Bestand, unabhängig von der Frage, ob man die Geschichte des vorbestraften Schusters, der sich durch nichts als eine glänzende Uniform zum Herren von Köpenick macht, bloß als eine köstlich berlinernde Parabel über das Thema «Kleider machen Leute» nimmt oder ob man sie als eine bitterböse – manche sagen: zu wenig bittere, zu wenig böse – Satire auf den wilhelminischen und im Jahre 1931 auch schon nazistischen Uniformenwahn ansieht. Zum Lachen ist in dieser abgründigen Tragikomödie eigentlich nur die Magie der Uniform, doch konnte Carl Zuckmayer in diesen Jahren noch nicht ahnen oder wollte es noch nicht in seiner ganzen Schrecklichkeit wissen, daß es bei den braunen und feldgrauen Uniformen bald nichts mehr zu lachen gab. Insofern ist das konvulsivische Lachen, das den Schuster ergreift, als er sich am Ende des Stückes zum erstenmal als Hauptmann im Spiegel sieht, vom Grauen der Geschichte eingeholt und überholt worden. Und nun scheiden sich hierzulande die Geister an der Frage, ob es mit dem Wissen von heute politisch korrekt ist, daß einer oder eine sich noch einmal nach dem verzweifelten Lacher von Köpenick umdreht oder ob, wer es tut, zur Salzsäule erstarrt.

Im Jahre 1996 hat Katharina Thalbach den «Hauptmann von Köpenick» in Berlin neu inszeniert, mit Harald Juhnke in der Rolle des Schusters Voigt. Nach einiger Zeit fiel Juhnke wegen Indisposition aus. Da ist die Regisseurin selber eingesprungen und hat für eine Reihe von Aufführungen die Titelrolle übernommen. Als sie 1997 die Carl-Zuckmayer-Medaille erhielt, sagte sie in ihrer Dankrede von dieser spontan übernommenen Rolle: «Man lacht über den Schuster Wilhelm Voigt, aber (…) ich konnte auch seine Einsamkeit spüren. Stück für Stück wurde ich zu einem kleinen, alten Mann aus Berlin, der doch nicht in Berlin bleiben durfte, es sei denn im Knast. Ich konnte all seine Trauer spüren, aber ich konnte auch all seine Träume spüren, die ihn nie verlassen haben.»[5]

Gleich nach der Machtübernahme Hitlers mußte Carl Zuckmayer, der «Halbjude» und «Mischling», wie er sich selber mit bitterer Ironie nennt,

Deutschland verlassen. Über Österreich, sein «Zwischenexil», gelangte er mit vielen anderen Emigranten in die Vereinigten Staaten, wo er sich zunächst mühsam mit Schreib- und Filmprojekten ernährte (er war ja in der Welt bekannt als der Verfasser des Drehbuchs zum «Blauen Engel»). Schließlich hat er sich zusammen mit seiner Frau Alice und den beiden Töchtern Michaela und Winnetou auf einer abgelegenen Farm des Bundesstaates Vermont niedergelassen, wo täglich, wie er in einem Brief schreibt, 71 Viecher zu versorgen waren. Wie der «Zuck» und seine Familie dieses Leben gemeistert haben, mit unversiegbarem Mut und einem Schuß Abenteuerlust à la Karl May im Herzen, ist heute mit doppelter Lesefreude nachzulesen, einmal in Alice Herdan-Zuckmayers liebenswürdig-handfestem Erinnerungsbuch «Die Farm in den grünen Bergen» (1949), zum andern in Carl Zuckmayers persönlichstem Buch, seiner überaus sympathischen Autobiographie «Als wär's ein Stück von mir» (1966).[6]

Hatte der Autor in den amerikanischen Jahren noch Hoffnung, nach Deutschland zurückzukehren? Ja, diese Hoffnung hat er, wenn auch beklommenen Herzens, nie ganz aufgegeben, denn schon im Jahre 1939, bevor noch eine Bombe auf Deutschland gefallen war, hat er eine «Elegie von Abschied und Wiederkehr» geschrieben, deren letzte von drei Strophen wie folgt lautet:

> Ich weiß, ich werde zögernd wiederkehren,
> Wenn kein Verlangen mehr die Schritte treibt.
> Entseelt ist unsres Herzens Heimbegehren,
> Und was wir brennend suchten, liegt entleibt.
> Leid wird zu Flammen, die sich selbst verzehren,
> Und nur ein kühler Flug von Asche bleibt –
> Bis die Erinn'rung über dunklen Meeren
> Ihr ewig Zeichen in den Himmel schreibt.[7]

Als der Spuk zu Ende war, ist Carl Zuckmayer jedoch nicht etwa, was mehr als verständlich gewesen wäre, «zögernd» nach Europa zurückgekehrt, sondern spontan und generös und so schnell es in jenen verworrenen Zeiten möglich war. Und in seinem kargen Gepäck trug er ein Bühnenstück bei sich, das in den ersten Nachkriegsjahren deutsche Theatergeschichte gemacht hat: «Des Teufels General».[8] Es ist ein Drama, mit dem der Autor versöhnungsbereit zu erkennen gab, daß er nicht als Richter über

Deutschlands Schuld auftreten wollte, sondern als Zeuge einer deutschen Tragik, von der er gesagt hat, sie sei «so tief und so schaurig wie der Tod».

In den letzten Jahren ist es um dieses für heutige Fernblicke vielleicht allzu versöhnliche Stück stiller geworden, abgesehen von zwei merkwürdigbemerkenswerten Aufführungen in Berlin, von denen die eine die Handlung auf einen fernen Stern im Weltall verlegt und die andere die dramatischen Rollen in wildem Durcheinander bald männlich, bald weiblich besetzt. Also zwei unterschiedliche Formen Brechtscher Verfremdung, einem Zuckmayer-Stück aufgepfropft, als Legitimation politischer Unbegreiflichkeit im einen, als Exorzismus unerträglicher Männlichkeit im andern Falle. Was zum Teufel ist mit diesem Stück?

Das Drama in drei Akten mit dem suggestiven Titel «Des Teufels General» wurde in den Jahren 1942–1944 in der Abgeschiedenheit des amerikanischen Exils geschrieben. Inmitten der Arbeiten seiner Farm war es dem Laienfarmer mit der ihm eigenen Zähigkeit gelungen, hin und wieder ein paar Stunden des Tages oder der Nacht für die Kunst des Schreibens zu erübrigen. Da erreichte ihn eines Tages über die amerikanische Presse die Nachricht vom rätselhaften Tod des Fliegergenerals Udet, eines alten Freundes aus der Vor-Nazizeit. Von ihm notiert er in seinem Erinnerungsbuch ein ebenso beiläufig wie freimütig geäußertes Wort aus dem Jahre 1936, das lautet: «Ich bin der Luftfahrt verfallen. Ich kann da nicht mehr raus. Aber eines Tages wird uns alle der Teufel holen.»

Aus Udet ist der General Harras geworden, der wie jener für den Führer den Luftkrieg organisiert. Um ihn herum versammelt der Autor mit bemerkenswerter Intuition für die Lage zur Stalingradzeit Nazi-Fanatiker, Opportunisten, Spieler, Mitläufer, naive Idealisten und Männer des Widerstands, auch ein paar Frauen darunter, die es entweder mit den Helden halten oder deren Heldentum ertragen müssen. Es gelingt dem inzwischen hellsichtig gewordenen General, dem jungen Leutnant Hartmann, der noch von seiner Hitlerjugend her idealistisch verblendet ist, die Augen über den verbrecherischen Krieg zu öffnen, bis Hitlers General am Ende selber von dem entschlossenen Saboteur Oderbruch vor die Erkenntnis gestellt wird, daß niemand ohne Schuld mit dem Teufel paktieren kann, selbst wenn alles ganz harmlos mit dem Fliegen anfängt. Wie in einem klassischen Drama sühnt der Held, schuldlos oder fast schuldlos in Schuld verstrickt, sein Vergehen mit dem Freitod.

Als Zuckmayer auf seiner Farm in Vermont dieses Drama schrieb, war er besorgt, zum erstenmal im Leben ein Werk für die Schublade geschrieben zu haben. Oder vielleicht doch für den Broadway, wie Zuckmayer in einem Brief an Hindemith noch 1944 verwegen zu hoffen wagte? Doch es kam anders. Als Hitlers Reich zusammenbrach und nun auf Notbühnen die ersten Theater wieder in Deutschland zu spielen begannen, waren auch Zuckmayers Stücke wieder willkommen. Zuerst, noch 1945, der Not zum Trotz, «Der fröhliche Weinberg». Dann gleich «Des Teufels General», der im Dezember 1946 in Zürich uraufgeführt und danach vom November 1947 an von fast allen deutschen Bühnen gespielt wurde. Dies war der dritte und größte Bühnenerfolg Zuckmayers und zugleich, so schien es, ein überwältigender Erfolg der politischen Besinnung, unabhängig von jeder auferlegten *Reeducation*. Zwei Jahre lang, bis zu einem Herzinfarkt, reiste der Autor durch die zerbombten Städte Deutschlands und suchte das öffentliche Gespräch, vor allem mit den jungen Leuten, die gerade aus dem Krieg zurückgekehrt waren. «Das Herz dieser Jugend schien aufgerissen», schreibt er dazu in seinen Erinnerungen.

Ja, so war es tatsächlich, das will ich heute bestätigen, denn einer dieser jungen Deutschen, mit denen der Autor in einem überfüllten Hörsaal der Universität Münster über sein Stück diskutierte, war ich. Es war das Jahr 1948. Von literarischen Dingen wußten wir Heimkehrer aus der Kriegsgefangenschaft wenig, und wir wollten in Wirklichkeit auch gar nicht über Literatur diskutieren, sondern über den Krieg, über Hitler, über uns, seine gehorsamen Luftwaffenhelfer und Soldaten. Ganz besonders interessierte und irritierte uns damals Oderbruch, der Saboteur, der andere Konsequenzen gezogen hatte als wir und für dessen Verrat wir nun plötzlich Sympathie aufbringen sollten. Ich selber war damals in meiner Unwissenheit viel zu schüchtern, um mich an der Diskussion in dem brodelnden Hörsaal zu beteiligen, doch weiß ich noch, daß ich kräftig mitgepfiffen habe, als eine Studentin vorschlug, es möchten doch endlich auch die dichterischen Schönheiten des Stückes bemerkt werden. Nein, das wollten wir nicht, und das war auch Zuckmayer nicht genug. Wir wollten mit der Hilfe dieses Stückes wissen, wie wir als Deutsche weiterleben sollten.[9]

Waren wir damals noch sehr naiv, wir 48er? Ja, allerdings, das waren wir wohl, denn draußen vor der Tür stand schon seit 1947, zunächst von uns Jungen kaum wahrgenommen, eine andere Literatur bereit, die auch eine andere Art zu lesen verlangte und von ihren Lesern eine unerbittlichere Abrechnung mit der eigenen Vergangenheit forderte, als Zuckmayer, der nicht hassen konnte, sie zu geben bereit war. In dieser Tonart haben später mit größerer Lautstärke auch die 68er getrommelt und dabei zugleich Zuckmayers geradlinige Menschenmoral als hoffnungslos unpolitisch verworfen.

Das alles ist nicht nur Literaturgeschichte geworden, sondern darüber hinaus auch ein Stück ernsthafter deutscher Geschichte – von der wir allerdings immer wieder für kürzere oder längere Intervalle Abstand nehmen sollten, um vielleicht doch aus den kleineren Formaten der Literatur genauer und verläßlicher zu erfahren, was die große Geschichte manchmal für unbeachtlich erklärt und uns großspurig vorenthält. So können wir jetzt auch wieder mit Bewunderung zu Carl Zuckmayer zurückkehren, der die Seelen der Menschen gekannt und folglich auch von der Welt viel gewußt hat.

Victor Klemperer:
Gedächtnismann gegen Hitler

Die Freunde der französischen Literatur erinnern sich beim Namen des Romanisten Victor Klemperer – er war ein Vetter des Dirigenten Otto Klemperer – an seine Bücher über Corneille und Montesquieu sowie an eine große Zahl von Einzelstudien, in denen er französische Schriftsteller aller literarischen Epochen in Deutschland vorgestellt hat. Einem weiteren Lesepublikum ist Victor Klemperer darüber hinaus als Autor eines vielgelesenen Buches zur Sprache des Nationalsozialismus bekannt geworden, das unter dem auf den ersten Blick rätselhaften Titel «LTI – Notizen eines Philologen» im Jahre 1947 erschienen ist. Unter dem schützenden Kürzel LTI hat der Autor, als Jude aus seinem akademischen Amt vertrieben und mit knapper Not dem Völkermord entgangen, in den Jahren zwischen 1938 und 1945 seine Beobachtungen zur Sprache des Dritten Reiches (*Lingua Tertii Imperii*) gesammelt und zur Warnung der Nachgeborenen aufgezeichnet – ein Gegenstück zu dem von Sternberger, Storz und Süskind ungefähr zur gleichen Zeit und mit ähnlicher Intention publizierten «Wörterbuch des Unmenschen».[1]

Mehr aber als all dies Geschriebene wiegt heute Klemperers aus dem Manuskript veröffentlichter Lebensbericht, den der Autor in den Jahren zwischen 1939 und 1944 niedergeschrieben hat, als er schon seine Professur verloren hatte und vom hochangesehenen Gelehrten zum Geächteten geworden war. Dieses *Curriculum vitae* – so der genaue Titel der Aufzeichnungen – ist verfaßt auf der Grundlage eines Tagebuches, das Victor Klemperer seit seinem siebzehnten Lebensjahr fast Tag um Tag geführt hat und das ihm, zur zusammenhängenden Autobiographie geformt, eine verläßliche Rekonstruktion seines Lebensweges ermöglicht hat.[2]

Hätte man sich statt dessen eher wünschen sollen, die Tagebücher selber (die aber in ihrer authentischen Fassung nicht erhalten sind) zu lesen? Das ist nicht meine Auffassung, denn man merkt dem Autor auf jeder Seite seines glänzend geschriebenen Buches an, daß er sich mit äußersten moralischen und philologischen Skrupeln davor gehütet hat, die frühen Aufzeichnungen mit dem Später- und Besserwissen des Rückblickenden zu belasten und vielleicht zu verfälschen. Nur bei seinen Tagebuchblättern aus den ersten Kriegstagen 1914, in denen sich auch bei diesem jungen Privatdozenten von hoher europäischer Kultur die irritierende Verwandlung in einen patriotischen Kriegsfreiwilligen im Taumel der nationalen Begeisterung zeigt («Soviel Größe im Volk!» – «Deutscherseits zwei Leichtverwundete»), verzichtet der Autor, der schon bald danach zur Besinnung gekommen ist, auf eine Umformung des Geschriebenen und beläßt seine Notizen unredigiert, wie er sie damals in der «bequemen Einheitlichkeit des Empfindens» niedergeschrieben hatte.

Das Besondere an diesem *Curriculum* ergibt sich aus der Tatsache, daß Victor Klemperer sich schon in jungen Jahren dazu entschlossen und über Jahrzehnte unbeirrt daran festgehalten hat, seinem Leben eine konsistente Gedächtnisdimension zu geben. War er denn schon als junger Mann so sehr von seiner Bedeutung überzeugt? War er eitel, ein Narziß? Alles das nicht. Seine Lebensbeschreibung läßt vielmehr an vielen Stellen einen Menschen erkennen, der von sich gemeint hat, er habe in seinem Leben, aus mittleren Verhältnissen stammend, ebenfalls nur Mittleres geleistet und könne keinesfalls für seine gewöhnliche Person besondere Aufmerksamkeit beanspruchen.

Nur in einer Hinsicht wußte der Autor, der in Berlin als Sohn eines Rabbiners aufwuchs, daß sein Leben in Deutschland immer auffällig bleiben würde: er, der nicht einmal deutscher Jude, sondern Deutscher schlechthin sein wollte und den Benedetto Croce später «einen Deutschen im verwegensten Sinne des Wortes» genannt hat, wurde dennoch von seiner Umgebung immer wieder darauf gestoßen, daß er Jude war und blieb. In der Familie Klemperer war daher auch, verkörpert in dem lebenstüchtigen ältesten Bruder Georg, ein deutliches Bewußtsein der auch vor Hitler schon immer prekären Situation einer jüdischen Familie in Deutschland vorhanden. Und Victor, der jüngste Sohn dieser Familie, registrierte diese Sonderstellung und potentielle Gefährdung mit den geschärften Sinnen eines Familienspätlings.

Was dann den weiteren Lebensweg dieses Tagebuchschreibers angeht, so gibt es Schwankungen, und der Lehrstuhl des ordentlichen Professors steht keineswegs von Anfang an schon am Horizont seiner Karriere. Im Gegensatz zu seinen lernfreudigen Geschwistern erweist sich der Benjamin nicht einmal als überragender Schüler. Das Gymnasium verläßt er zunächst ohne Abitur, wird Lehrling in einem Handelskontor, wo ihm aber alsbald seine wenig schöne Handschrift den Berufserfolg verdirbt, so daß er schließlich doch noch, immer «am Gängelband der Familie», sein Abitur macht. Nun kann der junge Mann als freier Journalist sein Schreibtalent erproben, aber auch das ist für ihn nur ein «halber Beruf», so daß man im Hause Klemperer bald beschließt, Victor habe zu studieren und auf jeden Fall zu promovieren, um den «umhüllenden Doktortitel» zu erwerben.

Sind nun wohl alle Voraussetzungen erfüllt, daß der Student, wenn er sich vielleicht auch noch taufen läßt, als guter Deutscher bürgerlichen Standes in eine Studentenverbindung eintreten und Reserveoffizier werden kann? Es zeigt sich: die deutschnational gesinnten Verbindungen nehmen einen jüdischen Studenten auch dann nicht, wenn er wie der stud. phil. Victor Klemperer nicht nur einmal, sondern zweimal die protestantische Taufe über sich ergehen läßt. Und mit dem Doktortitel, *summa cum laude* in München erworben, kann er als Jude zwar Universitätslektor in Neapel, nicht aber Reserveoffizier in Deutschland werden. Ohne die inzwischen allerdings längst nicht mehr begehrten Schulterstücke nimmt der Unteroffizier Klemperer am Ersten Weltkrieg teil, immer aber dabei, auch im Fronteinsatz und in der äußersten Öde des feldgrauen Dienstes, mit wachem Bewußtsein das Tagebuch führend.

Nachdem die Familie mit ihrem Wortführer Georg weiterhin beschlossen hat, daß der Jüngste «aus Familieninteresse» Professor werden sollte, geschieht das schließlich auch, und Victor Klemperer, dem es ja an literarischer Begabung und Schreibtalent nicht fehlt und der allenfalls in den strengen Augen seines ältesten Bruders als etwas antriebsschwach erscheint, wird sogar ein sehr guter Wissenschaftler. Schon im Jahre 1920 finden wir Klemperer als Professor der Romanistik an der Technischen Hochschule Dresden. Aber das liegt bereits jenseits des Zeitraums, der in diesem Lebensbericht erfaßt ist.

Was macht nun diesen «Rechenschaftsbericht» so lesenswert, daß man ihn, selbst wenn dabei von dem spezifischen Gewicht eines jüdischen

Schicksals abgesehen werden soll, mindestens neben die berühmten «Lebenserinnerungen eines alten Mannes» von Wilhelm von Kügelgen stellen kann? Es werden hier, wenn man den Krieg nicht rechnen will, keine unerhörten Ereignisse mitgeteilt, und keine großen Persönlichkeiten der Geschichte kreuzen dieses Bürgerleben. Bemerkenswert sind eher die kleinen Begebenheiten im Umkreis der Familie: eine Pfingstwanderung im Harz, Ferien an der Ostsee, der diskrete Zauber des Märkischen Landes. Ja, doch ein Ereignis: die erste Trambahn in Berlin. Ferner der Übertritt des Vaters zur jüdischen Reformgemeinde mit den unmittelbaren Folgen für die täglichen Mahlzeiten: «Das essen die andern, das dürfen wir nun auch essen.» Sodann die Tanzstunde mit Schlußball und pünktlich dazu die erste Liebe. Aber, oh weh, die Liebste ist eine Intellektuelle und will mit ihrem schüchternen Tänzer nur über Bücher reden.

In puncto Liebe kommt der neugierige Leser überhaupt zu kurz. Da ist nur Eva, seine «Ev», die von Klemperer allerdings stürmisch geliebt und sogleich auch geheiratet wird und der er immer treu bleibt, wie sie ihm auch. Von dieser Liebe und Ehe berichtet der Autor verhalten, fast scheu, als wäre er noch immer im Tanzstundenalter. Man kann nur ahnen – das allerdings mit dem Gefühl der Gewißheit –, daß Eva eine großartige Frau gewesen sein muß, die ihm auch später in den Jahren der Verfolgung mit unbeirrbarer Treue zur Seite gestanden hat und ihm als «Arierin» das Leben gerettet hat. Auch daß dieser Lebensbericht vor den Nazi-Schergen verborgen werden konnte und am Ende erhalten geblieben ist, ist in erster Linie Eva Klemperer zu danken. Es ist daher eine der größten Lesefreuden bei der Lektüre dieses Buches, die ständige liebevolle Anwesenheit dieser selbstlosen Frau zwischen den Zeilen des Buches erspähen zu können.

Ganz anders Sonja, die Russin, die mit seinem Münchner Romanisten-Kollegen Eugen Lerch verheiratet war. Sie war schon vor dem Krieg emanzipiert und aufgeklärt und demaskierte in ihren frechen Reden jeden falschen nationalistischen Schein. Als sie dann gegen Ende des Ersten Weltkrieges ihre «Kriegsabneigung» immer deutlicher in die Öffentlichkeit trug und schließlich aus der Tiefe ihrer russischen Seele sogar einen allgemeinen Widerwillen gegen die «deutschen Teufel» zutage förderte, ging die Ehe mit Lerch in Scheidung. Klemperer berichtet mit großer Sympathie von dieser Frau, die alsbald ins Gefängnis geworfen wurde und sich im Gefängnis das Leben nahm – nur einige Monate bevor in München die

Räterepublik ausgerufen wurde. Lerch, dem der Tod seiner Frau zunächst sehr nahe ging, regenerierte sich bald beim Schreiben seines Buches «Die Verwendung des romanischen Futurums als Ausdruck eines sittlichen Sollens».

Victor Klemperer hat den Krieg überlebt.[3] Er starb 1960 in Dresden, hochgeehrt. Er war auch Träger des Nationalpreises der DDR und Abgeordneter der Volkskammer. An den sozialistischen Aufbau hat er eine Zeitlang geglaubt, für ihn hat er mit allen Kräften gearbeitet. Daß er überhaupt die Verfolgung überstanden hat, nachdem ihm schon 1934 das Professorenamt, 1938 das Recht der Bibliotheksbenutzung, 1940 die Wohnung, 1941 auch die Schreibmaschine genommen worden war, ist – nächst dem Schutz durch seine «Mischehe» – einem historischen Ereignis zu verdanken, das wir sonst aus anderer Perspektive zu betrachten gewohnt sind.

Am 13. Februar 1945, drei Tage vor dem vorgesehenen Abtransport zur Ermordung der letzten «Sternträger» (so nennt er sich selber), wird Dresden durch den schweren Angriff alliierter Kampfflugzeuge zerstört. Von einer Bombe getroffen wird auch das «Judenhaus», in dem Victor und Eva Klemperer leben müssen. Sie nutzen – wie Jeronimo und Josephe in Kleists Novelle vom Erdbeben in Chili – die Gunst der Schreckensstunde und entfliehen, werden gerettet. Was muß in der Welt alles geschehen, damit zwei Gerechte gerettet werden?

Deutscher Geist, europäische Literatur und lateinisches Mittelalter

Momentaufnahme 1948. Der große Krieg liegt erst drei Jahre zurück. Die deutschen Städte sind noch Trümmerberge. Aber wer überlebt hat, lebt. Eine junge Generation von Studenten hat die mühsam wiederhergerichteten Universitäten bezogen und schickt sich an, in den Hörsälen gierig aufzusaugen, was ihr in der Hitlerzeit alles vorenthalten war. Für diese Studenten gibt es wieder, wenn auch mit Mühe, die Bücher zu lesen, die sie lesen wollen und eigentlich schon längst gelesen haben sollten. Viele junge Leute haben diese Jahre trotz aller äußeren Mängel und Entbehrungen als eine wunderbare Zeit erlebt, da doch alle Zwänge und Beengungen aufgebrochen waren: eine ausschlüpfende Generation.

Dies war die Generation, die als erste das neue Buch von Ernst Robert Curtius las: ELLMA. Der vollständige, respektheischende Titel lautete: «Europäische Literatur und lateinisches Mittelalter».[1] Man riß sich die wenigen verfügbaren Exemplare des Buches aus den Händen und lernte bei dem romanistischen Autor, der sich mit den Gefolgsleuten Hitlers nicht gemein gemacht hatte, einen Literaturbegriff kennen, der von jeder nationalen Beengung befreit war. Alle verstreuten Erscheinungen der europäischen Literatur waren in diesem monumentalen Werk zusammengehalten durch eine gemeinsame Kultur, wie sie im Mittelalter und ein Stück weit darüber hinaus in der Neuzeit noch unmittelbar angeschaut werden konnte. Freilich, dieses Mittelalter war ein durch und durch lateinisches Zeitalter, in das man ohne erhebliche Anstrengungen nicht eindringen konnte. Aber wenn diese Mühe einmal erbracht war, hatte man einen Schlüssel in der Hand, mit dem sich leicht alle Türen der europäischen Literatur- und Kunstgeschichte öffnen ließen – oder doch fast alle, da einige moderne Erscheinungen sich leider diesem Zugriff sperrten. Man kann heute im Rückblick auf diese Zeit auch nicht übersehen, daß gerade deutsche Leser dieses Buches von einer geschichtlichen Betrachtungsweise fasziniert sein mußten, die ihnen eine willkommene Möglichkeit eröffnete, den bedrückenden und belastenden Zustand ihrer Nation im Ansehen des weiten lateinisch-europäischen Kulturstroms vergessen und überwinden zu können.

Genau dieser Aspekt ist es nun, der in den 60er und 70er Jahren eine Reihe von kritischen Stimmen auf den Plan gerufen hat, die sowohl Ernst Robert Curtius als auch der Curtius-Generation von 1948 den Vorwurf machten, sie hätten in dieser lateinisch-europäischen Literaturtradition vor allem den Rausch des Vergessens gesucht. Und Curtius selber mußte sich sagen lassen, er sei der Prophet der Restauration geworden und habe mit seinem Buch von der europäischen Literatur genau jene Ideologie geliefert, die in der Adenauer-Ära nötig war, um die Wiedereinführung des Kapitalismus in der Bundesrepublik mit dem Mantel des christlich-lateinischen Abendlandes zu bedecken.

Curtius als europäischer Philologe und Humanist – Curtius als «Abendländer» und «kalter Krieger»: wir wollen sehen, wes Geistes Kind dieser Mann wirklich war. Um das herauszufinden, müssen wir zum Jahr 1932 zurückkehren. Damals war Ernst Robert Curtius Professor für Romanistik an der Universität Bonn und bereits ein berühmter Mann. Er hatte nämlich seit 1914 – und das war seinerzeit sensationell und ziemlich skandalös für einen deutschen Privatdozenten – die neueste französische Literatur in Deutschland bekanntgemacht und in einer Reihe von Büchern gefeiert. Sein Ansehen war dementsprechend mehr in der allgemeinen literarischen Öffentlichkeit als in der akademischen Welt fundiert. Als Kritiker und Essayist und nicht so sehr als Universitätsprofessor nahm er auch leidenschaftlich Anteil an den intellektuellen und politischen Auseinandersetzungen der späten zwanziger und frühen dreißiger Jahre mit ihrer fortschreitenden Polarisierung zwischen Links und Rechts. Das Jahr 1932 war das entscheidende Jahr in dieser Entwicklung und diesem Niedergang: am 30. Januar 1933 kam Hitler an die Macht.

Ernst Robert Curtius rechnete sich keiner politischen Partei zu. Aber er war ein politischer Geist in dem Sinne, daß er in der Politik den allgemeinen Rahmen für alle intellektuellen, kulturellen und wissenschaftlichen

Tätigkeiten in der Gesellschaft sah. So hielt er es auch für seine Pflicht, in diesem entscheidenden Jahr 1932 eine politische Streitschrift zu veröffentlichen, die den Titel trug: «Deutscher Geist in Gefahr».[2] Dieses Pamphlet erregte in der Öffentlichkeit erhebliches Aufsehen, wie man an den drei Auflagen des Erscheinungsjahres ablesen kann. Mit dem Jahre 1933 verschwand es aus den Buchläden, denn der Autor hatte kein Hehl aus seiner Abneigung gegen die nationalsozialistische Bewegung gemacht. Mindestens die gleiche Abneigung ließ er jedoch gegenüber den Linksparteien erkennen. Alle diese «Bewegungen», die auf die Massen anstatt auf geistige Eliten setzten, waren nach Curtius' Überzeugung für die Gefährdung des deutschen Geistes verantwortlich.

Wenn wir diese Schrift heute nachlesen, müssen wir zugeben, daß sie keine sehr bedeutende Streitschrift war, weder an dem heutigen noch nach dem zeitgenössischen Niveau der politischen Reflexion gemessen. Trotzdem darf sie auch heute noch ein nicht gewöhnliches Interesse beanspruchen, weil ihr Autor aus seiner Analyse der geistigen Situation um 1932 für sich selber Schlüsse gezogen hat, die nicht ohne Folgen geblieben sind.

Die Schrift «Deutscher Geist in Gefahr» besteht im wesentlichen aus Polemik. Zwei Richtungen dieser Polemik sind besonders bemerkenswert. Die erste geht gegen die Zeitschrift «Die Tat» und ihren Herausgeberkreis, den damals sogenannten «Tatkreis». Die Intellektuellen des Tatkreises können als National-Konservative angesehen werden; ihr Stichwort lautete «konservative Revolution». Obwohl Curtius bei Gelegenheit einige Sympathie für den Konservatismus des Tatkreises erkennen läßt, distanziert er sich doch scharf von der nationalen und nationalistischen Komponente dieses konservativen Denkens. Wer in nationalen Kategorien denkt, paktiert mit dem Irrationalen: das war die Überzeugung, die Ernst Robert Curtius mit dem Franzosen Julien Benda teilte, der kurz zuvor sein vielbeachtetes Buch «Der Verrat der Intellektuellen» veröffentlicht hatte.[3] Verräter an der Vernunft sind für Benda und Curtius alle diejenigen Intellektuellen, die ihren Verstand für die irrationalen Werte irgendeines eigenbrötlerischen Volkstums in den Dienst nehmen lassen.

Die zweite Richtung der Polemik der Streitschrift geht gegen die Soziologie oder genauer gesagt gegen das, was Curtius mit Max Scheler den «Soziologismus» nennt.

Unter Soziologismus versteht Curtius die Neigung einiger Soziologen, ihre Wissenschaft zum Rang einer Über-Wissenschaft zu erheben. Diese Gefahr sieht er insbesondere bei dem Soziologen Karl Mannheim, der im Jahre 1927 sein vielbeachtetes Buch «Ideologie und Utopie» veröffentlicht hatte.[4] Wir müssen uns kurz mit diesem Buch beschäftigen. In ihm entwickelt Karl Mannheim nämlich auf der Grundlage von Max Webers Kultursoziologie die Grundgedanken einer allgemeinen Soziologie des Wissens, in der die Intellektuellen eine besondere Rolle spielen. Im Unterschied zu den anderen Gruppierungen nämlich, die man in der Gesellschaft antreffen kann, bilden die Intellektuellen Mannheim zufolge keine Klasse, da sie an keine feste ökonomische Basis gebunden sind und folglich auch keine spezifischen Gruppeninteressen verfolgen. Sie sind, so lautet Mannheims faszinierende Formel, die «freischwebenden Intellektuellen». Diese Formel, die Lenins verächtliches Wort von den «schwankenden Intellektuellen» abwandelt, erregte damals verständlicherweise größtes Aufsehen, insbesondere bei den Intellektuellen selber. Diese konnten nun des weiteren bei Karl Mannheim lesen, daß sie als freischwebende Intellektuelle eine besondere Fähigkeit entwickelt haben, um in dieser ungemütlichen Position zu überleben: nämlich die Fähigkeit, ihre Widersacher zu «entlarven». Mit dieser Kunst muß es ihnen leicht fallen, bei Bedarf nachzuweisen, daß jede beliebige Position, die in der Öffentlichkeit mit dogmatischem Anspruch eingenommen wird, entweder eine Ideologie oder eine Utopie maskiert.

Kein Zweifel, daß Karl Mannheim mit dieser Theorie von der Entlarvungskunst der Intellektuellen Marxens Ideologiekritik übernommen und aufgefangen hat. Er steht aber auch Sigmund Freud nahe. Denn was ist Freuds Psychoanalyse anderes als die Kunst, das Ich und Über-Ich eines Individuums dadurch zu entlarven, daß man ihm kunstvoll die Maske des Vergessens abnimmt und im Licht des Bewußtseins freilegt, was ins Unbewußte abgedrängt war. Freud ist in diesem Mannheimschen Sinn ein typischer Intellektueller, der auf dem besonderen Feld der Psychoanalyse und mit besonderem methodischen Geschick die gleiche Kunst angewandt hat, die auch sonst von jedem einigermaßen geschickten Intellektuellen befolgt wird, wenn er als der ewige David mit irgendeinem gesellschaftlichen Goliath fertig werden muß. Nicht einmal vor ihrer eigenen gesellschaftlichen Position hören die Intellektuellen übrigens mit dem Entlarven auf, und so entlarven sie sich schließlich selber eben als «freischwebend». Damit, so hofft Mannheim, kommt dieses Entlarvungsspiel an sein natürliches Ende.

Es steht außer Zweifel, daß Ernst Robert Curtius trotz seiner heftigen Polemik gegen Mannheims «Soziologismus» von dessen Analyse der freischwebenden Intellektuellen sehr beeindruckt war. Sie muß ihn gleichzeitig tief bedrückt haben; denn er hält nun diesem faszinierenden Bild von den freischwebenden Intellektuellen, wahrscheinlich übrigens mit Hilfe einer weiteren Schrift von Karl Mannheim, «Über das konservative Denken», das Gegenbild eines nicht-schwebenden, vielmehr tief «verwurzelten» Intellektuellen entgegen, der sich nicht mehr in die Dienste irgendwelcher politischer oder ökonomischer Interessen stellen läßt, sondern nur noch dem Geist verpflichtet ist.[5]

«Verwurzelt», dieses Wort stammt aus der Tradition des europäischen Nationalismus. Curtius dürfte es kennengelernt haben, als er sein Buch über Maurice Barrès, den Begründer des französischen Nationalismus, schrieb (1922).[6] Aber er hat diesem Wort einen anderen Sinn gegeben. Anders als Barrès und die deutschen Nationalisten denkt er bei dem Grund und Boden, in den diese Wurzeln zu senken sind, nicht an die Nation. Er hat ein anderes und weiteres Erdreich im Sinn, in dem diese schwankenden oder schwebenden Intellektuellen ihre Verwurzelung finden könnten, nämlich eben die lateinisch-europäische Bildungstradition. So machte er sich seit etwa 1930 ans Werk und studierte diese Tradition in einer Art innerer Emigration während der ganzen Hitlerzeit hindurch. So entstand schließlich sein umfangreiches Werk über die europäische Literatur als eine im lateinischen Mittelalter «verwurzelte» Literatur.

Vielleicht ist Curtius darüber hinaus sogar durch die Theorie des Entlarvens, wie er sie bei Mannheim kennengelernt hat, in gewisser Weise zu seinem Werk inspiriert worden. Einerseits macht er sich nämlich zwar über die Mode des Entlarvens bei den liberalen und sozialistischen Schriftstellern lustig. Andererseits scheint er jedoch höchst aufmerksam einen Gedanken in sich aufgenommen zu haben, den Karl Mannheim in seinem großen Aufsatz über das konservative Denken geäußert hat. Mannheim schreibt dort, es gebe im konservativen Denken so etwas wie ein Gegenstück zu jenem Entlarven. Dieses Gegenstück bestehe darin, daß der konservative Denker den jeweils besonderen Phänomenen, die er auf diesem oder jenem Gebiet antrifft, eine «konservative Ergänzung» hinzufügt, und zwar von rückwärts, das heißt aus der Tiefe der Tradition. Ich bin der Ansicht, daß Curtius' philologische Methode recht gut als eine Ergänzung «von rückwärts» und insofern als konservative Ergänzung angesehen werden kann, da Curtius allen Phänomenen der modernen Literatur grundsätzlich eine solche Ergänzung aus der Tiefe des mittelalterlichen Traditionsraums zukommen läßt. Und manchmal, insbesondere wenn er sich kritisch mit den zahlreichen Irrtümern einer hochgestochenen, modernistischen «Geistesgeschichte» beschäftigt, wird diese konservative Ergänzung bei Curtius selber wieder zu einer richtigen Entlarvungstechnik voll von Ironie und nicht immer frei von Arroganz.

Kein Zweifel also, das Buch «Europäische Literatur und lateinisches Mittelalter» ist ein durch und durch konservatives Buch. Zwar enthält es keine Theorie des Konservatismus. Aber selbst das ist typisch für konservatives Denken. Anders als alle evolutionären oder revolutionären Bewegungen in der modernen Geschichte haben die Konservativen kaum je die Notwendigkeit empfunden, eine Theorie ihrer selbst zu entwickeln. Eben das macht die Konservativen so stark, solange sie herrschen, und so schwach, sobald sie in der Opposition sind. Das Äußerste an konservativer Theorie findet man allenfalls in solchen Aufsätzen wie dem von Karl Mannheim (der selber nicht einmal ein Konservativer war!); aber eben in diesem Aufsatz steht auch die Begründung zu lesen, warum die wirklich Konservativen keine konservative Theorie brauchen: weil sie nämlich in ihrem Denken und Handeln grundsätzlich auf das Konkrete bezogen sind. Sofern die Konservativen überhaupt über sich nachdenken, kommt es zu nichts anderem, als daß sie eben dieses Konkrete noch konkreter betrachten.

In diesem Sinne muß man auch Ernst Robert Curtius lesen. Es hat keinen Zweck, in seinem Buch nach einer expliziten Theorie zu suchen. Da ist keine zu finden, und es kann da auch keine sein, im Maße wie dieses Buch ein wirklich konservatives Buch ist. Man braucht sich nur des konservativen Historikers Alexis de Tocqueville zu erinnern, der einmal geschrieben hat: «Es gibt nichts Unproduktiveres für den menschlichen Geist als eine abstrakte Idee. Ich eile also zu den Tatsachen» (*Je hâte donc de courir vers les faits*).[7] Auch Curtius eilt zu den Tatsachen, und er zitiert in seinem Buch zustimmend das bekannte Wort von Aby Warburg: «Der liebe Gott steckt im Detail» – wohlgemerkt: Gott, nicht der Teufel, wie einige Theoretiker meinen! Die richtige wissenschaftliche Methode besteht daher in der Beobachtung, in der sehr geduldigen Beobachtung aller erkennbaren Phänomene, wie sie hauptsächlich bei der Lektüre zustande kommt. Nur dadurch wird man sensibilisiert für die bedeutenden Formen und Gestalten der Tradition, und man kann sie in sich aufnehmen und sie deponieren in jenem konservativen Organ par excellence: dem Gedächtnis. Dort bleiben sie der konkreten Anschauung verfügbar und bilden insgesamt einen Besitz, den man Kultur nennen kann.

Wenn Konservatismus der Familienname dieser Haltung ist, so ist sein Vorname Humanismus. Aber wir dürfen diesen Humanismus nicht im Sinne eines Gymnasial-Humanismus verstehen. Man braucht nicht zu hoffen, schreibt Curtius 1932, man könne den Humanismus von der Schule her am Leben halten, und auch im Jahre 1948 mißtraut er zutiefst jedem «Bücherstuben-Humanismus». Natürlich kann der Humanismus nicht ohne Bücher leben und ist zu einem guten Teil in Büchern enthalten, so daß die Philologie ein notwendiger Schlüssel zu ihm ist. Aber der Humanismus, wie ihn Curtius im Sinn hat, darf sich nicht darauf beschränken, er muß auch weltfreudig sein. Zwischen Humanismus und Pedanterie besteht ein unüberbrückbarer Gegensatz. Den Humanisten muß man daher an seinem Enthusiasmus für die literarische Überlieferung erkennen können. Man bemerkt an diesen Gedanken deutlich den Einfluß, den Curtius vom Stefan-George-Kreis erfahren hat, dem er in seinen jungen Jahren zugehörte. Später hat er sich allerdings von George und dem sektiererischen Charakter seines Kreises distanziert, sicherlich auch, weil man sich Curtius unmöglich als Jünger irgendeines Meisters vorstellen kann.

Mit oder ohne Stefan George, der Humanismus ist für Curtius jedenfalls eine Art geistiger Orden, der überall seine Klöster hat, außer wo Pedanten leben. In diesen Klöstern kann die Bildung unter einigermaßen erträglichen Bedingungen sogar für eine längere Zeit überleben, selbst wenn die Zeiten sehr dunkel sind, wie es 1932 und wer weiß wann sonst noch der Fall ist. Den besten Beweis dafür liefert eben das Mittelalter, das für die Humanisten der Renaissance das dunkelste aller Zeitalter war. Tatsächlich hat in diesem zu Recht oder zu Unrecht dunkel genannten Zeitalter die antike Bildung recht gut überlebt und sich sogar weiterentwickelt. Das eindrucksvollste Beispiel dafür sieht Curtius in dem Bildungskloster *Viva-*

rium, das der Philosoph Cassiodor im 5. Jahrhundert gründete. In diesem weltlichen Kloster wurden die antiken Autoren bewahrt, abgeschrieben, auswendig gelernt und so am Leben gehalten. Curtius scheint seit Beginn seiner Mittelalter-Studien von der Idee dieser Gründung fasziniert gewesen zu sein, und es ist sicher zulässig, in seinem Buch «Europäische Literatur und lateinisches Mittelalter» die Ordensregel für ein modernes *Vivarium* zu sehen.

In diesem bildungsklösterlichen Refugium ist die Rhetorik so etwas wie der Initiationsritus für den Novizen. Und für jeden, der etwas Ahnung von klösterlichem Leben hat, ist es ohne weiteres einsichtig, daß ein solches Noviziat nicht dem reinen Vergnügen dienen kann. Jedes Noviziat muß eine gewisse Strenge haben, damit der Novize durch diese Phase der Initiation für sein ganzes zukünftiges Leben geprägt bleibt. Es ist sehr bezeichnend, daß Curtius einmal zwischen den Wörtern Initiation und Initiative eine Bedeutungsverwandtschaft herstellt: nur eine Phase der Initiation wird den Novizen der Bildung später zu eigener kultureller Initiative befähigen. Curtius hofft auf diese Weise, das humanistische und konservative Denken aus der Defensive zu befreien und ihm eine kraftvolle, dynamische und offensive Wendung zu geben: «Das Moment der Initiative muß in dem konservativen Prinzip enthalten sein». Aus dem gleichen Grund hat er auch zeitlebens darauf verzichtet, für den Humanismus die Werbetrommel zu rühren und ihn links und rechts als eine für die Gegenwart angenehme und für die Zukunft nützliche Beschäftigung anzupreisen. So weckt man keine Begeisterung, meinte er, und darin hatte er zweifellos recht.

Nun wollen wir aber bei unseren Überlegungen nicht vergessen, daß «Europäische Literatur und lateinisches Mittelalter» ein wissenschaftliches Buch ist. Viele Kritiker haben es als eine der großen wissenschaftlichen Leistungen dieses Jahrhunderts begrüßt, und so scheint es auch der weltweite Erfolg dieses Buches zu bestätigen. Indes, so richtig das auch ist, Wissenschaftlichkeit ist nicht der erste Grund und nicht das erste Ziel dieses Buches. Wir wollen das kurz auf dem Gebiet untersuchen, durch das Curtius besonders bekannt und berühmt geworden ist: auf dem Gebiet der Toposforschung.[8] Was bedeutet diese Toposforschung, wie sie von Curtius seit 1938 praktiziert worden ist? Die Topik ist für ihn ein Teil der Rhetorik. Sie handelt von der Kunst, wie man Argumente findet, ist also eine Findekunst *(inventio)*. In der antiken Rhetorik – und man darf nicht vergessen, daß die antike Rhetorik als Kunst der mündlichen Rede aufs engste mit der Gedächtniskunst verknüpft war – lernte man eine gewisse Anzahl von «Plätzen» oder «Örtern» (griechisch *topoi*, lateinisch *loci*) kennen, an denen man Argumente finden konnte, und zwar am besten für mehrere und gegebenenfalls sogar für alle Zwecke, die man bei einer Rede verfolgen kann. Solche Plätze oder Örter konnten dann als «Gemeinplätze» angesehen werden. Wer also lernen wollte, wie man in der Öffentlichkeit eine Rede zu halten hatte, mußte nicht wenige dieser Gemeinplätze beherrschen, das heißt auswendig wissen. Er mußte also beispielsweise wissen, daß die Jugend oft ungestüm und das Alter meistens bedächtig ist. Er mußte wissen, daß die Pflicht immer streng und das Glück launisch ist. Die Poesie stammt von den Göttern, die Erinnerung von den Musen. Wenn einer bei seinen Zuhörern oder Lesern Aufmerksamkeit finden will, darf er sie nicht langweilen, zumal nicht am wichtigen Anfang und am noch wichtigeren Ende einer Rede. Alles dies waren für den Redner wichtige und zum Teil unerläßliche Gemeinplätze, ohne deren Beherrschung er auf einen Erfolg seiner Rede nicht hoffen durfte.

Als nun mit dem Untergang der antiken Demokratien auch die Rhetorik ihre Bedeutung als Kunst der öffentlichen Rede verlor, gingen dennoch nicht alle ihre Lehren mit ihr verloren. Mancher Teil der Rhetorik, insbesondere aber die Topik, ging in die Poetik ein und wurde durch das lateinische Mittelalter an die europäische Literatur vererbt. Wer also diese Literatur studieren will, muß auch ihre Topik studieren, und zwar historisch. Das ist der Sinn der von Curtius praktizierten und dringlich empfohlenen Toposforschung.

Nun hat allerdings die neuere Kritik nachgewiesen, daß Curtius mit seiner historischen Topologie die antike Lehre von den *loci communes* nicht exakt wiedergegeben hat. In der antiken Argumentationslehre wurde sehr viel genauer, als Curtius das tut, zwischen den Örtern, an denen Argumente zu finden sind, und den Argumenten selber unterschieden, mit denen man in einer Rede argumentiert. Aber das ist im Grunde ein weniger wichtiger Gesichtspunkt als die andere Tatsache, daß Curtius mit seiner historischen Topologie eine philologische Forschungsrichtung ins Brot gesetzt hat, in der sich der Geist nicht immer von seiner begnadetsten Seite gezeigt hat. Nicht wenige Toposforscher haben sich manchmal schon damit zufrieden gegeben, mit ungeheurem Fleiß die zueinander passenden «Topoi» von der Antike durch das Mittelalter hindurch bis in die neuere Literatur hinein sorgfältig zu sammeln und sie in einer langen Kette, Kontinuität genannt, aufzureihen. Sie taten also genau das, was viele gelehrte Pedanten schon im 16. und 17. Jahrhundert in ihren «Gemeinplatzbüchlein» gemacht hatten, bevor die Kritik aufgeklärter Geister im 18. Jahrhundert mit diesem Unsinn aufräumte. Es ist nicht frei von Ironie, daß ausgerechnet Ernst Robert Curtius, der sein humanistisches Werk begann, um den deutschen Geist zu bewahren, auch solche wenig geistvollen Spielarten der Toposforschung hervorgebracht oder wenigstens legitimiert hat.

Aber wir dürfen bei alldem nicht vergessen, daß Curtius mit seinem Buch etwas beweisen wollte. Er wollte tatsächlich Kontinuität beweisen, und die skizzierte Toposforschung schien ihm das richtige Instrument zusein, um den Nachweis zu führen, daß es von der Antike durch das angeblich dunkle Mittelalter hindurch bis in die neueren Zeiten hinein eine ununterbrochene Kontinuität literarischer Formen und Inhalte gibt. Man muß sich hier wiederum klarmachen, daß Kontinuität ein Grundwert des konservativen Denkens ist. Und wenn man Kontinuität beweisen will, dann kann man sie als Konservativer nur so beweisen, wie konservative Denker überhaupt Beweise führen: das heißt nicht durch theoretische Argumentation, sondern durch konkrete Anschauung. Das eben hat Curtius in seiner historischen Topik getan: er stellt Kontinuität in der konkreten Anschaulichkeit ihrer Formen und Inhalte vor und gibt damit eine *demonstratio ad oculus* dessen, was literarische Tradition ist.

Aus diesem Grunde mußte er auch aus dem Insgesamt der Tradition jene Phasen besonders hervorheben, in denen die Kontinuität auf den ersten Blick am wenigsten deutlich sichtbar ist. Daher die große Bedeutung, die Curtius in seinem Buch jenen Jahrhunderten des Mittelalters zumißt, die sonst in der Literaturgeschichte am schnellsten übergangen werden. Je weniger wichtig nach den normalen Maßstäben der Literaturgeschichte ein Topos ist, um so höheren Demonstrationswert hat er zum Nachweis der Kontinuität. Hier hat Curtius, der als Literaturkritiker auf das feinste zwischen guten und weniger guten literarischen Texten zu unterscheiden wußte, sich selber die strengste Disziplin und Enthaltsamkeit von Kritik auferlegt. Wir können also nicht jenen recht geben, die sich darüber gewundert haben, daß ein Kritiker von diesem ästhetischen Urteilsvermögen bisweilen so unterschiedslos die interessantesten und die langweiligsten Topoi nebeneinander gelten läßt und auf diese Weise alle Qualitätsunterschiede einebnet. Wir sollten statt dessen, da wir Curtius ja in vielen anderen Büchern als einen Kritiker von hoher Sensibilität kennenlernen können, die Konsequenz bewundern, mit der Curtius sich selber kasteit, um seinem Kontinuitätsbeweis nichts von seiner Strenge zu nehmen.

Ist das nun Geschichte? Curtius selber sagt ja. Er schreibt in seinem Mittelalter-Buch:

> Wie die europäische Literatur nur als Ganzheit gesehen werden kann, so kann ihre Erforschung nur historisch verfahren. Nicht in der Form der Literaturgeschichte! Eine erzählende und aufzählende Geschichte gibt immer nur katalogartiges Tatsachenwissen. Sie läßt den Stoff in seiner zufälligen Gestalt bestehen. Geschichtliche Betrachtung aber hat ihn aufzuschließen und zu durchdringen. Sie hat analytische Methoden auszubilden, das heißt solche, die den Stoff «auflösen» (wie die Chemie mit ihren Reagentien) und seine Strukturen sichtbar machen.

Schon in seiner Schrift «Deutscher Geist in Gefahr» hatte er sich vom akademischen Historismus distanziert, und auch später noch pflegte er den historischen Entwicklungsbegriff eine «blutleere moderne Abstraktion» zu nennen. Seinen eigenen Begriff von Geschichte drückte er oft mit solchen Ausdrücken aus wie Phänomenologie, Morphologie oder Biologie der Literatur. Sein Vorbild in der Geschichtsschreibung war Toynbee, der in welthistorischen Zusammenhängen und in Kulturkreisen dachte. Von ihm nahm er auch die Vorstellung Europas (das im Altertum auch den Vorderen Orient und in der Neuzeit Amerika einschließt) als eines unabhängigen kulturellen Organismus mit eigenen Gesetzen und Entwicklungsrhythmen.

Natürlich ist diese Art Geschichtsauffassung weit von jeder erzählenden Geschichtsschreibung entfernt. Curtius hatte kaum Sinn für Geschichte als Abfolge und Verkettung von Handlungen und Ereignissen. Ebensowenig war Geschichte für ihn ein Schauplatz individueller Taten und Leistungen. Man merkt ihm bisweilen sogar, das ist zuzugeben, eine gewisse Tendenz an, mit der Geschichte ein für allemal fertig zu werden.

Nicht ohne Wohlwollen zitiert er einmal ein Wort des Soziologen Ernst Troeltsch, der davon spricht, man müsse «Geschichte durch Geschichte überwinden und die Plattform neuen Schaffens ebnen». Ich meine, das muß nicht unbedingt das Urteil Arno Schirokauers bestätigen, der in einer Rezension schreibt, man erhalte bei Curtius manchmal den Eindruck einer geradezu geschichtsfeindlichen Geschichtsbetrachtung; aber es widerlegt diesen Eindruck auch nicht. Möglicherweise ist die Wahrheit über Curtius' Geschichtsbild noch einmal bei einer Beobachtung von Karl Mannheim zu finden, derzufolge konservative Gruppen, Adelige ebenso wie Bauern, sich durch einen eher räumlichen als zeitlichen Geschichtssinn auszeichnen, da das historische Substrat dieser Gruppen der Grund und Boden ist. Auch Ernst Robert Curtius stammt mütterlicherseits aus einer Adelsfamilie.

Wir wollen nun sehen, wie ein Mann mit diesem historischen Bewußtsein und Temperament eine Epoche wie das Mittelalter verstanden hat. Hat sich Curtius seinen wissenschaftlichen Ruhm nicht vor allem als Erforscher des Mittelalters erworben? Das ist sicher richtig, und Curtius ist zweifellos einer der bedeutendsten Mediävisten des 20. Jahrhunderts. Aber andererseits muß man auch sehen, daß er sich dem Mittelalter nie aus bloßer Neugierde zugewandt hat. Das wissenschaftliche Interesse, das ihn zum Mittelalter hinzog, war eher von der sentimentalischen Art, und er wandte sich dieser Epoche nicht so sehr mit der Absicht zu, faszinierende Fremdheitserfahrungen zu machen, sondern in der entschlossenen Absicht, an der umgreifenden Latinität dieser Epoche historische Kontinuität zu demonstrieren. So kommt es, daß Curtius am Mittelalter zwar vieles entdeckt hat, was bis dahin wenig bekannt oder kaum beachtet war, daß ihm aber auf der anderen Seite auch viele interessante Aspekte dieses Mittelalters entgehen, weil er nicht darauf achtet. Nur am Rande wird in seinem Buch die abenteuerliche Welt des Rittertums erwähnt, wenig ist die Rede vom Minnesang und Frauendienst, und es entgeht ihm völlig die mündliche Literaturtradition, die im Mittelalter sicherlich insgesamt eine viel größere Bedeutung hatte als die gelehrte Tradition der geschriebenen Literatur. Paul Zumthor, der einen «*Essai de poétique médiévale*» (1972) schrieb, hat das Mittelalter gerade nach solchen Merkmalen beschrieben, die uns dieses Zeitalter so fremd machen. Auch Hans Robert Jauß hat in seinen Studien über das Mittelalter gleichermaßen die «Alterität und Modernität der mittelalterlichen Literatur» betont. Bei Curtius hingegen war wenig Platz für diese Andersheit, und so können wir sein Buch kaum als Übungsbuch für heilsame Verfremdungserfahrungen empfehlen.

Aber bedeutet das alles, daß Curtius überhaupt kein Historiker war? Das ist nicht meine Meinung. Er war nur Historiker auf andere und nicht weniger berechtigte Art. Für ihn war Geschichte etwas, das er verinnerlicht hatte. In diesem Sinne können wir das ganze Buch «Europäische Literatur und lateinisches Mittelalter» als ein durch und durch historisches Werk ansehen, da es in seiner ganzen Anlage aus einer bestimmten historischen Situation heraus entstanden ist. Es ist in diesem Zusammenhang sehr bezeichnend, wie Curtius im Rahmen seiner eingehenden Dante-Studien den geistigen Ursprung der «Göttlichen Komödie» erklärt. Er schreibt: «Dantes Gedicht webt ganz in der Transparenz. Aber sie ist an jedem Punkte durchdrungen vom Atem der Geschichte, von der Leidenschaft der Gegenwart». An einer anderen Stelle erklärt er noch genauer, wie er diese besondere historische Konstellation verstanden wissen will: «Der Zusammenstoß zwischen der von Dante philosophisch umgeformten Kaiseridee … und dem neuen, kapitalistischen, durchrationalisierten Stadtstaat von Florenz ist der Quellpunkt von Dantes politischer Leidenschaft. Diesem Konflikt entstammt sein Bewußtsein einer welthistorischen Mission».

Curtius' großes Buch ist in seinem historischen Charakter der «Göttlichen Komödie» analog zu setzen, vorausgesetzt natürlich, wir ersetzen in dieser Analogie Dantes Poesie durch Curtius' Wissenschaftlichkeit. In einem Wort gesagt, sein Mittelalter ist eine historische Vision. Man kann diese Vision einseitig nennen, insofern dieses Zeitalter nur lateinisch ist, was es einerseits gewiß ist; aber andererseits haben natürlich alle diejenigen recht, die Curtius entgegenhalten, daß dieses Mittelalter auch noch etwas anderes ist als lateinisch. Die Mittelalterforschung muß daher auch nach Curtius und manchmal gegen ihn weitergehen; doch bin ich der Ansicht, daß sie nicht mehr an Curtius und seinem lateinischen Mittelalter vorbeigehen kann.

Schließlich wollen wir auch noch einen Blick auf Curtius' Klassikbegriff werfen. Wieder gewinnen wir den Eindruck, daß er sehr souverän mit der Geschichte umgeht. Der Klassikbegriff, wie er ihn in der Wissenschaft vorfindet, treibt ihn vor allem zu temperamentvollen Äußerungen der Sympathie oder Antipathie. Wenn Klassik nur «die dünne Höhenluft der klassizistischen Ästhetik» bedeuten soll, dann hat Curtius mit diesem Kanon nichts im Sinn. Er ist nicht bereit, zuzulassen, daß einige Epochen der Geschichte, ob in der Antike oder in der Neuzeit, sich ein für allemal das Recht anmaßen, die Maßstäbe für gute Literatur zu setzen. Hier lobt er wiederum das Mittelalter, das alle Autoren gleichmäßig als Autoritäten behandelt hat.

Andererseits aber gibt Curtius bei jeder Gelegenheit zu erkennen, wie gering er die Romantik und ihre Gefühls- und Gemütsseligkeiten achtet. Sogar den Begriff Romantik will er vermeiden und führt statt dessen für alles das, was in der Literatur nicht klassisch ist, den Ausdruck Manierismus ein. Von diesem universal-manieristischen Stil schreibt er:

> Der Manierist will die Dinge nicht normal, sondern anormal sagen. Er bevorzugt das Künstliche und Verkünstelte vor dem Natürlichen. Er will überraschen, in Erstaunen setzen, blenden. Während es nur eine Weise gibt, die Dinge natürlich zu sagen, gibt es tausend Weisen der Unnatur. Darum ist es aussichtslos und nutzlos, den Manierismus in ein System zu bringen, wie man es immer wieder getan hat.

Mit solchen Gedanken kann man natürlich nur schwer ein historisches Buch schreiben, und die skizzierte Opposition zwischen Klassik oder Klassizismus einerseits und Manierismus andererseits ist vielleicht der schwächste Aspekt des ganzen Buches, aber an manchen Stellen drückt sich Curtius auch ganz anders aus. Trotz der genannten, ziemlich unraffinierten Beschreibung manieristischen Verhaltens gibt Curtius in seinem Kapitel über den Manierismus dennoch viele interessante, ja brillante Interpretationen, insbesondere zu solchen barocken Autoren wie Lope de Vega, Calderón und Góngora, die er sämtlich wegen ihres überschäumenden Temperaments und ihrer kühnen Originalität bewundert. Und auf der anderen Seite wird er trotz allem, was er gegen die schulmäßige Klassik gesagt hat, nie müde, die ganz großen Autoren der Weltliteratur zu rühmen, vor allem Homer, Sophokles, Vergil, Dante, Shakespeare und, um die Reihe zu schließen, Goethe. Nach diesen großen Autoren, so gibt Curtius bei mancher Gelegenheit zu verstehen, kommt fast nichts mehr, eigentlich nur Neurosen – von einigen glücklichen Ausnahmen abgesehen, wie zum Beispiel Hofmannsthal, Proust, James Joyce, T. S. Eliot, André Gide und einigen anderen. Klassik ist in diesem Sinne einfach synonym mit Größe. Er sagt dafür auch manchmal Idealklassik und unterscheidet sie von jener langweiligen Normalklassik der Schulstuben. Denn im letzten, so ist er überzeugt, kommt es in der Geschichte nur auf Größe an. Schließlich war er selber ein Großer.

Ernst Robert Curtius

Das Deutschlandbild eines großen Romanisten

Hatte Ernst Robert Curtius überhaupt ein Deutschlandbild? Und wenn ja, hat er es in seinen Schriften zu Papier gebracht? Und wo, in welcher Form? Um diese Fragen zu beantworten, empfiehlt es sich zunächst, von derjenigen Methode Gebrauch zu machen, die am meisten mit dem Namen Ernst Robert Curtius verknüpft ist, von der historischen Topik nämlich, und sie auf den Autor Curtius selber anzuwenden.[1] Das ist in diesem Fall verhältnismäßig leicht, da Curtius in seinem Hauptwerk «Europäische Literatur und lateinisches Mittelalter» die Topik der Lobrede auf Städte und Länder ausdrücklich erwähnt. Curtius schreibt dort bezüglich des Städtelobs, und das gilt in ähnlicher Weise für das Länderlob: «Die Vorschriften für Städtelob sind von der spätantiken Theorie genau ausgebildet worden. Man ging von der Lage aus und hatte dann sämtliche anderen Vorzüge der Stadt zu erwähnen, nicht zuletzt ihre Bedeutung für Pflege von Kunst und Wissenschaft.» Ein Loblied auf die Stadt Mailand aus langobardischer Zeit richtet sich dementsprechend nach einem Katalog von Topoi, der mit der Lage in fruchtbarer Ebene beginnt und mit den Leistungen der Bürger im Kampf gegen die Ungläubigen endet.[2] Auf Deutschland übertragen, würde ein solcher Panegyrikus etwa von der Lage Deutschlands zwischen Maas und Memel, Etsch und Belt ausgehen, um dann den Katalog lobenswerter Vorzüge dieses Landes poetisch abzuarbeiten und auf diese Weise deutsche Frauen, deutsche Treue, deutschen Wein und deutschen Sang gebührend zur Geltung zu bringen. Außer bei Hoffmann von Fallersleben, findet man die Topik des Deutschlandlobes noch bei vielen anderen Autoren der deutschen Literaturgeschichte, von Walther von der Vogelweides Lobgedicht *Ir sult sprechen willekomen* bis zu Weinhebers Hymnus auf die deutsche Sprache. Viele bekannte deutsche Gegenstände findet man in dieser Toposkette: das Straßburger Münster und den Kölner Dom, den Bamberger Reiter und die Uta von Naumburg, Bachs Matthäus-Passion und Beethovens Neunte, Luthers «Hier stehe ich» und Kants Kritiken, Krupps Dicke Berta und Bayers Aspirin und sogar, wenn Wilhelm II. hier als Autorität gelten kann, den Hauptmann von Köpenick, denn «den macht uns keiner nach».

Es könnte aber auch sein, daß einem, wenn man an Deutschland denkt, bei Tage oder in der Nacht, gar nicht nach Lob zumute ist. Dann tritt, was in der historischen Topik von Curtius nicht ausdrücklich berücksichtigt ist, aber aus ihr ohne weiteres extrapoliert werden könnte, an die Stelle des Lobes der Tadel oder die Schmähung, modern gesprochen: die Kritik. Auch für die Deutschlandkritik gibt es natürlich eine historische Topik, die allerdings eher mit modernen Beispielen zu belegen ist. In unserem Zeitalter hat die Deutschlandkritik aus Gründen, die im Rahmen der historischen Topik nicht weiter zu erörtern sind, das Deutschlandlob so gut wie vollständig verdrängt. Zur Topik der Deutschlandkritik gehören beispielsweise verschlafene Dörfer und undurchdringliche Wälder, kleinbürgerliche Philister und preußische Leutnants, pedantische Schulmeister und dralle Weiber, Bierdunst und Tabaksqualm, Kasernen und Gefängnisse und, neuerdings, auch Trivialität und Langeweile: «Deutschland, Deutschland unter anderm» (so Hans Magnus Enzensberger).[3]

Wo findet man nun in dieser Kontinuität und gelegentlichen Diskontinuität der Topoi des Deutschlandlobes und der Deutschlandkritik das Deutschlandbild von Ernst Robert Curtius? Es ist weder auf der einen noch auf der anderen Seite zu finden. Es ist sogar, wenn man es unter topologischen Gesichtspunkten sucht, fast gar nicht zu finden. Die Topoi zum Lobe Deutschlands wie auch die gegenbildlichen Topoi der Deutschlandkritik fehlen in seinem wissenschaftlichen und schriftstellerischen Werk fast ganz. Wenn Curtius ein Deutschlandbild hatte, so ist es jedenfalls in dem genannten Sinne untopisch, anders ausgedrückt, es hat keine nennenswerte semantische Extension. Wollte man es topisch beschreiben, müßte man an die spärliche Topik erinnern, die nach Curtius selber für den «Lustort», den *locus amoenus*, charakteristisch ist. Von ihm schreibt Curtius im Kapitel zur Topik der Ideallandschaft in der europäischen Literatur: «Sein Minimum an Ausstattung besteht aus einem Baum (oder mehreren Bäumen), einer Wiese und einem Quell oder Bach. Hinzutreten können Vogelsang und Blumen. Die reichste Ausführung fügt noch Windhauch hinzu.» Nach diesem Muster könnte man das Deutschlandbild von Ernst Robert Curtius in seiner topischen Minimalausstattung beschreiben als einen etwas ausgedehnteren *locus amoenus*, lieblich gelegen zwischen Straßburg, Heidelberg und Bonn, benetzt von den kulturellen Wassern des Rheins und des Neckars, mit einem Baum (oder mehreren Bäumen) der deutschen Universität. Hinzutreten können Essayistik und Kritik. Die reichste Ausstattung fügt noch Philosophie hinzu. Nach Norden und Osten hin, schon bei Marburg beginnend, begrenzen und beschützen dichte, fast undurchdringliche Wälder diesen Lustort und den in ihm lagernden Mann mit seinem Buch. In späteren Jahren, insbesondere seit 1932, wird dieser Lustort dann zunehmend befestigt und mit Wällen und Mauern umgeben. So wird aus ihm, ohne nennenswerte Einbußen für seine Amönität übrigens, ein Castellum, eine Trutzburg, ein Bunker.

Nun würde ich diesen Essay nicht schreiben, wenn ich hier nur dieses zu sagen hätte. Es wäre dann nämlich an Ernst Robert Curtius nur als einen der letzten, wie Habermas einmal gesagt hat, «Mandarine» der deutschen Universität zu erinnern, über den die Zeit und die Wissenschaft hinweggegangen sind.[4] Ich bin nicht dieser kritischen Ansicht und darf daran erinnern, daß meine Beschreibung des Curtiusschen Lustorts Deutschland nach einer bestimmten Methode gemacht ist, nach der Methode der Toposforschung nämlich. Diese aber erweist sich für unseren Untersuchungsgegenstand, das Deutschlandbild des Ernst Robert Curtius, als durchaus inadäquat. Curtius hatte, auch wenn es nach seiner eigenen topologischen Methode nicht zureichend beschreibbar ist, ein kraftvolles Deutschlandbild, das zwar nur relativ wenige Topoi umfaßt, dafür aber höchst intensiv und entsprechend suggestiv ist. Es beruht nämlich auf einer intuitiven Gewißheit, die ihre Ruhe und Unbeirrbarkeit zwar durch rücksichtslose Ausgrenzungen erkauft hat, aber mit dieser unbestreitbaren Selbstgenügsamkeit eine große Konzentration des historischen Denkens, freilich auf eine besondere Art, hervorgebracht hat.

Nun ist zunächst zu überlegen, welches überhaupt die historischen Bedingungen sind, unter denen ein großer Romanist, wie Ernst Robert Curtius zweifellos einer war, dazu gebracht werden konnte, seine Gedanken auf Deutschland zu richten. Das ist keineswegs selbstverständlich. Denn es gehört nicht – und gehörte nie – zum genuinen Horizont der deutschen Romanistik, ein Deutschlandbild zu haben. Es galt – und gilt – nicht einmal als die unbestrittene Aufgabe dieser Wissenschaft, ein Frankreichbild zu entwerfen, so wie man ja auch kaum von der Romanistik sagen kann, sie hätte je intensiv versucht, spezifische Vorstellungen von Italien, Spanien, Portugal oder Rumänien zu gewinnen. Wohl aber hat sich die Romanische Philologie, wie ich jetzt genauer sagen will, von ihren romantischen Anfängen her das Ziel gesetzt, am Gegenstand der verschiedenen romanischen Sprachen und Literaturen eine möglichst anschauliche Vorstellung von der Romanischen Welt, der «Romania», zu gewinnen, wie sie sich im Kontakt mit den jungen, insbesondere den germanischen Völkern Europas aus der lateinischen Welt des Altertums herausgelöst hat. Das ist in der Spätantike und im Mittelalter geschehen, als sich Lateinisch-Romanisches, Christlich-Germanisches und allerhand Sonstiges in vielerlei Gestalt durchdrang und vermischte. «Welch neue nordsüdliche Welt!» hatte schon Herder ausgerufen und: «Welch ein Eräugnis!».[5] Kein Wunder, daß diese weltgeschichtliche Begegnung von Nord und Süd die Forschungsanstrengungen der romanistischen Gründungsväter und vieler ihrer Nachfolger bis weit ins 20. Jahrhundert hinein konditionierte und die Vorstellungskraft dieser Forscher mit dem mehr oder weniger harmonischen Bild einer sich über viele Jahrhunderte hinweg kontinuierlich entfaltenden christlich-germanisch-romanischen Kulturlandschaft erfüllt hat.

Ein Deutschlandbild zu haben, war eine ganz andere Sache, und zwar von alters her. Es war eine Sache der Moralisten (wie Tacitus), der Reisenden (wie Petrarca), der Spötter (wie Voltaire), der Bewunderer (wie Frau von Staël), der Zeitkritiker (wie Ludwig Börne), oder der Dichter (wie Heinrich Heine, der natürlich außerdem auch noch Zeitkritiker, Bewunderer, Spötter, Reisender und Moralist war). In der Abfolge dieser Deutschlandbilder markiert Frau von Staëls Buch *De l'Allemagne* (1813) eine Epochenschwelle.[6] Durch dieses Buch wurde das Bild von Deutschland, wie es sich ihr am Anfang des 19. Jahrhunderts darstellte, zu einer europäischen und im besonderen Maße deutsch-französischen Angelegenheit. Denn so wie Frau von Staël Deutschland beschrieb, war es in fast jeder Hinsicht ein Kontrastbild zu Frankreich. Sie schrieb: «Von den Franzosen und Deutschen könnte man sagen, daß sie sich an den Extremen der Geisteskette befinden» (*On pourrait dire avec raison que les Français et les Allemands sont aux deux extrémités de la chaîne morale*). Daraus konnte gefolgert werden und ist im 19. und beginnenden 20. Jahrhundert vielfach gefolgert worden, daß die beiden Nationen Deutschland und Frankreich in ausgezeichneter Weise aufeinander bezogen und angewiesen sind, und zwar entweder freundschaftlich im Sinne einer historischen Komplementarität ihrer Anlagen oder aber feindselig im Sinne einer unüberbrückbaren Andersheit.

Manche «Dichter und Denker» des 19. Jahrhunderts sind in ihren Folgerungen noch einen Schritt weitergegangen. So hat beispielsweise Hegel in seinen postum publizierten Vorlesungen über die Geschichte der Philosophie die Auffassung vertreten, daß die Deutschen und die Franzosen deshalb eine so ausgezeichnete Rolle in der Weltgeschichte spielen, weil nur sie die Geschichte vorangebracht und ihrem eigentlichen Ziel entgegengetrieben haben, in Frankreich durch revolutionäres Handeln, in Deutschland durch revolutionäres Denken. Hegel schreibt: «An dieser großen Epoche in der Weltgeschichte (…) haben nur diese zwei Völker teilgenommen, das deutsche und das französische Volk, sosehr sie entgegengesetzt sind, oder gerade weil sie entgegengesetzt sind.»[7] Ludwig Börne, Heinrich Heine, Arnold Ruge und der junge Karl Marx haben diese hegelianische Auffassung geteilt und nach der ersten großen Revolution, die Frankreich für die Menschheit vollbracht hat, die zweite und definitive, das Befreiungswerk vollendende Menschheits- und Weltrevolution von Deutschland und nur von Deutschland erwartet. Seitdem gibt es nicht nur ein Deutschlandbild der Franzosen und ein Frankreichbild der Deutschen, sondern es gibt das Deutschlandbild der Franzosen und Deutschen und das Frankreichbild der Deutschen und Franzosen, die so miteinander verbunden sind, daß ihr Verhältnis zueinander geschichtsphilosophische Relevanz hat.

Nun weiß man, daß Frau von Staël in ihrem Buch Deutschland mit fast allen guten Eigenschaften ausgestattet hat, die einer romantischen und metaphysischen Nation nur zugeschrieben werden können. Dieses überaus freundliche Deutschlandbild hat das Bewußtsein der Franzosen im 19. Jahrhundert für alle Geistesanregungen von jenseits des Rheins weit geöffnet. Um die gleiche Zeit aber baute sich gegenbildlich aus den nationalen Emotionen der Freiheitskriege in diesem durch die französische Beachtung in seinem Selbstwertgefühl gestärkten und zunehmend deutschtümelnden Deutschland ein negatives Frankreichbild auf. Es wurde von den zunächst noch unverdrossen deutschlandbegeisterten Franzosen nur zögernd zur Kenntnis genommen und schließlich im Sinne einer Zwei-Deutschland-These verarbeitet. Es gab nun für die Franzosen das poetisch-metaphysische Deutschland mit Goethe, Schiller, Kant und Hegel und das preußisch-militaristische Deutschland mit solchen Leuten wie «Menzel, dem Franzosenfresser». Es gab Weimar und Berlin. Der Historiker und Herder-Übersetzer Edgar Quinet hat dieses gespaltene Deutschlandbild vor allem in der 1829 gegründeten, zeitweilig sehr einflußreichen Zeitschrift *La Revue des deux mondes* verbreitet und es mit der Unterstützung Börnes und Heines in Frankreich populär gemacht.

Im deutsch-französischen Krieg von 1870–71 kollabierte endgültig das positive Deutschlandbild der Frau von Staël, und von der generösen Bewunderung für das geheimnisvolle Land der Dichter und Denker verblieb nur noch der Respekt vor deutscher Disziplin, einschließlich deutscher Geistesdisziplin (Kant), verbunden mit einer tiefsitzenden biologischen Furcht vor der jugendlichen Gesundheit und übermächtigen Wachstumskraft des germanischen Nachbarn. Mit ihm verglichen, fühlte man sich in Frankreich ältlich, kränklich und dekadent. Wiederum gegenbildlich dazu entwickelte sich nach dem Sieg über Frankreich und Bismarcks Reichsgründung das gründerzeitliche Frankreichbild Deutschlands, das wir nun bereits mit den Worten von Ernst Robert Curtius kennzeichnen können. Curtius tut in seinen Nachkriegsschriften, die aber noch den Geist der Vorkriegszeit spiegeln, zunächst alle Äußerungen deutschtümelnder Überheblichkeit gegenüber Frankreich als Bierbankurteile ab «und mögen sie auch aus Gelehrtenstuben erdröhnen». Er charakterisiert sodann die etwas anspruchsvolleren bildungsbürgerlichen Meinungen der Deutschen über Frankreich nach den beiden Aspekten Dekadenz und Esprit. Das ist also ein Frankreichbild, in dem sich Herablassung und Bewunderung mischen. Indes, als das Buch «Die literarischen Wegbereiter des neuen Frankreich» im Jahre 1919 erschien, hatte dieses auf raffinierte Weise dekadente Frankreich bereits den Krieg gegen Deutschland gewonnen, und es hatte sich in dem leidenschaftlichen Geisteskampf, der den Kampf der Waffen begleitete, offiziell auf ein Deutschlandbild festgelegt, in dem von den «zwei Deutschland» Edgar Quinets nur noch das kriegerisch-preußische, die Zivilisation bedrohende und «barbarische» Deutschland übriggeblieben war. Mit diesem Deutschlandbild hatten sich nun auch die Deutschen auseinanderzusetzen.

Man muß diese – hier nur sehr grob skizzierten – kulturgeschichtlichen Zusammenhänge zwischen den deutsch-französischen Nationalbildern vor Augen haben, um zu verstehen, daß auch die deutsche Romanistik in den Jahren vor und nach dem Ersten Weltkrieg, bei einigen Scharfmachern auch während des Krieges, den Versuch gemacht hat, ihren traditionellen Aufgabenbereich um eine Kulturkunde und sogenannte «Wesenskunde» der französischen Nation (nicht aber auch der anderen romanischen Nationen!) zu erweitern, was in der damaligen politischen Situation natürlich gleichzeitig ein meistens reziprokes Deutschlandbild implizierte. In diesem Sinne sah sich Curtius zu seiner Zeit in der deutschen Romanistik einem doppelten und widersprüchlichen Erwartungshorizont gegenüber. Nennen wir ihn den romanisch-philologischen und den französisch-kulturkundlichen Horizont. Dem ersten genügte er – und zwar mit philologischer Bravour – durch seine Dissertation über einen altfranzösischen Text und seine Habilitationsschrift über den Literaturkritiker Ferdinand Brunetière. Stellte er sich nun, als er (seit 1914) die «Wegbereiter» schrieb, auf den zweiten Erwartungshorizont ein? Diese Frage muß differenziert beantwortet werden. Man weiß ja, daß dieses Buch, das ihn in der literarischen Öffentlichkeit auf einen Schlag bekannt und berühmt machte, von den wichtigsten romanistischen Fachkollegen so gut wie einhellig abgelehnt wurde.

Daß die Philologen es nicht zu schätzen wußten, war vorauszusehen; die Beschäftigung mit zeitgenössischen Autoren war in ihrem Erwartungshorizont nicht vorgesehen und konnte nur als bedauerliche Verirrung und Themaverfehlung wahrgenommen werden. Aber auch bei der anderen Partei, den Kultur- und Wesenskundlern, stieß sein Buch auf leidenschaftlichen Widerstand, da Curtius auch ihren Erwartungshorizont verfehlte, und zwar mit Bedacht. So hat Victor Klemperer beispielsweise, wie Stefan Gross im einzelnen gezeigt hat, die «Wegbereiter» scharf kritisiert, weil das Bild, das Curtius von diesen französischen Autoren zeichnet, mit seinem Bild von Frankreich, das er damals für unwandelbar hielt, nicht zu vereinbaren war.[8] An dieser Polemik ist zunächst bemerkenswert, daß dieses Buch offenbar als kulturkundliches und nicht als literaturwissenschaftliches Werk gewertet wird, und so ist es auch von Curtius gemeint gewesen. Daran lassen die Vorworte der verschiedenen Auflagen keinen Zweifel. Curtius wollte nämlich, so heißt es im Vorwort zur ersten Auflage vom 22. November 1918 (man beachte das Datum!), «den jungen Deutschen ein Bild von dem neuen geistigen Frankreich» geben. Das ist, wie er mehrfach sagt, ein «anderes Frankreich» als jenes bereits erwähnte Frankreich des Esprit und der Dekadenz, das er bei seinen Lesern voraussetzt und das ihm hinterher von seinen Kritikern noch einmal indirekt bestätigt wird. Gegen diesen einseitigen kulturkundlichen Erwartungshorizont schreibt er an, und er kann sich daher eigentlich nicht sehr gewundert haben, daß die Verwalter dieses stereotypischen Frankreichbildes ihm noch mehr Animosität entgegenbrachten als die Gralshüter der positivistischen Philologie. Er stand ihnen nämlich näher.

Was ist daraus für das Deutschlandbild von Ernst Robert Curtius zu entnehmen? Hier muß ich zunächst nachtragen, daß Curtius aus genauerer Kenntnis der französischen politischen Geschichte, als sie seinen Kritikern zur Verfügung stand, wußte, daß es in Frankreich nicht nur ein gespaltenes Deutschlandbild («zwei Deutschland») gegeben hat, sondern auch ein gespaltenes Bild von der eigenen Nation («*deux France*»). Mit diesem Ausdruck hat der Schweizer Paul Seippel im Jahre 1905, dem Jahr der staatsrechtlichen Trennung von Staat und Kirche in Frankreich, den kritischen Bewußtseinszustand beschrieben, in dem sich dieses Land seit den dramatischen Ereignissen der Dreyfus-Affäre (um 1898) befand.[9] Seitdem stand dem republikanisch-laizistischen (Curtius sagt «roten») als dem politisch herrschenden Frankreichbild ein katholisch-monarchistisches, aus den Wurzeln des alten Frankreich lebendes (Curtius sagt: «schwarzes») Frankreichbild unversöhnlich gegenüber. Oder gab es doch eine Versöhnung? Etwa im Sinne eines zwischen diesen feindlichen Parteien vermittelnden «dritten Frankreich» («*troisième France*»), das dann natürlich, wie Giraud und Faguet gemeint haben, «das wahre Frankreich» (*la vraie France*) sein mußte?[10] Ein solches drittes Frankreich, das neben dem in Deutschland fast allein bekannten modernen Frankreich des Esprit und der Dekadenz auch das alte, das bäuerlich-sinnenfrohe und zugleich naiv-fromme Frankreich der Kathedralenbauer umschließt und das in der Wiedervereinigung beider aufs neue ein kraftvolles, von pulsierendem Leben erfülltes Land geworden ist: das ist nach Curtius' Überzeu-

gung dasjenige Frankreich, das zu Deutschland besser paßt als jedes andere Frankreich.

Denn auch Deutschland ist nach dem Bild, das der Nietzsche-Leser Curtius in der Vorkriegszeit von ihm hat, ein Land, das in besonderer Weise
mit dem Leben paktiert, weil es ein Stück Welt ist, das noch im Werden
begriffen ist. Deutschland ist ja später als Frankreich in die abendländische
Geistesgeschichte eingetreten und hat daher auch am Anfang des 20. Jahrhunderts noch nicht jene feste Form erreicht, die Frankreich sich schon
mit dem 17., seinem klassischen Jahrhundert gegeben hat. In einer späteren, im Vergleich zu seinen früheren Äußerungen verschärften Formulierung aus dem Jahre 1925 schreibt Curtius sogar einmal: «Frankreich ist in
einem festen, Deutschland in einem flüssigen Aggregatzustand». Daher
ist es auch schwierig und fast unmöglich, Deutschland zu definieren: dieses Land «wird» immer noch anders, als es bisher schon geworden ist.
Deutschland ist daher nicht leicht zu verstehen. Oder vielleicht heute doch
leichter als früher? Auf die von Frau von Staël gestellte Frage: «Warum
werden die Franzosen der deutschen Literatur nicht gerecht?» (*Pourquoi
les Français ne rendent-ils pas justice à la littérature allemande?*) gibt
Curtius in den «Wegbereitern» ein Jahrhundert später die allerdings gegenüber der Staël ungerechte Antwort: «An der großen, germanischen
Seelenkunst sind alle früheren Geistesgenerationen Frankreichs verständnislos oder doch mit halbem unsicheren Verständnis, mit einer immer
sehr fern bleibenden Hochachtung vorbeigegangen. Erst die Generation
der Rolland, Gide, Suarès hat für jene Kunst eine Empfindung und ein
Wertgefühl bekommen, das mit unserem deutschen ein gemeinsames
Maß hat.»[11] In Romain Rolland sieht Curtius also einen immer noch Wer-
denden und sich Wandelnden. André Suarès: er ist einer, der «das Leben
glühend fühlt». Und an erster Stelle und mehr als alle anderen Wegbereit-
ter ist André Gide, der Autor der *Nourritures terrestres* und des *Immora-
liste*, einer, von dem man sagen kann: «Ein moderner Intellektueller bricht
zum Leben durch». Ähnliches gilt für Paul Claudel und Charles Péguy, die
beiden katholischen Wegbereiter – trotz ihrer Katholizität. Sie alle reprä-
sentieren, gerade auch wenn sie sich gegen das moderne auf das «alte»
Frankreich berufen, ein neues und in seiner «Erlebnisintensität» (so übersetzt Curtius Gides «*ferveur*») junges Frankreich. Sie sind somit Wegbereiter nicht nur für eine neue Literatur in Frankreich selber, sondern auch

über Grenzen hinweg für eine neue Qualität des Verstehens und der Verständigung zwischen Frankreich und Deutschland. Bergson auf der französischen Seite, Nietzsche auf der deutschen Seite beglaubigen diesen geistigen Elan, der nunmehr beiden Ländern gemeinsam ist, von der Lebensphilosophie her.

So ungefähr dachte also Ernst Robert Curtius, als er im Sommer des Schicksalsjahres 1914 eine Vorlesung über die zeitgenössische französische Literatur hielt. Und so glaubte er auch wohl noch denken zu können, als er 1918 die «Wegbereiter» abschloß und das Buch 1919 publizierte. Erst in den darauf folgenden, den noch ganz und gar nicht goldenen zwanziger Jahren wurde ihm klar, daß nicht nur die optimistische Lebensphilosophie durch den millionenfachen Tod auf dem Schlachtfeld dementiert war, sondern daß durch den Krieg auch das deutsch-französische Verhältnis bis auf den Grund gestört war. Deutschland, im Versailler Vertrag für alleinschuldig am Weltkrieg erklärt, war eine verhaßte Nation geworden, die von einigen ihrer schärfsten Kritiker, und das waren wiederum Franzosen, aus der zivilisierten Völkergemeinschaft ganz ausgeschlossen wurde: Deutschland – ein Barbarenland! Die Situation war, wie Curtius schreibt, «unsagbar verändert». In dieser Situation veröffentlichte er 1921 im «Neuen Merkur» einen Aufsatz unter dem Titel: «Deutsch-französische Kulturprobleme» (den er dann auch als Anhang in die 3. Auflage seiner «Wegbereiter» von 1923 aufnahm). In diesem Aufsatz, den ich zu den eindrucksvollsten Texten aus seiner Feder rechne, kommt Curtius noch einmal – nun aber nostalgisch – auf seinen Wegbereiter-Glauben von einer «Hinwendung Jungdeutschlands zu Jungfrankreich» zu sprechen, verzeichnet aber gleichzeitig mit Bitternis, daß einer dieser Wegbereiter, Paul Claudel, den er in dem gleichnamigen Buch den «größten lebenden Genius» genannt hatte, nun der Wortführer der Hasser geworden war und daß der einflußreiche Historiker Bainville, unzufrieden mit dem Versailler Friedensvertrag, noch immer forderte, Deutschland wieder «in seine natürlichen Bestandteile zu zerlegen». Trotzdem wendet sich Curtius in diesem Aufsatz aber auch gegen die Versuchung, bei einem Internationalismus Unterschlupf zu suchen, wie er in Frankreich insbesondere von der sogenannten *Clarté*-Gruppe um Henri Barbusse propagiert wurde. Curtius ist nicht bereit, die verfemte Nationalität dadurch loszuwerden, daß er sie in einen konturlosen Internationalismus auflöst. In einer Art Gaullismus *avant la lettre* besteht Curtius darauf, daß das kulturelle Europa organisch gedacht werden muß. Der deutsche und der französische Geist, so drückt sich Curtius aus, müssen in ihm erkennbar bleiben. Ein neues europäisches Ethos muß daher gefunden werden, aber jetzt, in dieser Nachkriegssituation, ist es Sache der Franzosen, die ersten Schritte zu tun: «Erst wenn man Deutschland wieder zu hören wünscht als unentbehrliches und unersetzliches Glied der europäischen Lebensgemeinschaft: erst dann können wir eine Hoffnung für die Wiederherstellung des geistigen Europas erblicken. Solange wir diese Zeichen nicht erblicken, ist Zurückhaltung für uns das einzige Gebot.»[12]

Man kann nicht umhin, die ruhige Würde zu bewundern, mit der Curtius in diesem Aufsatz das neue Verhältnis zwischen Deutschland und Frankreich so definiert, daß es für zukünftige Entwicklungen offen bleibt. Und diese Hochachtung kann nur noch größer werden, wenn man diese disziplinierten Äußerungen von Ernst Robert Curtius mit denen vergleicht, die um die gleiche Zeit Thomas Mann vertreten hat, von jenem chauvinistischen Sündenfall in dem Aufsatz «Gedanken im Kriege» von 1914 über die halbherzigen und gewundenen Retraktationen in den «Betrachtungen eines Unpolitischen» von 1918 bis hin zu Thomas Manns Aufsatz «Das Problem der deutsch-französischen Beziehungen» von 1921, in dem dieser dem besprochenen Aufsatz von Curtius begeistert zustimmt, aber zugleich doch noch einmal zu einem heftigen Ausfall gegen die offizielle französische Zivilisationsidee, gegen den Typus des «Rhetor-Bourgeois», ausholt.[13] Man kehrt, wenn man diese Schriften von Thomas Mann gelesen hat, gerne wieder zu Curtius zurück, dem man hier vielleicht, zumal wenn man über die historische Einsicht der Spätergeborenen verfügt, nicht in allen Meinungen zustimmen wird, dem man aber die Achtung vor der Geradlinigkeit seines Denkens nicht versagen kann. André Gide hat das sofort gespürt. In der Antwort, die er unter dem Titel *«Les rapports intellectuels entre la France et l'Allemagne»* in der *Nouvelle Revue Française* des gleiches Jahres auf Curtius' Aufsatz geschrieben hat, steht der Satz: «Endlich eine Stimme von jenseits des Rheins, die uns ermutigt und beruhigt» (*Enfin une voix d'outre-Rhin nous encourage et nous rassure*). Aus dieser spontanen Sympathieerklärung ist nicht nur, wie man aus ihrem Briefwechsel weiß, eine lebenslange Freundschaft zwischen diesen beiden Männern geworden, sondern auch bei Gide eine Intensivierung des in vielen seiner Werke nachweisbaren Interesses an deutscher Geistesart, denn, so sagt er einmal: «so sehr ergänzen wir uns!» (*nous nous complétons tellement*).[14]

Es ist aber nun in diesem Zusammenhang noch ein weiterer Gesichtspunkt zu berücksichtigen, der in dem erwähnten Aufsatz von Curtius eine nicht unerhebliche Rolle spielt, den er aber schon vorher in einem Aufsatz in der *Revue de Genève* unter dem Titel «*Les influences asiatiques dans la vie intellectuelle de l'Allemagne d'aujourd'hui*» entwickelt hatte. Es geht hier um die in den ersten Nachkriegsjahren von manchen westeuropäischen Beobachtern Deutschlands befürchtete «Richtungsumkehrung des abendländischen Geistes», und zwar nach Osten. Auch in einem Brief an André Gide aus dem Jahr 1921 rechnet oder spielt Curtius mit dieser Möglichkeit und schreibt: «Ich fürchte allerdings, daß bei unserer Jugend das Interesse an französischen Dingen im Abnehmen begriffen ist. Man wendet sich nach Rußland, nach Asien.» In der *Revue de Genève* hatte Curtius diese sich abzeichnende «*Conversion à l'Est*» genauer beschrieben. Nicht nur hatte er dort an das alte *Ex Oriente lux* erinnert, sondern auch konkret einige Namen und Fakten genannt: Bubers Erschließung chassidischer Frömmigkeit, die Bucherfolge Tagores, taoistische Neigungen in der Freideutschen Jugend, schließlich auch ein zunehmendes Interesse für die großen russischen Romanautoren, insbesondere Dostojewski. Ja, nicht wenige junge Deutsche, so schreibt er, wenden sich «in einer irgendwie anarchischen Begeisterung» sogar dem «bolschewistischen Ideal» zu. Das ist, so setzt Curtius erklärend hinzu, die natürliche Folge aus dem «Bankerott Europas» oder, in Spenglers plakativer Sprache, aus dem «Untergang des Abendlandes».[15] Ich habe nach der Lektüre der betreffenden Äußerungen von Curtius nicht den Eindruck gewonnen, daß es ihm selber zu irgendeinem Zeitpunkt seines Lebens ernst gewesen wäre mit einer Öffnung nach Osten, und sei es auch nur in der Vorstellung und in ähnlicher Weise, wie man es beispielsweise von Kafka oder Hesse kennt. Später, in seiner Kampfschrift «Deutscher Geist in Gefahr» von 1932, läßt er in dieser Hinsicht seine wirkliche Meinung nicht im Dunkeln und schreibt: «Nur aus eigener Substanz kann der deutsche Geist nicht leben. Wer ihn vom Westen und vom Süden löst, treibt ihn in den Osten und das heißt, in den Untergang.»[16] Nein, die Lockungen des Ostens, von Rußland

bis China, waren für Curtius in den Jahren 1920/21 wohl nur eine List seiner durch und durch westlichen Vernunft, eine an die französische Adres-
se gerichtete, nicht ganz ernst gemeinte Drohung mit dem Nebenbuhler,
wie sie unter Liebesleuten bei einer leichteren oder schwereren Verstim-
mung üblich ist. So gibt es auch bei Curtius zwar – mit Berufung auf Nad-
ler – eine in seinem Deutschlandbild deutlich erkennbare Ost-West-Ach-
se, aber der Blick nicht nur des Romanisten, sondern auch des Menschen
Curtius bleibt dabei doch unbeirrbar nach Westen gerichtet, von wo Curtius unbeirrt das Licht erwartet. Bald, nämlich schon 1925, wird er daher
auch seine Leser beruhigen und schreiben: «Wenn der deutsche Geist in
den letzten Jahren einen deutlichen Pendelausschlag nach dem Osten
zeigte, so dürfen wir dennoch auf Grund seiner geschichtlichen Wesens-
struktur mit Sicherheit erwarten, daß er in einer neuen Aufnahme west-
lich-südlicher Formwerte die Ergänzung suchen wird.»[17]

Hier, wie auch an verschiedenen anderen Stellen seines Werkes geht die
Orientierung nach Westen mit einer Orientierung nach Süden einher. Der
Kompaß zeigt also genau auf die romanische Welt, und insofern integriert
sich sein Deutschland-Frankreich-Denken ziemlich mühelos in das eingangs erwähnte, für die deutsche Romanistik konstitutive und schließlich
von Curtius ganz übernommene germanisch-romanische Denkmodell,
was schließlich auch zur endlichen Versöhnung zwischen Curtius und der
übrigen Romanistik beigetragen hat. Wir wollen aber in dieser konstanten
Südwest-Orientierung die Nuancen und den Zeitfaktor nicht übersehen.
Von seiner elsässischen Herkunft her ist Curtius ursprünglich kulturell
rein westlich orientiert, und in seinen «Wegbereitern» verzeichnet er nur
bei dem Bretonen André Suarès, andeutungsweise allerdings auch bei André Gide, eine «in unserer Kultur angelegte nordisch-südliche Spannung»
(sic).[18] Das bleibt aber durchaus in den Bahnen jener völkerpsychologi-
schen und quasi biologischen Nord-Süd-Achse, wie sie von Diderot, Rousseau, Sismondi und Frau von Staël her bekannt ist; es geht hier primär um
das Temperament und erst sekundär um die Kultur. Im Maße wie sich nun
aber im weiteren Verlauf der zwanziger Jahre herausstellt, daß die von
Curtius erwartete große Verständigungsgeste der Franzosen – die be-
freundeten Briefpartner André Gide, Charles Du Bos und Valery Larbaud
ausgenommen – unterbleibt, orientiert sich Curtius zunehmend vom
Westen nach dem Süden um.

Im Süden liegt Rom, und Rom repräsentiert die Idee einer fortlebenden Antike. Möglicherweise hat Paris, wie Curtius einmal erwägt, die Romidee überhaupt nur annektiert, und ein Deutscher kann daher vielleicht in Rom reiner und unvermischter finden, was zur glücklichen Komplettierung seiner germanischen Natur fehlt.[19] In der Kampfschrift «Deutscher Geist in Gefahr» lautet das so: «Je mehr Trennendes sich zwischen Deutschland und Frankreich auftürmt, um so mehr Verbindendes taucht zwischen Deutschland und Italien auf.» Und an anderer Stelle der gleichen Schrift heißt es: «Wer der Abkehr von Frankreich das Wort redet, hat aber noch lange nicht das Recht, einen geistigen Protektionismus zu verordnen. Schaltet man die fruchtbare Spannung zwischen deutschem und französischem Geist aus, so muß man erst recht dafür Sorge tragen, daß uns auf anderem Wege die Verbindung mit der klassischen und christlichen Substanz des abendländischen Geisteserbes bewahrt bleibt. Wer den Weg nach Paris abschneidet, muß den nach Rom öffnen.»[20] Im Unterschied zu der Tändelei mit dem Osten in den Jahren 1920/21, von der schon die Rede war und die wir nicht ganz ernst nehmen konnten, ist es Curtius mit dieser neuen Romliebe tiefernst, und er bekennt sich zu dem Lateinertum, das diese Stadt symbolisiert, mit einer Leidenschaft, die nicht nur die einzigartige Bedeutung Frankreichs in Frage stellt, sondern auch auf Kosten der alten deutschen Griechenland-Sehnsucht, jener «törichten Römerverachtung der Philhellenen», geht, von der sich Curtius ebenfalls mit Entschiedenheit abwendet. Sein Deutschlandbild wird nun – mit Berufung auf Nadlers «Literaturgeschichte der deutschen Stämme und Landschaften» – immer exklusiver südwestlich, mit immer schärferer Opposition zwischen dem «römisch-deutschen Südwesten und dem slawisch-deutschen Nordosten», ja sogar – das allerdings eine ziemlich erschreckende Formulierung – «zwischen berlinischem Geist – als Beamtentum sowohl wie als Literatentum – und deutschem Geist». Wir sind hier in diesem Jahr 1932, rund hundert Jahre nach Edgar Quinet, wieder bei den zwei Deutschland angekommen, nun aber unter dem Schlagwort: «Deutscher Geist in Gefahr».[21]

Ich habe schon bei anderer Gelegenheit keinen Zweifel daran gelassen, daß ich die unter diesem Titel im deutschen Schicksalsjahr 1932 publizierte Kampfschrift, verglichen mit dem intellektuellen Niveau anderer Autoren, die in diesen Jahren noch mit geistigen Waffen kämpften, nicht für ein sehr bedeutendes Werk halte. Es ist zwar richtig, daß diese Schrift zu ihren Gunsten verbuchen kann, daß sie in der Nazi-Zeitung, dem «Völkischen Beobachter», hämisch kritisiert wurde.[22] Sie ist dennoch keine oder höchstens eine ganz blasse Warnung vor dem Faschismus und zeigt sich im Nachhinein als politisch ziemlich ahnungslos hinsichtlich der Gefahr, die dem deutschen und nicht nur dem deutschen Geist damals wirklich drohte. Wir sehen daher im folgenden von der hier diagnostizierten wirklichen und der vermeintlichen Gefahr ab und konzentrieren uns auf die in unserem Zusammenhang wichtigere Frage, was Curtius denn in dieser Schrift und bei vielen anderen Schreibgelegenheiten unter dem «deutschen Geist» verstanden hat. Um diesen Begriff richtig zu verstehen, empfiehlt es sich, noch einmal kurz auf den Dreyfus-Prozeß zurückzuschauen, von dem wir bereits gesagt haben, daß Frankreich sich in der Bewußtseinskrise, die diesen Prozeß begleitete, als eine politisch gespaltene Nation erfuhr. Bei diesen Auseinandersetzungen bildete sich auch, wie Dietz Bering im einzelnen dokumentiert hat, der moderne Begriff des Intellektuellen heraus, und zwar zunächst als polemische Kennzeichnung der Dreyfus-Anhänger, also als Schimpfwort für die Wortführer des linken Frankreich.[23] Zum Begriff des Intellektuellen gehört, allerdings mit weniger scharfen Konturen, der Begriff der Intelligenz (*intelligence*). Den Intellektuellen tritt auf der rechten Seite der sich formierende Nationalismus gegenüber mit seiner französischen Führerfigur Barrès, der das nationale Bewußtsein an die Kräfte des Blutes und des Bodens binden wollte und die Intelligenz der «entwurzelten Intellektuellen» (*Les Déracinés*) als unbeachtlich ansah: «Die Intelligenz – was für eine Kleinigkeit an der Oberfläche unseres Selbst!» (*L'intelligence – quelle petite chose à la surface de nous-mêmes!*)[24]

Nun hat niemand die Entstehung des Nationalismus und Faschismus auf französischem Boden in der Zeit vor Hitler besser beschrieben und scharfsinniger kritisiert als Curtius selber in seinem Barrès-Buch von 1921. Er kannte also diese Zusammenhänge aufs genaueste. Wenn er nun selber in seinen Schriften mit Beharrlichkeit den deutschen Geist anruft, so will er offenbar der beschriebenen Alternative entgehen. Es soll nämlich dieser deutsche Geist nicht identisch sein mit der dem Internationalismus zuneigenden Intelligenz der Intellektuellen, so daß Curtius dieser Spielart des politischen Denkens sowohl auf der französischen Seite (Barbusse und seine *Clarté*-Gruppe) als auch auf der deutschen Seite (Karl Mannheims «Soziologismus») heftige Kämpfe liefert.[25] Mit gleicher Schärfe distanziert sich Curtius jedoch von dem dumpfen Biologismus der Proto-Faschisten in Frankreich und ihrer viel gefährlicheren Nachfolger in Italien und Deutschland, die in der Politik nur noch die brutale Gewalt gelten ließen. Der deutsche Geist, dem bei Curtius auf der französischen Seite natürlich immer ein französischer Geist entspricht, ist für ihn ein Drittes gegenüber dieser gefährlichen Alternative, gleichsam, wenn ich so sagen darf, eine an ihre bodenständigen Voraussetzungen gebundene und insofern «verwurzelte», aber nicht von ihnen her vollständig determinierte Intelligenz. Die Sprachgebundenheit des Geistes in der Literatur und in den Wissenschaften, zumindestens den Geisteswissenschaften, spielt für Curtius in diesem Zusammenhang eine entscheidende Rolle. Er schreibt einmal dazu: «Jede große geistige Schöpfung ist Ausdruck des Weltgeistes in einer besonderen Sprache. Das lösende Wort hat Novalis gesprochen: ‹Germanität ist so wenig wie Romanität, Gräcität oder Britannität auf einen besonderen Staat eingeschränkt; es sind allgemeine Menschencharaktere, die nur hie und da vorzüglich allgemein geworden sind›.» Insofern kann Curtius auch, was Deutschland und Frankreich betrifft, von einer «fruchtbaren Spannung zwischen deutschem und französischem Geist» sprechen oder wenigstens darauf hoffen. Ja, er mag im Jahre 1925 sogar den Satz niederschreiben: «Deutschland ist neben Frankreich die einzige Weltmacht des Geistes».[26]

Diese eigenartige, maßlose und für heutige Denk- und Sprechgewohnheiten nicht mehr nachvollziehbare Hypostasierung des «deutschen Geistes» wird als Ausformung des Deutschlandbildes unseres Autors vielleicht besser verständlich, wenn wir zum Vergleich einen Blick auf die Verwendung dieses Ausdrucks bei Richard Wagner und bei Nietzsche richten. Richard Wagner verwendet den Ausdruck «deutscher Geist» mit programmatischem Nachdruck in seinem Aufsatz «Was ist deutsch?» aus dem Jahre 1865. In diesem Aufsatz kommt Wagner insbesondere auf die politischen und kulturellen Verheerungen zu sprechen, die Deutschland durch den Dreißigjährigen Krieg zu erdulden gehabt hat. Es ist ein großes Wunder der deutschen Geschichte, schreibt Wagner, daß am Ende dieses furchtbaren Krieges, der die deutsche Nation an den Rand des Verschwindens gebracht hat, der deutsche Geist, so sagt auch er, dennoch wiedergeboren ist und sich glanzvoll inkarniert hat in einem Mann von einzigartiger Größe: Johann Sebastian Bach. Bachs Geist ist damals identisch gewesen mit dem deutschen Geist, der sich dann aber später noch wieder, beispielsweise in Goethe, neue Inkarnationen erwählt hat. Auch sich selber hat Wagner wohl als eine Inkarnation des deutschen Geistes verstanden.[27]

In diesen Bahnen hat auch Nietzsche gedacht, solange er noch mit Richard Wagner in Bewunderung und Freundschaft verbunden war. Der deutsche Geist (nur gelegentlich spricht er statt dessen auch von einem nationalen «Genius») ist für den frühen Nietzsche identisch mit dem dionysischen Geist, wie er sich in Deutschland «durch den Feuerzauber der Musik» erneuert und geläutert hat. Später jedoch, nach 1871 und nach der Entfremdung von Richard Wagner, befürchtet Nietzsche eine «Exstirpation des deutschen Geistes zugunsten des Deutschen Reiches». Er beobachtet eine Vergröberung und Verflachung des deutschen Geistes und macht insbesondere den «entgeistigenden» Einfluß der deutschen Universität für diese «Instinktverkümmerung des Geistes» verantwortlich. Schließlich spricht er nur noch lästernd von diesem deutschen Geist, den er eine «Indigestion» oder seine «schlechte Luft» nennt. Deutscher Geist, das ist «eine *contradictio in adjecto*». Immer aber bleibt ihm gegenwärtig, was der deutsche Geist sein *könnte*: «Denn er sucht, dieser deutsche Geist!»[28]

In diesem Begriffsfeld hat auch Curtius gedacht. Mir ist zwar nicht bekannt, daß Curtius ein besonders enges Verhältnis zu Richard Wagner gehabt hätte, aber immerhin hat er ihn einmal mit Balzac verglichen, und das will bei Curtius etwas heißen. Nietzsche jedenfalls hat ihm sehr nahegestanden, und zwar der frühe sehr viel mehr als der späte Nietzsche. Ob nun von Wagner oder von Nietzsche oder von beiden her, Curtius hat jedenfalls immer, wenn er vom deutschen Geist gesprochen hat, ein sehr konkretes Anschauungsbild vor Augen gehabt. Er hat dabei nämlich als guter Konservativer höchst anschaulich an Goethe gedacht. Goethe ist für Curtius «die größte Gestalt des deutschen Geistes». Das ist eine Formulierung aus dem Goethe-Jahr 1932, geschrieben im deutlichen Bewußtsein einer «goethefernen Konstellation». Schon vorher, in seinem Balzac-Buch, hatte er Goethe «den größten Weisen Deutschlands» und die «höchste Gestalt der Deutschheit» genannt. Mit Goethe fühlte er sich fast biologisch verbunden, und unter den wenigen privat-biographischen Notizen, die man in seinem Werk findet, gibt es im Büchertagebuch die Erinnerung an einen frühen Besuch des Achtzehnjährigen in Weimar, wo er dem acht-undsiebzigjährigen Fräulein Krackow vorgestellt wurde, die als Kind unter Goethes Augen im Garten des Hauses am Frauenplan gespielt hatte. Curtius setzt hinzu: «So habe ich doch noch einen Menschen gekannt, der Goethe gesehen hat.» Diese fast grenzenlose Goethe-Verehrung hat ihn sein ganzes Leben begleitet und ist allein von der Literatur her nicht zu begründen. Im nächsten Goethejahr – das war 1949, und was war seitdem alles geschehen in Deutschland und in der Welt! – bekennt Curtius, er habe in Goethe niemals einfach nur einen großen deutschen Dichter gese-hen. Goethe war mehr und anderes für ihn. Er war für ihn der letzte Klas-siker, den die Welt hervorgebracht hat, die «letzte Selbstkonzentration der abendländischen Geisteswelt». Dabei fällt auf, daß Curtius, wenn er von Goethe spricht, verhältnismäßig selten sein Werk im einzelnen apostro-phiert und detailliert. Was Goethe betrifft, so scheint er Gott nicht im De-tail gesucht zu haben. So gibt es auch keine nennenswerten Goethe-Inter-pretationen von Curtius. Statt dessen erhält der Leser mit bedeutendem Gestus Fingerzeige von geringem Erkenntnis-, aber hohem Identifika-tionswert wie diesen: «Der ‹Faust› ist die Passion eines deutschen Men-schen, dem die Universität zu eng wurde.» Oder auf die Person Goethes bezogen: «Dieser große Mann beruhigt.» Es sind Fingerzeige wie die von Johannes dem Täufer auf dem Isenheimer Altar, der auf den Meister weist und sich durch diese Geste selber definiert. Die Jüngerschaft, die Curtius jedem anderen auf Dauer verweigert hat, der sie von ihm forderte, na-mentlich Stefan George: dem Weimarer hat er sie freiwillig und grenzen-los gewährt.[29]

Einen auch nur annähernd gleich Großen hat Curtius als Inkarnation des deutschen Geistes nach Goethe nicht mehr anerkannt. Um Goethe herum, einige Zeit vor ihm und eine Zeitlang nach ihm, läßt er noch ein paar Schriftsteller und Philosophen gelten, aber nicht viele: Lessing, Her-der, Friedrich Schlegel (diesen besonders), Clemens Brentano, Jean Paul, Hölderlin, Leibniz, Hegel, Baader, Ranke, Adam Müller, Hesse, Rudolf Borchardt und in früheren Jahren noch die Elsässer Ernst Stadler und René Schickele. Mit den Jahren werden es eher weniger als mehr. Heraus-zuheben aus dieser kleinen Schar ist jedoch, wie jeder Curtius-Leser weiß, Hugo von Hofmannsthal, dem Curtius fast als einzigem der Nachgoethezeit nicht nur literarische, sondern auch im weiteren Sinne geistige Bedeutung zuspricht. Hofmannsthal hat sich diese Sonderstellung in Curtius' Bewußtsein insbesondere durch seine Münchner Rede «Das Schrifttum als geistiger Raum der Nation» (1927) erworben, jene Rede, die mit einem Aufruf zur «konservativen Revolution» schloß. Das war eine Rede ganz nach Curtius' Herzen, kämpferisch und pathetisch, da ja Hofmannsthal den Anspruch erhob, «der letzte befugte Verkünder einer neuen Einheit von Nation und Bildung» und – so steht es noch in den «Kritischen Essays zur europäischen Literatur» von 1950 – «ein geistiger Führer» der Deutschen zu sein.[30] Man darf sicher mit Lea Ritter-Santini annehmen, daß Ernst Robert Curtius nach dem Tode Hofmannsthals im Jahre 1929 selber nun für sich den gleichen Anspruch erhoben und sich ebenfalls als befugt angesehen hat, mit «geistig-sittlicher Autorität», das heißt, als *praeceptor Germaniae* aufzutreten.[31]

Es ist gut bekannt, daß Ernst Robert Curtius mit seiner Schrift «Deutscher Geist» von 1932 gleichzeitig das Programm seines neuen Humanismus verkündet hat, das zugleich initiativ und konservativ sein sollte. Und es ist weiterhin gut bekannt, wie daraus in den Jahren von 1932 bis 1945 sein Hauptwerk «Europäische Literatur und lateinisches Mittelalter» (1948) geworden ist, das uns heute am meisten vor Augen steht, wenn wir an Ernst Robert Curtius als einen großen Romanisten und leidenschaftlichen Humanisten denken. Sein Deutschlandbild jedoch hat sich dadurch nicht mehr verändert. Es hat sich allenfalls um ein geringes europäischer akzentuiert. Aber vom «europäischen Geist» war auch schon 1923 die Rede.[32] Und wenn es im Jahre 1949 heißt, Goethe sei niemals «der Dichter der Nation» gewesen, so ist das ebenfalls nicht als Dementi seines früheren, in der Gestalt Goethes inkarnierten Deutschlandbildes zu lesen: für autark und in seiner «Deutschheit» borniert hat Curtius den deutschen Geist ja nie angesehen, und überhaupt hat er nie etwas dementiert.[33] Aber wenn dann in demselben Goethejahr 1949 der Philosoph Karl Jaspers es wagt, der deutschen Öffentlichkeit Goethe zwar als einen großen Schriftsteller, aber doch auch als einen fehlbaren Menschen und Zeitgenossen vorzustellen, dann fährt der Zorn in den Philologen Ernst Robert Curtius, und er ist sofort wieder der alte Prophet und Priester des deutschen Geistes, der mit einem Tempelschänder ins Gericht geht.

Ich fasse zusammen und mache dabei zugleich den Übergang von der historisch-verstehenden zur kritischen Beschreibung. Das Deutschlandbild von Ernst Robert Curtius ist von seinen elsässischen Anfängen her mit seinem Frankreichbild komplementär verbunden und fügt sich anfangs nur schwer in den traditionellen Kanon der Romanistik, wie Curtius ihn zu Anfang des Jahrhunderts vorfand. In den «Wegbereitern» ist bereits implizit dieses von Nietzsche her gedachte, vital-dynamische Deutschlandbild enthalten. Mit ihm hat Curtius sein neues, von Bergson her gedachtes und gleichfalls vitalistisches Frankreichbild als kompatibel angesehen und folglich auf eine Verständigung zwischen beiden Nationen im Zeichen des pathetisch gesteigerten Lebens gebaut. Der Krieg machte diese Hoffnungen zunichte, und Curtius sah sich in den frühen zwanziger Jahren, als er seine Bücher über Barrès und Proust schrieb, bei einer Reihe von französischen Autoren, unter ihnen dem seinerzeitigen «Wegbereiter» Paul Claudel, einer Totalnegation seines eigenen Deutschlandbildes gegenüber, der er mit Würde, aber auch mit List begegnete. Die listig angedrohte Öffnung nach Osten ist ihm aber in Wirklichkeit nie als eine genuine Möglichkeit des «deutschen Geistes» erschienen. Ernster gemeint war schon ein gewisser Schwenk von West nach Süd, und Rom rückte nun zunehmend an die Stelle von Paris. Für das Deutschlandbild von Ernst Robert Curtius änderte sich dadurch aber nicht viel: es blieb bei der allgemeinen Südwest-Orientierung mit pointierter Abwendung vom preußischen Nordosten.

Diese Orientierung wurde dann nach dem Zweiten Weltkrieg vom lateinischen Mittelalter, das heißt, von den Fundamenten her, untermauert, nicht jedoch mehr im Grundsätzlichen verändert. Hier hat es bei Curtius seit 1932, auch über 1948 hinaus, ein *Ne varietur* gegeben. Zu keiner Zeit war Curtius indes der Versuchung ausgesetzt, den von ihm oft, vielleicht allzu oft beschworenen «deutschen Geist» als autark anzusehen. Immer schien er ihm einer Ergänzung bedürftig zu sein, anfänglich mehr vom Westen, später mehr vom Süden her, schließlich – in den Jahren seiner reifsten Wissenschaft – im Sinne einer gesamteuropäischen oder sogar universal-weltliterarischen Ergänzung. Jeden Gedanken eines deutschen Sonderweges hat Curtius jedenfalls weit von sich und seinem Deutschlandbild ferngehalten, und seine bisweilen geradezu allergische Abneigung gegen die deutschen Germanisten kann vielleicht als eine extreme, freilich auch extrem schnöde Abwehr gegen diese deutsche Versuchung angesehen werden. Ich habe den Eindruck, daß er alle Germanisten in erster Linie als Sonderwegverdächtige angesehen hat.

Weniger leicht ist dem Vorwurf zu begegnen, der in den siebziger Jahren und gelegentlich auch noch in den achtziger Jahren gegen Curtius erhoben worden ist, wenn der Finger auf Curtius' manifestes Desinteresse an den meisten sozio-ökonomischen Problemen der Gesellschaft gelegt wurde. Das Faktum ist unbestreitbar, und Curtius muß, wenn das der einzige Maßstab für politisches Denken und Handeln ist, als ein eher unpolitischer Mensch und Bürger (*bourgeois*) angesehen werden. Alle seine Werke sind in diesem Sinne Zeugnisse deutscher Innerlichkeit und «Betrachtungen eines Unpolitischen», auch und gerade dann, wenn sie punktuell, beispielsweise in der Kampfschrift des Jahres 1932, den ungeschickten Versuch machen, sich doch in diese hoffnungslos niedere Politik einzumischen. Hier sind die Grenzen dieses großen Romanisten deutlich sichtbar, und auch sein Deutschlandbild enthält dementsprechend viele blasse Stellen und weiße Flecken. Aber es ist bei allen Mängeln jedenfalls ein Deutschlandbild, das ihn davor bewahrt hat, die Führerschaft derer anzuerkennen, die Deutschland über alles stellen wollten und die beispielsweise auch der Universität Heidelberg verordneten, nicht «dem lebendigen Geist», sondern «dem deutschen Geist» zu dienen. In diese Verirrungen und Verstrickungen hat ihn *sein* deutscher Geist nicht geführt, und das war nicht wenig in ungeistiger Zeit.

Wie war das überhaupt möglich? War es so selbstverständlich? Ich denke, es hängt – neben anderen Ursachen – mit einer besonderen Eigenschaft seines Deutschlandbildes zusammen, auf die ich eingangs schon aufmerksam gemacht habe, als ich sagte, es sei mit den Methoden der Toposforschung nicht hinreichend zu beschreiben. Denn sein Deutschlandbild setzt sich nicht – oder nur in geringem Ausmaß – aus Topoi zusammen. Es ist in diesem Sinne überhaupt kein stereotypisches, sondern ein prototypisches Deutschlandbild. Als prototypisch werden in der Semantik solche Bedeutungen angesehen, die einen kräftig markierten Kernbereich, aber unscharfe Ränder haben. Sie entziehen sich daher auch einer befriedigenden Definition, die ja nur dann ihr Ziel erreicht, wenn sie die Ränder scharf macht. Von dieser prototypischen Art ist auch Curtius' Deutschlandbild. Es hat ein deutliches und sehr konkretes Anschauungszentrum. Wir können ihm den Namen Goethe geben. Im Umkreis dieses Namens, dort wo Curtius den «deutschen Geist» kräftiger wehen läßt, finden wir einige andere Namen, Institutionen und Erinnerungswerte, häufig kanonisch gesichert, an denen Curtius mit großer Intensität festhält und die er bei passenden, in zunehmendem Alter auch bei unpassenden Gelegenheiten gegen alle abweichenden Zumutungen verteidigt, meistens in jenem schnöden präzeptorischen Ton, von dem der Sprachduktus seines Spätwerks geprägt ist. Wir können bei dieser Intensität an jenen Enthusiasmus denken, in dem nach dem sympathetischen Zeugnis der Frau von Staël die Natur der Deutschen kulminiert.[34] Alles was außerhalb dieses enthusiastisch festgehaltenen prototypischen Kernbereichs zum Rand seines Deutschlandbildes hin liegt, wird von Curtius im Laufe seines Lebens immer weniger berücksichtigt, sicherlich bald auch immer weniger wahrgenommen. Man kann das bemängeln, denn reich und anregend ist dieses Deutschlandbild nicht in der Extension und im typischen Detail, sondern nur in der Intensität, mit der hier ein Stück unserer Kultur ergriffen und gegen mächtige Widerstände durchgehalten wird. Ich zögere nicht, die Beharrlichkeit und Beständigkeit dieses prototypischen Denk- und Forschungsstils eindrucksvoll zu nennen. So ist Ernst Robert Curtius, wenn auch sein Deutschlandbild nicht meines ist, in meinem eigenen Deutschlandbild doch ein fester, klassischer Topos geworden.

Weltliteratur als Westliteratur?

Was auf der gegenwärtigen Weltbühne Globalisierung genannt wird, hatte ein grandioses Vorspiel schon in der Antike in Form eines welthistorischen Vorgangs, den wir die Proto-Globalisierung Europas oder auch seine Mediterraneisierung nennen können. Gemeint ist, von der Stadt Rom ausgehend, die Herausbildung des Römischen Reiches, das für eine lange Dauer der Geschichte den *orbis terrarum* rund um das Mittelmeer zu einem «Welt»-Reich zusammenfaßte. Dieses *Imperium Romanum*, das eine politische, wirtschaftliche und militärische, aber nicht auch eine ethnische Einheit bildete, wurde am meisten durch das kulturelle Band der lateinischen Sprache zusammengehalten, die sich allerdings mit der Zeit in die verschiedenen romanischen Sprachen ausgliederte. Seit dem Hochmittelalter kam noch eine stark vereinfachte Gebrauchssprache hinzu, die hauptsächlich dem Handelsverkehr mit dem byzantinischen und muslimisch-arabischen Kulturraum diente und in venezianischem Italienisch *lingua franca* genannt wurde, was ursprünglich so viel wie «Sprache der Franken, der Westler» bedeutete.[1]

Seit dem Zeitalter der großen Entdecker und Weltreisenden, den «scouts» des europäischen Kolonialismus, ist die Proto-Globalisierung des Mittelmeerraumes mit zunehmender Evidenz von der «großen» Globalisierung, die zuerst tendenziell, dann wirklich den ganzen Erdkreis umfaßt, überholt und in ihrer politischen und wirtschaftlichen Bedeutung zurückgestuft worden. Neben den romanischen Nationen Spanien, Portugal und Frankreich haben sich seitdem Engländer und Holländer und mit einiger Verspätung auch Deutsche über die Weltmeere gewagt, um aus fernen Ländern die begehrten «Kolonialwaren» nach Europa zu holen. Als stark vereinfachte Verkehrssprachen entstanden nun weltweit auf unterschiedlicher Sprachbasis die zahlreichen Spielarten des Pidgin, und es ist bezeichnend, daß dieses Wort nach der wahrscheinlichsten Hypothese auf das englische Wort *business* zurückgeht. Doch werden nun zugleich auf einer höheren Ebene des Sprachgebrauchs die spanische, portugiesische, französische und englische Sprache zu unzweifelhaften «Weltsprachen» promoviert. Die deutsche Sprache erreicht diesen Status, wenn überhaupt, erst im späten 19. Jahrhundert und nur im Bereich der Wissenschaften und selbst dort nur für den Zeitraum von ein paar Generationen.

Eine kulturelle Einheit bildet die Welt der kolonialen Globalität zunächst nicht. Doch sehen sich die Kolonien der Europäer, auch über den Prozeß ihrer endlichen Entkolonialisierung in der zweiten Hälfte des 20. Jahrhunderts hinaus, einer offenen oder schleichenden Verwestlichung ausgesetzt, deren wichtigste Medien die Sprachen der Kolonialisten sind. Nun wird auch deren weitestverbreitete *lingua franca*, Englisch, mit falsch verstandener Etymologie als Sprache der «freien» Wirtschaft und der unbehindert kapitalistischen Warenzirkulation aufgefaßt und am «Weltmarkt» entsprechend hoch bewertet.

Im skizzierten historischen Kontext geschieht es um die Wende zum 18. Jahrhundert, daß auch Deutschland «weltbewußt» wird. Das muß etwas differenzierter beschrieben werden, da sich hinter dem Wort oder Wortbestandteil «Welt» verschiedene Begriffe der europäischen Geistestradition verbergen. Was zunächst die philosophische Sprache betrifft, so bevorzugt sie seit dem Universaliendisput der Scholastik und dem Vernunftdenken der Aufklärung den Ausdruck «universal». Leibniz' «*characteristica universalis*» gehört ebenso in diesen historischen Kontext wie Bossuets «*Discours sur l'histoire universelle*» und Friedrich Schlegels romantische «Universalpoesie». In diesen semantischen Komplex schieben sich im 19. und 20. Jahrhundert, mit Varianten je nach den europäischen Sprachen, Ableitungen von lat. *globus* und lat. *mundus* ein, deren neueste Wortbildungen uns in der politisch-wirtschaftlichen Sprache der Gegenwart als «Globalisierung» (franz. meistens: *mondialisation*) geläufig sind. Für die germanischen Sprachen, die mit Wortzusammensetzungen großzügiger umgehen, gilt jedoch, daß sie ihre diesbezüglichen Begriffe vorzugsweise mit dem Bestimmungswort «Welt-» bilden, so daß eine französische *Exposition universelle* im Englischen *World Fair* und im Deutschen Weltausstellung heißen kann.[2]

Was nun in engerer Betrachtung die deutsche Sprache angeht, so häufen sich in ihr etwa seit der Wende zum 19. Jahrhundert, wie der Historiker Alexander Demandt in einer Studie zur historischen Semantik im einzelnen beschrieben hat, die gewichtigen Komposita mit «Welt-», vom «Weltall» bis zur «Weltzeit» und zwischen A und Z so folgenreiche Begriffsbildungen wie «Weltgeschichte», «Welthandel», «Weltmarkt», «Weltordnung» und «Weltkrieg». Hegel (mit «Weltgeist»), Marx (mit «Weltherrschaft»), Heine (mit «Weltrevolution») und Thomas Mann (mit «Weltzivilisation») sind in Deutschland die Protagonisten dieser suggestiven Welt-Semantik. Es wird nun für die europäischen Sprachen mehr denn je Ehrensache, «Weltsprachen» zu sein, ohne sich vor einer «Universalsprache» philosophischer Provenienz verbeugen zu müssen.

Vor diesem «globalen» Hintergrund kommt es in der deutschen Kleinstadt Weimar, wo die meisten Menschen damals noch kaum in nationalstaatlichen Begriffen zu denken wagten, zu einer verwegenen neuen Wortbildung mit «Welt-», die keinem geringeren als Goethe zuzuschreiben ist: «Weltliteratur». Das ist im Jahre 1827 geschehen, als Goethe sich schon dem 80. Lebensjahr näherte. Seitdem ist Goethes Begriffsbildung in der Welt vielfach als intellektuelle Glanztat gefeiert worden, da die Literatur nach Goethes Willen nunmehr durch keinerlei nationale Grenzen behindert werden soll.[3]

Schauen wir uns das aussagenkräftigste Zeugnis in seinem biographischen Kontext etwas genauer an. Während Goethe sich in der ersten Hälfte seines langen Lebens, kulminierend in der Italienischen Reise, mit der klassisch geprägten Universalität Alteuropas oder sagen wir mit dem geistigen Territorium der «Proto-Globalisierung» begnügt hat, läßt er in der zweiten Lebenshälfte seinen Geist immer freier durch die «ganze» Welt schweifen, wozu er in vielfacher Hinsicht von der Pariser Zeitschrift *Le Globe* angeregt wird. Ein großer Schritt auf diesem Weg ist der «West-östliche Divan» (1819), mit dem Goethe für seine Person und sein Werk den Orient entdeckt. Etwa um die gleiche Zeit gibt er seinem «Faust» mit der Arbeit am Zweiten Teil immer entschiedener eine Ausweitung ins Ferne und Grenzenlose. Dazu passen seine täglichen Lektüren, die in dieser Zeit, wie seine Gespräche mit Eckermann ausweisen, mit wachsender Auffälligkeit ein globales Wissensbedürfnis widerspiegeln, das bewußt die Grenze zwischen der alteuropäischen Proto-Globalisierung und der neuen weltweiten Globalisierung überschreitet. So hat er im Jahre 1827, kurz bevor es zu der erwähnten Äußerung über die Weltliteratur kommt, neben französischen und italienischen Autoren einen chinesischen Roman und serbische Gedichte gelesen, mit lebhafter Zustimmung zu beiden Lektüren. In diesem Zusammenhang hat Goethe schließlich im Gespräch mit Eckermann folgendes gesagt: «Nationalliteratur will jetzt nicht viel sagen, die Epoche der Weltliteratur ist an der Zeit, und jeder muß jetzt dazu wirken, diese Epoche zu beschleunigen.»[4] Noch an etwa zwanzig weiteren Stellen ist das Wort Weltliteratur in Goethes Alterswerk belegt, immer mit positiver Sinngebung. Es kann auf Grund dieser Emphase wirklich dem Goetheschen Wortschatz zugerechnet werden, wenngleich dem strengen Blick der Philologen nicht entgangen ist, daß vor ihm auch schon Wieland und August Wilhelm Schlegel die «Weltliteratur» beschworen haben. Aber erst mit Goethes nachdrücklicher Beglaubigung hat das Wort seinen Siegeszug durch die Welt angetreten.

«Weltliteratur»: wie hilfreich hat sich dieses kühne Wort auf die Geschichte der Literatur ausgewirkt? Ist es überhaupt hilfreich? Diese Frage hat auf seine Weise zunächst Karl Marx beantwortet, und zwar im Kommunistischen Manifest (1848).[5] Er schreibt dort in einem Zusammenhang, der sich schon wie eine kritische Beschreibung der kolonialistischen Globalisierung liest:

Die Bourgeoisie hat durch ihre Exploitation des Weltmarktes die Produktion und Konsumtion aller Länder kosmopolitisch umgestaltet. Sie hat zum großen Bedauern der Reaktionäre den nationalen Boden der Industrie unter den Füßen weggezogen. Die uralten nationalen Industrien sind vernichtet worden und werden noch täglich vernichtet. Sie werden verdrängt durch neue Industrien, deren Einführung eine Lebensfrage für alle zivilisierten Nationen wird. (...) An die Stelle der alten, durch Landeserzeugnisse befriedigten Bedürfnisse treten neue, welche die Produkte der entferntesten Länder und Klimate zu ihrer Befriedigung erheischen. An die Stelle der alten lokalen und nationalen Selbstgenügsamkeit und Abgeschlossenheit tritt ein allseitiger Verkehr, eine allseitige Abhängigkeit der Nationen voneinander. Und wie in der materiellen, so auch in der geistigen Produktion. Die geistigen Erzeugnisse der einzelnen Nationen werden Gemeingut. Die nationale Einseitigkeit und Beschränktheit wird mehr und mehr unmöglich, und aus den vielen lokalen und nationalen Literaturen bildet sich eine Weltliteratur.

Wir sehen an dieser Stelle, daß Karl Marx mit prophetischem Sprachgestus auch die Entstehung der Weltliteratur als einen signifikanten Schritt auf dem weltgeschichtlichen Wege ansieht, der nach seiner Überzeugung in absehbarer Zeit zur Weltrevolution führen soll.

Vergegenwärtigen wir uns noch im gleichen Zusammenhang und in einem nur schwachen Kontrast zu Karl Marx das unverdächtige Zeugnis eines Mannes, der Goethe zeitlebens aufs höchste bewundert hat. Ich meine den in der Geistesgeschichte hoch angesehenen Romanisten Erich Auerbach (1892–1957), der als jüdischer Hochschullehrer die schwärzesten Jahre der deutschen Geschichte im türkischen Exil zugebracht hat. Bekannt geworden ist er über sein Fach hinaus vor allem durch sein Buch «Mimesis», in dem er historisch-kritisch der Frage nachgeht, unter welchen Bedingungen alle Art Realität Literatur werden kann. Hier soll jedoch ein Aufsatz von ihm näher betrachtet werden, der im Jahre 1952 unter dem Titel «Philologie der Weltliteratur» erschienen ist.[6] In diesem Aufsatz nimmt Auerbach ausdrücklich auf Goethes Votum Bezug, jedoch mit einem ernsthaft besorgten Unterton. Seine Erörterungen beginnen so:

> Es ist Zeit, sich zu fragen, welchen Sinn das Wort Weltliteratur, in Goethescher Weise auf das Gegenwärtige und das von der Zukunft zu Erwartende bezogen, noch haben kann. Unsere Erde, die die Welt der Weltliteratur ist, wird kleiner und verliert an Mannigfaltigkeit. (…) Aus tausend Gründen, die jeder kennt, vereinheitlicht sich das Leben der Menschen auf dem ganzen Planeten. Der Überlagerungsprozeß, der ursprünglich von Europa ausging, wirkt weiter und untergräbt alle Sondertraditionen.

Das ist nun für Auerbach eine «sehr ungoethische» Perspektive. Bei einem, wie er weiter sagt, «so gewaltigen, reißend schnellen und schlecht vorbereiteten Prozeß» steht nach seiner Auffassung zu befürchten, «daß auf einer einheitlich organisierten Erde nur eine einzige literarische Kultur, ja selbst in vergleichsweise kurzer Zeit nur wenige literarische Sprachen, bald vielleicht nur eine als lebend übrig bleiben». Und damit – so beschließt Auerbach seinen Ausblick auf die Zukunft unserer Kultur – «wäre der Gedanke der Weltliteratur zugleich verwirklicht und zerstört».

Mit Karl Marx' und Erich Auerbachs gleichermaßen hellsichtigen Äußerungen im Sinn nähern wir uns nun der gegenwärtigen Epoche, wie sie besonders deutlich in einem der Globalisierung gewidmeten Sonderheft der einflußreichen amerikanischen Zeitschrift *Publications of the Modern Language Association* (PMLA) zum Ausdruck kommt. In dieser Veröffentlichung aus dem Jahre 2001 findet man auch einen Aufsatz des amerikanischen Literaturwissenschaftlers Robert Eric Livingstone zu diesem Thema, dem – mit ironischer Intention – zwei Zitate als Motti vorangestellt sind.[7] Das erste kennen wir bereits, es sind, in englischer Übersetzung, Goethes Worte zum Lob der Weltliteratur. Das zweite stammt aus der Werbeanzeige einer Firma der amerikanischen Tele-Kommunikation und ist der New York Times vom 31. 1. 1999 entnommen. Es lautet: «*1729 Languages, 196 Cultures, 143 Religions. One Phone.*» Der Kontext dieses Werbetextes läßt keinen Zweifel daran, daß hier nicht nur für eine Sorte Telefon geworben wird. Es wird vielmehr als selbstverständlich vorausgesetzt, daß mit globaler Relevanz nur noch in einer Sprache kommuniziert wird, nämlich Englisch. So zeigt es sich übrigens auch in den Beiträgen, die in dem genannten Sonderheft der Zeitschrift PMLA zusammengetragen sind. Es wird in ihnen zwar mit fairen Argumenten für und wider die Globalisierung argumentiert, doch scheint für alle Autoren, sie seien nun «Hyper-Globalisten» oder deren Opponenten, außer Frage zu stehen, daß der ganze Globalisierungsdiskurs in englischer Sprache zu führen ist. Man braucht nur die bibliographischen Referenzen durchzusehen, die in den Beiträgen dieser Publikation angeführt werden. Von den insgesamt zitierten 687 Titeln stehen sieben in spanischer, fünf in französischer, zwei in italienischer und je ein Titel in russischer und deutscher Sprache. Alle übrigen 671 Titel sind englisch zitiert, so auch, wie erwähnt, das Goethe-Zitat zur Weltliteratur. Selbst also bei denjenigen Autoren, die der Globalisierung eher skeptisch gegenüberstehen, ist die Mehrsprachigkeit praktisch abgeschafft, und Englisch erscheint als die Sprache der Globalität schlechthin – wie es ja Erich Auerbach schon ein halbes Jahrhundert früher vorausgesagt hat.

Mit dieser Feststellung ist das Problemfeld der Globalisierung jedoch nur zu einem Teil beschrieben. Es sind nämlich in diesem Feld verschiedene andere Probleme versteckt, die einzeln ans Licht gebracht werden müssen. Was insbesondere die literarische Seite der Globalisierung betrifft, so sind deren Aspekte im anglo-amerikanischen Sprachraum aufs engste mit der Kanonfrage verknüpft. Denn seit den 70er Jahren ist in den USA, mit Ausstrahlungen in andere anglophone Länder, ein heftiger Streit um den

Literaturkanon entbrannt. Die zunächst binnen-amerikanische, bald aber das kulturelle Leben des ganzen Globus einbeziehende Kontroverse dreht sich hier um die Frage, ob dem «westlichen», das heißt dem europäisch akzentuierten Kanon klassischer Autoren ein alternativer Kanon entgegenzusetzen ist, der alle überkommenen Urteile über literarische Qualität als eurozentrische Vorurteile zu entlarven und außer Kraft zu setzen vermag. Seitdem steht die klassische, an Europa ausgerichtete Literatur unter einem latenten, oft auch virulenten Verdacht und Rechtfertigungsdruck gegenüber einem ganz anders konzipierten, alle Kontinente (nicht zu vergessen Afrika!) gleichmäßig berücksichtigenden Gegenkanon. Dessen Fürsprecher und Fürsprecherinnen sammeln nun weltweit literarische Zeugnisse, die so geartet sind, daß in ihnen vor allem eine letzte und definitive Phase der Entkolonialisierung zum Ausdruck kommt. «*The Empire writes back*», ist ihr viel zitierter Slogan. Er stammt von Salman Rushdie. Der Satz ist nicht leicht ins Deutsche zu übertragen.[8] *Writing back* bedeutet ja nicht einfach «zurückschreiben», so wie man auf einen Brief zurückschreibt, indem man auf ihn antwortet. Das Verb *to write back* ist vielmehr gebildet nach dem Muster *to strike back* mit der Bedeutung «zurückschlagen». Er ist bei Rushdie im militanten und quasimilitärischen Sinn zu verstehen als eine Art «*vengeance* mit der Feder». Gemeint ist eine literarisch-kulturelle Gegenoffensive der ex-kolonialistischen Peripherien mit dem Ziel, die ehedem politisch, heute aber immer noch kulturell dominanten Zentren wenigstens literarisch zu beschämen und deren klassisch-kanonischen Ansprüchen die Legitimation streitig zu machen.

Zu heller Glut wurde der Kanonstreit aufs neue durch Harold Bloom entfacht, der in seinem vieldiskutierten Buch «*Western Canon*» (1994) ein uneingeschränktes Bekenntnis zu den 26 namentlich benannten Klassikern des «westlichen», das heißt von Europa her gedachten Kanons abgelegt hat, an ihrer Spitze Shakespeare, «der uns erfunden hat».[9] Auch Goethes Name fehlt nicht in diesem Katalog erstrangiger Autoren. Doch fällt auf, daß von den 26 kanonischen Autoren nicht weniger als 13, also genau die Hälfte, dem anglo-amerikanischen Sprachraum zuzurechnen sind. Der ist nun freilich auf diesem Planeten von imposanter Größe und wird im weiteren Verlauf der Gobalisierungsdebatte als der global-kanonische Kulturraum schlechthin aufgefaßt. Dafür spricht tatsächlich, daß im letzten Jahrzehnt ein bemerkenswerter Aufschwung, ja geradezu eine «Explosion» der literarischen Produktion in denjenigen Weltgegenden zu verzeichnen ist, die in ihrer Kultur vom britischen Empire geprägt wurden und von daher anglophon geblieben sind. Ich nenne zum Beispiel – beginnend mit dem Vorläufer Rabindranath Tagore (Bengalen) – solche Autoren wie Derek Walcott (Westindien), Nadine Gordimer (Südafrika), Wole Soyinka (Nigeria), Salman Rushdie (Indien) und V. S. Naipaul (Trinidad), womit sich in vielen Fällen der Kanon Bloom um einen zwar nicht im strikten Sinne «westlichen», doch jedenfalls «west-sprachlichen» Kanon ergänzt. In dem oben genannten Heft der Zeitschrift PMLA werden die Autoren dieser Gruppe von Paul Jay als *cosmopolitan writers* bezeichnet und als Vorboten einer wirklichen Weltliteratur gefeiert.[10] Insofern viele dieser Autoren ehemaligen Kolonialgebieten entstammen, hat sich mit der Evidenz ihres anglophonen Schreibens eine nachhaltige Verbindung zwischen der Debatte um den «westlichen Kanon» und dem politisch-kulturellen Diskurs des Postkolonialismus herausgebildet, so daß zwischen Weltliteratur und Westliteratur kaum noch scharf zu unterscheiden ist. Manche Autoren deutscher Literatursprache haben das auf ihre Weise unmittelbar erfahren, wenn sie an amerikanische Universitäten eingeladen wurden und dort sogleich Rede und Antwort zu stehen hatten, wie denn ihr Werk im postkolonialistischen Diskurs zu situieren wäre.

Nun sind jedoch die Konditionen der Globalisierung noch in einem umfassenderen Sinn zu bedenken. Die Globalisierung unserer Lebensverhältnisse ist ja zunächst eine Sache der Wirtschaft und ihrer technologischen Grundlagen. Handel und Industrie können leicht am Bildschirm vorrechnen, daß ein weltweites Wirtschaften unbestreitbare Vorteile mit sich bringt, nicht nur für «die Kapitalisten», sondern für die ganze Bevölkerung, wenigstens in den Hochindustrieländern. Ob diese Rechnung stimmt, soll an dieser Stelle nicht von Grund auf erörtert werden. Ich beschränke mich hier auf die Frage, welche Folgen sich aus der wirtschaftlichen Globalisierung für Sprache, Literatur und Kultur ergeben. Dabei ist als erstes zu beachten, daß Globalisierung nur an der Oberfläche ein räumlicher Begriff ist. Erste Prämisse des globalen Denkens ist ja, daß die räumlichen Konditionen dieses Erdballs (Entfernungen, Unwegsamkeiten …) heute mit technischen Mitteln ohne besondere Anstrengungen überwindbar sind, so daß der Faktor Raum im Bereich der medialen Kommunikation zur Gänze, im Personen- und Warenverkehr bis auf eine allerdings irreduktible Restmenge aus der Welt geschafft ist, da nunmehr fast alle Örtlichkeiten dieses Globus «glatt» erreichbar sind, im Zweifelsfall aus der Luft.

Nicht die Raumschwellen sind demnach heute die größten Barrieren der Globalisierung, sondern die Zeitschwellen, von den biologischen bis zu den historischen Zeitschwellen. Diese haben ihren Grund darin, daß auf dem engen Raum dieses Erdballs viele Menschen und Menschengruppen zusammen existieren müssen, die von ihren Bewußtseinslagen her oft in ganz verschiedenen Jahrhunderten leben und nun gleichwohl global miteinander auskommen müssen. So sind auch die im Globalisierungsdiskurs häufig genannten Begriffe Zentrum (*center, core …*) und Peripherie (*periphery, diaspora …*) vorwiegend im zeitlichen Sinn zu verstehen. Zentren – wo immer sie auf dem Globus liegen mögen – sind demnach verdichtete Netzwerke mit hohen Innovationsraten, Peripherien hingegen sind an ihren ausgedünnten Netzwerken mit langsam oder sehr langsam ablaufenden Veränderungsprozessen erkennbar. Für den oberflächlichen Blick der *global players* sind diese Zeitschwellen allerdings durch die überaus eindrucksvolle Simultaneität der Tele-Kommunikation verdeckt und werden daher in ihrer Problematik kaum wahrgenommen.

In der literarischen Kultur konkretisieren sich die globalen Zeitschwellen in erster Linie als Sprachschwellen. Schon in der eigenen Sprache verlangt ja die Entwicklung und Bewahrung einer anspruchsvollen Literatursprache eine zeitaufwendige Sorgfalt und Pflege. Wesentlich höher erhebt sich eine Zeitschranke, wenn als Literatursprache eine Fremdsprache erworben werden soll. In diesem Fall ist der Zeitaufwand, der zu erbringen ist, nur nach Jahren zu berechnen. Und sollten tatsächlich alle diese sprachlichen Voraussetzungen glücklich erfüllt sein, so bleibt dennoch das Schreiben eines Buches, selbst wenn ein PC beim Schreiben hilft, ein langsames und langwieriges Geschäft, das auch heute noch ungefähr so viel Zeit verlangt wie in den Jahrhunderten des heiligen Augustinus oder des Propheten Mohammed. Mit den Schall- und Überschall-Geschwindigkeiten des Luftverkehrs, geschweige denn mit den Simultan-Übertragungen der elektronischen Medien kann jedenfalls keine literarische Produktion Schritt halten, ob nun das Werk am Ende auf altertümliche Weise gedruckt oder mit dem Scanner ins Internet gestellt wird.

Diese Langsamkeit hat ihren Preis. Das wissen alle diejenigen Schrift-
stellerinnen und Schriftsteller, denen nicht der Startvorteil zuteil geworden ist, in einem genuin englischsprachigen oder einem postkolonial-an-
glophonen Land aufgewachsen zu sein. Sie haben es naturgemäß mit der
Weltliteratur schwer. Sie müssen beispielsweise, wenn sie etwa aus Mittel-
oder Osteuropa nach Deutschland verschlagen worden sind, mit der deutschen Sprache als einer «sub-globalen» Sprache zurechtkommen, was
natürlich ihre Aussichten auf raschen Zugang zur Weltliteratur drastisch
beschneidet.

Und doch sind auch sie es, die durch ihre Bücher mehr als viele einhei-
mische Autoren «Welt» verbreiten. Oder haben sie etwa dadurch, daß sie
eine Sprache wie Deutsch zu ihrer Literatursprache gemacht haben,
schlicht die falsche Sprache gewählt, weit entfernt von der Weltliteratur-
sprache Englisch und deren gerade herrschenden Lieblingsdiskursen?
Wenn ich mich nicht täusche, ist das der Preis, der heute für das *label*
Weltliteratur von allen nicht-anglophonen Autoren in harter Lebenszeit-
währung bezahlt werden muß.

Ob Goethe nicht doch vielleicht gezögert hätte, die Sache der Weltliteratur so nachdrücklich zu vertreten, wenn er vorausgesehen hätte, daß sein
großherziges Votum, nachdem es den Globalisten und Hyper-Globalisten
in die Hände gefallen ist, solche kontraproduktiven Folgen haben kann?
Können wir denn überhaupt sicher sein, daß sein «West-östlicher Divan»,
wenn er heute seinen Platz an der Sonne der Globalität erwerben müßte,
das gelobte Land der Weltliteratur je erreichen würde? Und welche anderen Schätze aus seiner Feder würden sonst noch auf der Strecke bleiben?

Unter diesen ziemlich «ungoethischen» Bedingungen, wie sie heute am
globalen Buch- und Medienmarkt herrschen, drängt sich demnach die Frage auf, ob wir heutigen Weltmenschen mit Goethes Werbung für Weltliteratur vielleicht einen falschen Wink aus Weimar erhalten haben. Wie
soll denn dieses Goethe-Wort globalistisch eingelöst werden? Was steht
dabei humanistisch auf dem Spiel? Wer gewinnt und wer verliert dabei?
Und weiter gefragt: Zu welchem Zweck brauchen wir überhaupt eine
Weltliteratur, wenn außer Frage steht, daß «Welt» in der Literatur weit
besser intensional als extensional zur Geltung kommt? Und was die Extension betrifft, warum soll es nicht ausreichen, wenn es auf diesem Planeten mehrere verschiedene, durch Sprachschwellen gegliederte sub-glo-

bale Literaturen gibt, die sich nur in ihren Randzonen überlagern, so daß ihre interessanten Übereinstimmungen und ihre noch interessanteren Nichtübereinstimmungen in erster Instanz den literarischen Weltreisenden, professionellen Komparatisten und findigen *scouts* zu überlassen wären? Alle Arten von globaler Pluralität scheinen mir jedenfalls auf diesem Globus wenn schon nicht die bessere Weltliteratur, so doch die bessere Literaturwelt herzustellen, auch wenn diese nicht ohne Rest in die gängigen ökonomischen Rechnungen paßt. So setze ich meine verwegenen Hoffnungen mehr denn je auf solche Bücher, die zwar nicht unbedingt gegen den Weltmarkt, wohl aber quer zum globalisierten Markttreiben und jedenfalls mit kunstvoll verlangsamter Betrachtung der Welt geschrieben sind.

Was heißt und zu welchem Ende studiert man Gedenkgeschichte?

Jener bewegende Moment, in dem unter dem Geläut der Glocken und dem Lichtzauber der Feuerwerkskörper das Jahr 1999 in das Jahr 2000 und damit zugleich in ein neues Jahrhundert und Jahrtausend hinüberglitt, ist schon seit langem Geschichte, das heißt, zur Hälfte vergessen. Zur anderen Hälfte erinnern wir uns noch mehr oder weniger deutlich an die zahlreichen Gedenkereignisse, durch die sich das Jahr 1999 von dem Jahr 2000 unterschied.

Zunächst 1999. Welch ein Jahr! So viel Geschichte war selten in einem Jahr versammelt. Im deutschen Sprachraum war es ein Goethe-Jahr, ausgelöst durch Goethes Geburtsjahr 1749, seit dem bis zur Gegenwart 250 Jahre verstrichen waren. Mit dem Blick weiter nach Osten gerichtet, stellte sich das Jahr 1999 als Puschkin-Jahr dar, da seit der Geburt des Dichters im Jahre 1799 zwei Jahrhunderte verstrichen waren. Frankreich feierte zur gleichen Zeit das Racine-Jahr. In diesem Fall wurde das Jubiläum vom Todesjahr des Autors im Jahre 1699 ausgelöst. Das macht dreihundert Jahre. Bei solchem Gedenken wollten auch die Spanier nicht abseits stehen und ehrten in diesem Velázquez-Jahr nach vier Jahrhunderten ihren größten Maler, der 1599 geboren wurde. Aufatmen und für eine Weile ausruhen konnten nun am Ende des Jahres die Germanisten, Slawisten, Romanisten und Kunsthistoriker, die dieses Geburts- und Todesgedenken ein ganzes Jahr lang in Gang und sich selber in Trab gehalten hatten.

Was nun jenseits oder diesseits der Literaturgeschichte die große, will sagen die politische Geschichte betrifft, so hat sie in Europa im Jahre 1999 ebenfalls ein großes Gedenkjahr gehabt. Es war nach dem Intervall eines Jahrzehnts unbedingt an den Fall der Berliner Mauer im Jahre 1989 zu erinnern. Zehn Jahre sind für das historische Gedenken keine lange Zeit, und so mußte sich das bedeutende Ereignis für diesmal mit einem einzigen Gedenktag, dem 9. November, begnügen. Zielgenau an diesem Tag des «Mauerjahres», wie es auch genannt worden ist, haben Millionen von Menschen aufs neue an diesem historischen Moment teilgenommen. Und wer von ihnen bei dieser Gelegenheit auch über das Gedenken an sich nachgedacht hat, konnte dabei leicht zu der Einsicht gelangen: Ich gedenke, also bin ich.

Hat nun wohl das neue Millennium, das am 1. Januar 2000 begann, Entlastung an der Gedenkfront gebracht? Davon kann keine Rede sein. Es stand ja jetzt für die katholische Kirche sogleich das Heilige Jahr an, das seit dem Jahre 1300 auf dem päpstlichen Gedenkkalender verzeichnet ist. Nach dem weltlichen Kalender waren im ersten Jahr des neuen Jahrhunderts und Jahrtausends mindestens zu feiern: ein Carolus-Magnus-Jahr (Kaiserkrönung 800), ein Calderón-Jahr (Geburt 1600), ein Descartes-Jahr (Tod 1650), ein Bach-Jahr (Tod 1750), ein Nietzsche-Jahr (Tod 1900) und in Deutschland – warum nicht? – ein BGB-Jahr zum Gedenken an das Inkrafttreten des Bürgerlichen Gesetzbuches am 1. Januar 1900. In ähnlicher Weise haben sich auch in den Folgejahren des 21. Jahrhunderts, mit besonderer Intensität im Mozart-Jahr 2006 (Geburt 1756), die Wellen des Gedenkens hoch aufgetürmt und sind manches Mal über unsere Köpfe hinweggerollt.

Es ist nun genauer zu beobachten, nach welchen Regeln die Gedenkgeschichte (oder auch Memorial-Historie), wie diese neue Spielart der Historiographie hier genannt werden soll, ihre Künste betreibt und zu diesem Zweck alle hilfreichen Medien in ihren Dienst nimmt (oder von ihnen in Dienst genommen wird).[1] Das Verfahren ist in seinen Grundlagen streng numerisch aufgebaut und insofern auch von Laien leicht erlernbar und beherrschbar. Man nehme notorische Geschichtsdaten (Geburten, Todesfälle, Thronbesteigungen, Entdeckungen, Revolutionen …), mische sie aleatorisch wie die Karten eines Kartenspiels und ordne sie neu nach den beiden letzten Ziffern der vierstelligen Jahreszahl. Man erhält demnach in aufsteigender Zahlenreihe: 00 für Karls Kaiserkrönung (800), 07 für Astrid Lindgrens Geburt (1907), 14 für den Ausbruch des Ersten Weltkriegs (1914), 17 für die Reformation (1517) und die Oktoberrevolution (1917),

31 für Jeanne d'Arc (Tod 1431), 48 für den Westfälischen Frieden (1648) und die Paulskirche (1848), 70 für die Geburt von Maria Montessori (1870), 85 für Johann Sebastian Bachs Geburtsjahr (1685), 87 für die Hinrichtung der Maria Stuart (1587), 92 für die Entdeckung Amerikas und die Vertreibung der Juden aus Spanien (1492). Ausgehend von diesen Ziffernpaaren werden dann, gegebenenfalls unter Addition weiterer Rundzahlen, memorielle Partnerschaften mit numerisch entsprechenden Daten eines Gedenkjahres hergestellt. Für Verdi, gestorben 1901, ergab sich somit ein Verdi-Jahr 2001, für Kant, gestorben 1804, ein Kant-Jahr 2004 und für Cervantes ein intensiv gefeiertes Jubeljahr 2005 zum vierhundertjährigen Gedenken an das Erscheinen des *Don Quijote*. Bei Shakespeare wird allerdings die Wahl des Gedenkjahres demnächst schwierig werden, je nachdem, ob eher im Jahre 2014 mit halbrunder Numerik seines Geburtsjahres 1564 oder wenig später, nämlich im Jahre 2016 mit voll gerundeter Numerik, seines Todesjahres 1616 zu gedenken sein soll.

Wie auch immer dieser Gedenkfall gelöst wird, nach 2014 oder 2016 folgt allemal für Shakespeare eine lange Karenzzeit bis 2064 (Geburt 1564) oder/und bis 2066 (Tod 1616). Ähnlich unregelmäßig sind die Gedenktage für Schiller (1759–1805) verteilt. Nach den kalendarisch angezeigten Schiller-Jahren von 2005 und 2009 ist ebenfalls mit einer langen Durststrecke des Gedenkens zu rechnen. Erst in den Jahren 2055/2059 darf nach der Numerik des Gedenkkalenders dieses Autors wieder gedacht werden. Goethe (1749–1832) hingegen, auch darin gemäßigter als Shakespeare und Schiller, hat nach seinem Gedenkjahr 1999 eine ziemlich regelmäßige Streuung seiner weiteren Gedenkdaten anzubieten: 2032/2049/2082/2099. Mit Interesse wäre in diesem Zusammenhang auch zu beobachten, wie sich die Gedenkdaten für Krieg und Frieden je nach den numerischen Vorgaben des Kalenders über die Geschichtszeiten verteilen.

Mit historischen Periodisierungen im Sinne des Historismus hat diese Numerik offensichtlich wenig zu tun. Es werden vielmehr die vierstelligen Jahresdaten (engl./franz. *dates*) stillschweigend in zweistelliges Datenmaterial (engl. *data*, franz. *données*) umkodiert, wodurch die Chronologie einer mnemotechnischen Datenverarbeitung zugänglich wird. Auf diese Weise kommt es unmerklich zu einer medialen Unterwanderung der Geschichte durch das kulturelle Gedächtnis in Form des kalendarischen Gedenkens. Das ist, wenn ich mich nicht irre, eine höchst auffällige und viel-

leicht recht schwerwiegende Veränderung unseres historischen Bewußtseins.

Überlegen wir weiter. Nach dem Siegeszug des Historismus im 19. Jahrhundert war in der westlichen Welt neben den Historikern dieser Schule
kein Platz mehr für heterodoxe Historiker oder Mnemoniker. Die Geschichte hatte über das Gedächtnis vollständig triumphiert. Seit der Mitte
des 20. Jahrhunderts sind jedoch hier und dort kritische Stimmen ver-
nehmbar geworden, die darauf bestanden haben, daß es in der Welt außer
der historiographischen Bearbeitung der Vergangenheit auch noch andere
Umgangsformen mit der Geschichtszeit gibt oder geben kann, unter anderen solche, die mit der Natur des menschlichen Gedächtnisses vielleicht
sogar besser kompatibel sind als jene.

So hat beispielsweise der amerikanische Historiker Yosef Hayim Yerushalmi an das Faktum erinnert, daß die jüdische Gesellschaft seit der Zerstörung des Tempels durch Kaiser Titus im Jahre 70 n. Chr. fast keine nennenswerte Geschichtsschreibung mehr hervorgebracht hat.[2] Wohl aber
sind die Juden in all diesen Jahrhunderten mehr als andere Völker dieses
Globus das «Gedächtnisvolk *par excellence*» (Le Goff) geworden und bis
heute geblieben.[3] Liturgie und Lektüre (hauptsächlich Bibel und Talmud)
sind die Grundformen dieses jüdischen Gedenkens, das sich kraftvoll genug entwickelt hat, um der Geschichte im akademischen Sinne des Wortes
entraten zu können.

Vergleichbare Bedingungen sind sonst in der westlichen Welt gegenwärtig nicht mehr gegeben. Welch tiefe Bedeutung festlichen Riten und
Liturgien zukommt, aus denen sich die Frömmigkeit der Gläubigen ein
Leben lang nähren kann, das wissen in Spuren höchstens noch die prakti-
zierenden Katholiken und die strenggläubigeren unter den Protestanten.
Und was memorielle Lektüre im Gotteshaus und daheim ist oder sein
kann, das ist unserem kulturellen Bewußtsein ebenfalls entglitten, seitdem sich zu Beginn der Neuzeit ein flexibler Buchmarkt herausgebildet
hat, der die Leser zunehmend von der intensiven zur extensiven Lektüre
umgeschult hat.

In beiderlei Hinsicht trägt das Gedächtnis heute nicht mehr viel Ver-
bindliches im Gepäck. Man kann sich erinnern oder auch nicht erinnern,
das macht keinen großen Unterschied mehr aus. So kommt es, daß in der

westlichen Welt weit und breit keine echten Gedenkgemeinschaften mehr vorzufinden sind. Es ist sogar die Frage, wie weit das von Yerushalmi entworfene Bild einer reinen Gedächtniskultur noch auf die Juden im heutigen Israel und in der westlichen Diaspora anwendbar ist. Er selber ist ja auch Historiker und nicht Mnemoniker geworden und bewegt sich in seinem Berufsleben außerhalb der Situation, die er prototypisch beschreibt.

Es ist demnach im Geltungsbereich der westlichen Zivilisation überhaupt nicht vorstellbar, der Gedächtniskunst wieder jenen öffentlichen Platz einzuräumen, den sie spätestens mit der Aufklärung verloren hat. Doch ist das Spiel damit für das Gedächtnis wirklich verloren? Während wir Westler uns nämlich an die Verdrängung des Gedächtnisses aus dem öffentlichen Bewußtsein allmählich gewöhnt haben, hat sich das menschliche Gedächtnis, das gerne im Halbschatten des rationalen Bewußtseins operiert, insgeheim und nicht ohne List einen neuen Weg gebahnt und die stärker vernunftpflichtige Geschichtsschreibung, mitsamt der akademischen Geschichtswissenschaft, höchst geschickt unterwandert, wie wir es hier an den auffälligsten Erscheinungsformen der Gedenkgeschichte gesehen haben.[4] Diese Beobachtungen bleiben nun noch in verschiedener Hinsicht zu vertiefen.

Hat sie denn beispielsweise auch ihre Riten und Liturgien, diese Gedenkgeschichte? Das ist der Fall. Das typische Jahresgedenken hat, wie hierzulande in den Goethe und Mozart gewidmeten Gedenkjahren besonders deutlich geworden ist, durchaus liturgische oder para-liturgische Abläufe, mit Hochämtern und sonstigen Gedenkfeiern in den offiziellen oder inoffiziellen Kulturhauptstädten Frankfurt/Weimar oder Salzburg/Wien. Und umrahmt werden sie jeweils überdies noch von zahlreichen Ausstellungen, Kongressen, Symposien, Aufführungen, Konzerten und Vorträgen in der ganzen Welt.

Besonders nachhaltig ist die memorielle Lektüre in den Dienst der Gedenkgeschichte gestellt. Für deren Gedenkanlässe hält der Buchmarkt mit langen Vorläufen für Fachleute ebenso wie für Laien große Mengen von gedenkrelevanten Büchern und anderen Druckerzeugnissen bereit. Auf diese Weise kommt bei vielen Lesern und Leserinnen zwanglos eine kumulative Lektüre zustande, die zwar nicht mit der intensiven Lektüre früherer Jahrhunderte gleichgesetzt werden kann, immerhin jedoch für eine gewisse Zeit eine relativ homogene Leserschaft zustande bringt, in der durch öffentliche oder halböffentliche Diskurse die intensive Wahrnehmung der jeweiligen Gedenkereignisse kollektiv abgestützt und verstärkt wird.

Nachdem jetzt schon verschiedentlich zur Kennzeichnung der Gedenkgeschichte der Ausdruck Gedenkereignis gebraucht worden ist, bleibt näher zu erklären, was damit genau gemeint sein soll. Es ist unter Historikern weithin bekannt und wird von kaum jemand bestritten, daß die Geschichte von den Zeitgenossen, die sie erleben, in der Regel nicht ereignisförmig wahrgenommen wird. Ereignisse entstehen vielmehr erst in den Formaten des Erzählens und erhalten in diesen Prozessen von den mehr oder weniger talentierten Erzählern, die ihrer Profession nach Historiker oder Schriftsteller oder auch beides in einer Person sein mögen, ihre Sinnpotentiale, die sich im Nach- und Weitererzählen ständig verändern und die im Laufe der Zeit, jedoch nie konfliktfrei, zur denk- und gedenkwürdigen Geschichte gerinnen können.

Allerdings ist dabei bisweilen zu beobachten, daß die geschichtsmächtigen Personen, solange sie an der Macht sind, mit Blick auf die später zu schreibende Geschichte ihr Handeln häufig von vornherein so anlegen, daß es nach den Regeln der Ereignisgeschichte gut erzählbar ist. Kein Wunder also, daß die kritischer denkenden Geschichtsschreiber auf die großen Momente des Geschehens nicht immer gut zu sprechen sind und auf ihre Akteure, die «großen Männer» von anno dazumal, erst recht nicht. Als eigentlich wissenschaftlich erscheint ihnen vielmehr jene Geschichtsschreibung, die große und kleine Ereignisse nur mit der linken Hand registriert, sie so beiläufig wie möglich erzählt und tunlichst alle Geisteskraft auf die Analyse und Beschreibung der Strukturen richtet, von denen gerne angenommen wird, daß sie, je unauffälliger sie sind, umso nachhaltiger auf die Gegenwart wirken.[5]

Genau an dieser Gelenkstelle der historischen Methodik mischt sich nun wieder das Gedächtnis ins Spiel und bietet mit dem Formeninventar seiner Gedenkgeschichte einen neuen Typus Ereignis an: das Gedenkereignis. Dieses ist ein gegenwärtig eintretendes Ereignis beziehungsweise Sekundärereignis, das seine Legitimität und Prominenz von der zeitlichen Rückprojektion auf ein bedeutsames (oder als bedeutsam angesehenes)

Primärereignis erhält. Mit dieser Konstruktion, die von ferne an die Typologien der jüdisch-christlichen Heilsgeschichte erinnert, wird zugleich auf höchst elegante Weise das Hauptproblem der notorisch «alten» Geschichte, ihre Gegenwartsferne, neu verhandelt und zu einer zeitgenossenschaftlich verträglichen Lösung gebracht. Mit solchen Eigenschaften erscheint die Gedenkgeschichte für eine erfolgreiche Karriere im 21. Jahrhundert bestens disponiert.

Ein günstiges Omen für die langfristig zu feiernden Gedenkereignisse ist weiterhin auch darin zu sehen, daß diese zu ihren jeweilig postulierten Primärereignissen in einem variablen und leicht manipulierbaren Zeitverhältnis stehen, so daß die Gedenkgeschichte in ihrer Gesamtheit durch die Evidenz ihrer Rundzahl-Numerik vor der Chronologie gut bestehen kann, ohne ihr jedoch unterworfen zu sein. Das löst ebenfalls spielend leicht das vieldiskutierte Problem, daß die Geschichte bald als Herrin und bald als Magd der Chronologie auftritt. In der Gedenkgeschichte gibt sie sich als Magd und ist doch die Herrin.

Als dritten Vorzug der neuen Gedenkgeschichte will ich noch einmal die oben bereits kurz erwähnte Tatsache der systematischen Vernachlässigung der Jahrhundert-«Vorwahl» im virtuellen Netzwerk der neuen Mnemotechnik unterstreichen. Durch diesen methodischen Kunstgriff kann die «wirkliche» Chronologie der Primärereignisse durch eine günstige Berechnung bei der Umsteuerung in die virtuelle Chronologie der Sekundärereignisse angenehm kurzweilig aufgelockert werden. Auf Schillers zweihundertjähriges Todesjahr (2005) folgt im Nahabstand des Gedenkkalenders sein zweihundertfünfzigstes Geburtsjahr (2009). Auf das Hundertjährige der Oktoberrevolution (2017) folgt ein Jahr später das Zweihundertjährige des Geburtsjahres von Karl Marx (2018). Und so geht es weiter mit kurzen oder weiten Sprüngen durch den Kalender im bizarren Durcheinander der gleichwohl numerisch streng kontrollierten Gedenkmomente. Alles ist wunderlich gemischt, fast so wirr wie im Leben: *vita historiae magistra*. Und dennoch sind die Ereignisse, diese sonst so sperrigen Kontingenzgebilde, sind sie erst einmal zu virtuellen Gedenkereignissen verarbeitet, immer perfekt vorhersehbar und lassen auch an medialer Planbarkeit keine Wünsche offen. So ist in der Welt der Gedenkgeschichte gleichzeitig für die Unordnung und für die Ordnung des menschlichen Daseins aufs beste gesorgt.

Anmerkungen

Statt eines Vorworts: Der Tonkrug der Pandora

1 Hesiod: «Theogonie», Verse 570–593 und «Werke und Tage», Verse 42–105.
2 Die Wiedergaben des Pandora-Mythos weichen je nach den Quellen voneinander ab und sind zum Teil widersprüchlich. Ich halte mich hier weitgehend an die interpretierende Wiedergabe von Jean-Pierre Vernant: Pandora, la première femme, Paris 2006.
Teilweise abweichend versteht die Texte Robert Graves: The Greek Myths (1955), besonders Kap. 39. Penguin, 2 Bde., Harmondsworth 1985.
3 Erwin Panofsky: Pandora's Box. The Changing Aspects of a Mythical Symbol, hg. von Dora Panofsky, London 1956.
4 Homer: Ilias, 24. Gesang, Vers 527.

Was kostet die Zeit?

1 Benjamin Franklin: Necessary Hints to Those that Would Be Rich. In: L. W. Labaree/B. B. Oberg (Hg.): The Papers of Benjamin Franklin, New Haven 1959 ff.,Bd. III (1961), S. 306. Dazu mein Buch: Knappe Zeit. Kunst und Ökonomie des befristeten Lebens, München 3. Auflage 2005, Kap. IV,3.
2 Näheres in meinem Aufsatz Il prezzo del tempo. In: Il Mulino 1/2006, S. 5 bis 15.
Französische Version: Le prix du temps. In: Conférence n° 23/2006, S. 459 bis 475.
3 Hugo von Hofmannsthal: Jedermann. Das Spiel vom Sterben des reichen Mannes, hg. von Andreas Thomasberger, Stuttgart 2000 (Reclam Universal-Bibliothek 18037).
4 Thomas Mann: Doktor Faustus. Das Leben des deutschen Tonsetzers Adrian Leverkühn erzählt von einem Freunde, Frankfurt am Main 1947. Kapitel 25: «Adrians geheime Aufzeichnung».
5 Zu den Parzen vgl. mein Buch: Knappe Zeit, a. a. O., Kap. 1.
6 Seneca: De brevitate vitae – Die Kürze des Lebens, hg. von Franz Peter Waiblinger, München 9. Auflage 1998, besonders Kap. 8.

7 Karl Marx: Zur Kritik der Politischen Ökonomie. Heft 1 [1859]. Marx/Engels: Werke Bd. 13, Kap. 2, besonders S. 17 f., 24, 41, 53 f., 67. Vgl. auch «Das Kapital», ebd. Bd. I, Kap. 1–25, besonders S. 164 ff. und S. 639 ff. Marx' sämtliche Exzerpte, die er in seiner Londoner Zeit zu einer ersten großen Ausarbeitung der Ökonomiekritik sammelte, wurden erst posthum unter dem Titel *Grundrisse der Kritik der politischen Ökonomie*, Moskau 1939, veröffentlicht.

8 Georg Herwegh: «Bundeslied für den Allgemeinen deutschen Arbeiterverein» und Richard Dehmel: «Der Arbeitsmann». Beide Gedichte in: Karl O. Conrady: Das große deutsche Gedichtbuch, Ausgabe München 1977, S. 509 f. und 600.

9 Jacques Sapir: Les trous noirs de la science économique, Paris 2000.

10 Heinrich Böll: Anekdote zur Senkung der Arbeitsmoral. Erstveröffentlichung in der «Welt der Arbeit» vom 22. 11. 1963. Dann in: Gesammelte Erzählungen, 2 Bde., Köln 1981, Bd. II, S. 256–258. Auch in: Erzählungen, hg. von V. Böll und K. H. Busse, Köln 1994, S. 775–777.

11 Heinrich Böll: Vom Mehrwert des bedruckten Papiers [1963]. In: Werke, Kölner Ausgabe, Bd. XIV, Köln 2002, S. 70–73.

12 Pierre Bourdieu: Ce que parler veut dire. L'économie des échanges linguistiques, Paris 1982. – Georg Franck: Ökonomie der Aufmerksamkeit. Ein Entwurf, München 1998.

13 Thomas Mann: Meerfahrt mit Don Quijote. In: Gesammelte Werke in 13 Bänden, Frankfurt am Main 1960, Bd. IX, S. 427–477.

Schriften über Schriften.
Palimpseste in Literatur, Kunst und Wissenschaft

1 Vgl. Bernhard Bischoff: Paläographie des römischen Altertums und des abendländischen Mittelalters, Berlin 1979, 3. Auflage 2004.

2 Joachim Jacob und Pascal Nicklas (Hg.): Palimpseste. Zur Erinnerung an Norbert Altenhofer, Heidelberg 2004.

3 Giacomo Leopardi: Ad Angelo Mai. In: Antologia della poesia italiana, hg. von Cesare Segre und Carlo Ossola, Bd. III (mit ausführlichem Kommentar von Carlo Ossola), Turin 1999, S. 194–203.

4 Vgl. Jacob/Nicklas, a. a. O., Einleitung der Herausgeber, S. 7–30.

5 Ludwig Börne: Werke in zwei Bänden, Berlin 1976, Bd. I, S. 132 f.

6 Heinrich Heine: Sämtliche Schriften, hg. von Klaus Briegleb, 6 Bde., München 1968–1976, hier Bd. II, S. 144. Dazu Norbert Altenhofer: Harzreise in die Zeit. Zum Funktionszusammenhang von Traum, Witz und Zensur in Heines früher Prosa, Düsseldorf 1972.

7 Thomas De Quincey: Confessions of an English Opium-Eater [1821/22] and Other Writings (darin: Suspiria de profundis [1845]), hg. von Barry Milligan, London 2003.

8 Charles Baudelaire: Le palimpseste [1860]. In: Œuvres complètes, hg. von Claude Pichois, Paris 1973 (Bibliothèque de la Pléiade), S. 451–453.

9   Sigmund Freud: «Notiz über den Wunderblock» [1924]. In: Studienausgabe in 10 Bänden, hg. von Mitscherlich/Richards/Strachey, Frankfurt am Main 1969 ff., hier Bd. III, S. 365–369. Dazu mein Buch: Lethe. Kunst und Kritik des Vergessens, München 3. Auflage 2000, Kap. VI, 4, S. 92–105.

10 Gérard Genette: Proust palimpseste. In Genette: Figures I. Paris 1966, S. 39 bis 67. Ders.: Palimpsestes. La littérature au second degré, Paris 1982.

11 Roland Barthes: Cy Twombly ou Non multa sed multum [1979] und: Sagesse de l'art [1979], beide in Barthes: L'obvie et l'obtus. Essais critiques III, Paris 1982, S. 145–162 und S. 163–178.

12 Vgl. auch Gottfried Boehm: Erinnern, Vergessen. Cy Twomblys Arbeiten auf Papier. Städtisches Kunstmuseum Bonn, Ausstellungskatalog 1987. Ferner: Manfred Geier: Scribble – Ursprüngliches Schreiben im Werk Cy Twomblys. In: J. Baurmann/H. Günther/U. Knoop (Hg.): Homo scribens. Perspektiven der Schriftlichkeitsforschung, Tübingen 1993, S. 1–10.

Das Zeichen des Jonas.
Über das sehr Große und das sehr Kleine in der Literatur

1   Lukian: Wahre Geschichten. In: Lucianus: Werke, hg. von Albert Ehrenstein, Berlin 1925.

2   Gottfried August Bürger: Wunderbare Reisen zu Wasser und zu Lande, Feldzüge und lustige Abenteuer des Freiherrn von Münchhausen ... [1786], München 1983.

3   C. Müller-Fraureuth: Die deutschen Lügendichtungen bis auf Münchhausen, Halle 1881. Nachdruck Hildesheim 1965.

4   Herman Melville: Moby Dick [1851], München 1994.

5   Ernest Hemingway: The Old Man and the Sea [1952], New York 1996 (Scribner Classics).

6   Lewis Carroll: Alice in Wonderland [1865], London (Penguin) 2003.

7   Jonathan Swift: Gulliver's Travels [1726], Oxford 1986.

8   Altes Testament: Jonas 1–2.

9   Neues Testament: Mt 12, 39 f. Vgl. Mt 16, 4 und Lk 11, 29 f.

10 Vgl. Erich Auerbach: Figura. In: Ders.: Gesammelte Aufsätze zur romanischen Philologie, Bern 1967, S. 55–92.

11 Zbigniew Herbert: Gedichte. Übertr. und mit einem Nachwort versehen von Karl Dedecius. Ausgewählt von Tomasz Kunz, Krakau 2000.

12 Dante Alighieri: Lettera a Cangrande della Scala, § 7. Ferner: Convivio II. Kap. 1.

13 François Rabelais: Gargantua. Pantagruel. In: Œuvres complètes, hg. von Jacques Boulenger, Paris 1951.

14 Blaise Pascal: Pensées, Fragmente 294, 72 und 420 (Zählung Brunschvigg). Œuvres complètes, hg. von Jacques Chevalier, Paris 1954 (Bibliothèque de la Pléiade).

15 Emile Zola: Le ventre de Paris [1873]. Deutsche Ausgabe: Der Bauch von Paris, Bergisch Gladbach 2000.

16 Martin Walser: Lügengeschichten, Frankfurt am Main 3. Auflage 1990.

Narrative Theologie

1 Dieser Aufsatz, erstmalig vorgetragen auf einem Colloquium des Zentrums für interdisziplinäre Forschung der Universität Bielefeld im Jahre 1973, hat in der katholischen und evangelischen Theologie einen bis ins 21. Jahrhundert wirksamen Theorie- und Pragmatikschub ausgelöst. Neuester Bericht darüber bei W. Engemann/F. M. Lütze: Grundfragen der Predigt. Ein Studienbuch, Leipzig 2006, S. 243–251.

2 Zur Typologie vgl. den Klassiker Erich Auerbach: Figura. In: Ders.: Gesammelte Aufsätze zur romanischen Philologie, Bern 1967, S. 55–92.

3 Arthur C. Danto: Analytical Philosophy of History, Cambridge 1965. Deutsche Ausgabe: Arthur C. Danto: Analytische Philosophie der Geschichte, Frankfurt 1980.
Jean Bodin: Methodus ad facilem historiarum cognitionem, Amsterdam 1650. Nachdruck Aalen 1967, Kap. I.

4 Vgl. H. Peukert/J. B. Metz/T. Rendtorff (Hg.): Die Theologie in der interdisziplinären Forschung, Düsseldorf 1971, S. 68.

5 Reinhart Koselleck: Historia magistra vitae. In: Ders.: Vergangene Zukunft. Zur Semantik geschichtlicher Zeiten, Kap. I, 2, Frankfurt am Main 1979, S. 38–66. Vgl. auch R. Koselleck/W.-D. Stempel (Hg.): Geschichten und Geschichte, München 1972 (Poetik und Hermeneutik V).

6 Walter Benjamin: Illuminationen, Frankfurt am Main 1955 (neueste Ausgabe 1984), S. 415. Theodor W. Adorno: Noten zur Literatur, Frankfurt am Main 1965 (neueste Ausgabe 2003), Bd. I, S. 63.

INRI. Der Kreuzestitel im Prozeß Jesu

1 Julius Schwerin: Die Idee der drei heiligen Sprachen im Mittelalter. In: Festschrift August Sauer, Stuttgart 1925. Vgl. auch Jane K. Brown: The Persistence of Allegory. Drama and Neoclassicism from Shakespeare to Wagner, Philadelphia 2007, S. 11. f.

2 André Tuilier (Hg.): Histoire du Collège de France, Bd. I: La création, 1530 bis 1560, Paris 2006.

3 Pinchas Lapide: Wer war schuld an Jesu Tod? Gütersloh 4. Auflage 2000. – John Dominic Crossan: Wer tötete Jesus? Die Ursprünge des christlichen Antisemitismus in den Evangelien, München 2002.

4 Chaim Cohn: Der Prozeß und Tod Jesu aus jüdischer Sicht (amer. 1977), besonders S. 224 f., Frankfurt am Main 1997. Ferner: Jean-Marc Varaut: Le procès de Jésus crucifié sous Ponce Pilate, Paris 1997, hier besonders S. 85.

5   Heinrich Lausberg: Handbuch der literarischen Rhetorik. Eine Grundlegung
    der Literaturwissenschaft. 2 Bde., München 1960, §§ 91–99, 104–130. Neu-
    auflage: Stuttgart 1990.
6   Alexander Demandt: Hände in Unschuld. Pontius Pilatus in der Geschichte,
    Köln 1999, S. 310.
7   Ernest Renan: Vie de Jésus [1863] In: Jésus, hg. von Claude Aziza, Paris 1998,
    S. 41–382, hier besonders S. 310.
8   Marika Müller: Die Ironie. Kulturgeschichte und Textgestalt, Würzburg
    1995.
9   Sören Kierkegaard: Über den Begriff der Ironie mit ständiger Rücksicht
    auf Sokrates [1841], Düsseldorf 1961. Neue Ausgabe: Gütersloh 2002 – Fer-
    ner: Gregory Vlastos: Sokrates Ironist and Moral Philosopher, Cambridge
    1991.
10 Dan Sperber/Deirdre Wilson: Les ironies comme mention, Poétique 36
    (1978), S. 399–412.
11 Renan, a. a. O., S. 310.
12 Harald Weinrich: Artikel «Ironie», in: Historisches Wörterbuch der Philoso-
    phie, hg. von Joachim Ritter, Bd. IV, Darmstadt 1976, Spalten 577–582. Ders.:
    Histoire littéraire de l'ironie. In: Résumé des Cours et Travaux. Annuaire du
    Collège de France 1997/98.
13 Demandt, a. a. O., S. 154. Varaut, a. a. O., S. 105.

Literatur und Gastfreundschaft

1   Homer: Odyssee, Gesänge VI –XIII. Zur griechischen Gastfreundschaft ver-
    gleiche man auch René Schérer: Zeus Hospitalier. Eloge de l'Hospitalité, Pa-
    ris 1993.
2   Die Abraham-Geschichte nach Genesis I, 18.
3   Erasmus von Rotterdam: De civilitate morum puerilium [1530]. La Civilité
    puérile, Paris 1977. Deutsche Ausgabe: Züchtiger Sitten zierlichen Wandels
    und höfflicher Geberden der Jugent … ein nützlich Büchlein [1531], Faksi-
    mile-Druck Berlin 1938. Vgl. auch Erasme: De pueris, hg. von B. Jolivet, Paris
    1990 [französischer Text S. 91–110].
4   Alexander Demandt: Mit Fremden leben. Eine Kulturgeschichte von der An-
    tike bis zur Gegenwart, München 1995. – Hans Conrad Peyer: Von der Gast-
    freundschaft zum Gasthaus. Studien zur Gastlichkeit im Mittelalter, Mün-
    chen 1987.
5   Diderot/D'Alembert: Encyclopédie ou Dictionnaire raisonné des sciences,
    des arts et des métiers [1751–1772], s. v. Hospitalité.
6   Immanuel Kant: Zum ewigen Frieden. Werke in 12 Bänden, Bd. XI, Frank-
    furt am Main 1968, S. 191–251.
7   Friedrich Adolph Freiherr Knigge: Über den Umgang mit Menschen [1788],
    Kap. II, 9, 1–4.
8   Edmond Jabès: Le Livre de l'Hospitalité, Paris 1991. – Ders.: Un étranger

avec, sous le bras, un livre de petit format, Paris 1989. Deutsche Ausgabe: Ein Fremder mit einem kleinen Buch unterm Arm, München 1993.

Ehrensache Höflichkeit

1 Tirso de Molina: El burlador de Sevilla. Obras dramáticas completas, hg. von Blanca de los Ríos, Bd. III, 3. Auflage Madrid 1989, S. 634–686. Zur Problemgeschichte der Ehre vgl. meinen Aufsatz «Mythologie der Ehre», Merkur 23 (1969), S. 224–239.

2 Goethe: Faust I: «Straße», Verse 2606 f. und 2605–9; «Garten», Verse 3173 f.

3 Giovanni Della Casa: Galateo, Mailand 1977 (Biblioteca Universale Rizzoli), besonders Kap. 13 und 14. Deutsche Ausgabe: Der Galateo. Traktat über die guten Sitten, hg. und übers. von Michael Rumpf, Heidelberg 1988.

4 Claude Chauchadis: La «loi du duel» et le savoir-vivre de l'homme d'honneur en Espagne au XVIIe siècle. In: Alain Montandon (Hg.): Savoir-vivre I, Lyon 1990, S. 41–62.

5 Baltasar Gracián: Oráculo manual y arte de prudencia, hg. von Miguel Romera-Navarro, Madrid 1954. Deutsche Übersetzung von Arthur Schopenhauer: Handorakel und Kunst der Weltklugheit [1862], Stuttgart (Reclam) 1986.

6 Alain: Système des Beaux-Arts II, 9: De la politesse. In: Ders.: Les Arts et les Dieux, hg. von Georges Bénézé, Paris 1958 (Bibliothèque de la Pléiade). Vgl. auch Joseph Joubert: «La justesse d'un certain tact. Tout en dépend.» (Les carnets, Paris 1938, Bd. II, S. 760).

7 Arthur Schopenhauer: Aphorismen zur Lebensweisheit (1851), Stuttgart (Reclam) 1986. Vgl. auch meine Arbeit «Lügt man im Deutschen, wenn man höflich ist?» Mannheim 1986 (Duden-Beiträge 48), und mein Vorwort zu dem Sammelband «Politesse et Sincérité», Paris 1994.

8 Alexis de Tocqueville: De la démocratie en Amérique, besonders Kap. XVIII, Paris 1835–1841. In deutscher Übersetzung (gekürzt): Über die Demokratie in Amerika, hg. von J. P. Mayer. Stuttgart (Reclam) 1985, Kap. 27: «Der Ehrbegriff in der Demokratie».

9 Germaine de Staël: De la littérature considérée dans ses rapports avec les institutions sociales [1800], hg. von G. Gengembre und J. Goldzink, Paris 1991. Deutsche Übersetzung: Über den Geist der Literatur, ihre Fortschritte, ihren Charakter bei den berühmtesten Völkern des Altertums und der neuern Zeiten (2 Bde.), Leipzig 1804. Ferner dies.: De l'Allemagne (1813), deutsch: Über Deutschland, Kap. I, 11.

10 Norbert Elias: Über den Prozeß der Zivilisation. Soziogenetische und psychogenetische Untersuchungen, 2 Bde., Basel 1939, 2. Auflage Frankfurt am Main 1969. Vgl. auch Hermann Korte: Über Norbert Elias. Das Werden eines Menschenwissenschaftlers, Opladen 1997.

Von der Ökonomie geistiger Werte

1 Elfriede Jelinek: Die Klavierspielerin, Reinbek 2006. – Stefana Sabin: Frauen am Klavier, Frankfurt am Main 1998.
2 Vgl. mein Buch: Knappe Zeit. Kunst und Ökonomie des befristeten Lebens, München 3. Auflage 2006.
3 Lucius Annaeus Seneca: Das glückliche Leben. De vita beata, Düsseldorf – Zürich 1999. Vgl. dazu auch meinen Beitrag «Welcher Hans in welchem Glück? Von der Utopie der Glücksforschung. In Hiltrud Gnüg (Hg.): Literarische Utopie-Entwürfe, Frankfurt am Main 1982, S. 53–69.
4 Max Scheler: Der Formalismus in der Ethik und die materiale Wertethik [1913/1919]. In: Ders.: Gesammelte Werke, Bd. II, Bonn 7. Auflage 2005.
5 Nicolai Hartmann: Ethik [1926], Berlin – New York 4. Auflage 1999.
6 Aristoteles: Kategorien, übersetzt und erläutert von K. Oehler, Berlin 1984. – Kant: Kritik der reinen Vernunft, Werke in 12 Bdn., Frankfurt am Main, hier Bd. III, S. 118 f.

Ein weltgeschichtlicher Moment: Das Erdbeben von Lissabon

1 Immanuel Kant: Geschichte und Naturbeschreibung der merkwürdigen Vorfälle des Erdbebens, welches an dem Ende des 1755sten Jahres einen großen Teil der Erde erschüttert hat. In: Sämtliche Werke, hg. von K. Vorländer u. a. (10 Bde.) Leipzig 1904–1914, Bd. VII, 3. Abt., S. 289–327, hier S. 298.
2 Anonymus (= L. E. Rondet): Supplément aux Réflexions sur le désastre de Lisbonne, Paris 1757, S. 33 f.
3 Th. Bestermann: Voltaire et le désastre de Lisbonne, ou La mort de l'optimisme. In: Studies on the XVIIIth Century, Bd. II, Genf 1950, S. 7 bis 24.
4 G. W. Leibniz: Essai de Théodicée sur la bonté de l'homme et l'origine du mal [1710]. Neuausgabe französisch und deutsch: Die Theodizee, Philosophische Schriften 2.1 und 2.2, hg. und übersetzt von Herbert Herring, 2 Bde. (suhrkamp taschenbuch wissenschaft, 1265), Frankfurt am Main 1996.
5 Alexander Pope: An Essay on Man [1733/34], Oxford 1962, Ep. I, Verse 292 bis 294.
6 W. Lütgert: Die Erschütterung des Optimismus durch das Erdbeben von Lissabon [1755] Gütersloh 2. Auflage 1924.
7 Voltaire: Poème sur le désastre de Lisbonne, mit der Übersetzung und dem Kommentar von Ludwig Harig., Akzente 5/2005, S. 385–400, besonders S. 385.
8 Buch Hiob 9, 6 – vgl. auch ebd. 14, 18.
9 Johannes Chrysostomos: Predigt «In terrae motum et in divitem Lazarum» (= Concio VII de Lazaro). Migne: Patrologia Graeca, Bd. 48, Sp. 1027–1044.
10 Rousseau: Correspondance générale, hg. von P.-P. Plan, 20 Bde., Paris 1924 bis 1934, hier Bd. II, S. 303 ff.

11 Vgl. The Lisbon Earthquake, in: European Review 4 (2006), S. 167–231 und 313–367.

12 Bertolt Brecht: Gesammelte Werke (Werkausgabe Suhrkamp), Bd. 18, Frankfurt am Main 1968, S. 228 f.

Weltironie im Taschenformat. Über Voltaires *Candide*

1 Goethe in seinen Anmerkungen zu Diderot, s. folgendes Kapitel, Anm. 9, Weimar 1964, S. 216. – Paul Valéry: «Voltaire», in: Œuvres, hg. von J. Hytier, 2 Bde., Paris 1957 (Bibliothèque de la Pléiade), Bd. I, S. 524.

2 Voltaire: Candide ou l'optimisme, hg. von André Magnan, Paris 1990. Deutsche Ausgabe: Candide oder Der Optimismus. Aus dem Französischen von Ilse Lehmann, mit einem Nachwort von Harald Weinrich, München 3. Auflage 2006.

3 Dazu mein Artikel «Ironie» in: Historisches Wörterbuch der Philosophie, hg. von Joachim Ritter, Bd. IV, Darmstadt 1976, Spalten 577–582.

4 G. W. Leibniz: Essai de théodicée sur la bonté de Dieu, la liberté de l'homme et l'origine du mal [1710] [französisch-deutsch], hg. und übers. von Herbert Herring, Frankfurt am Main 1996.

Wie zivilisiert ist der Teufel?

1 Germaine de Staël: De l'Allemagne, Kap. I, 23, London 1813. Deutsche Ausgabe: Über Deutschland, hg. von Sigrid Metken, Stuttgart (Reclam) 1973 oder hg. von Monika Bosse, Frankfurt am Main 1985.

2 Giosue Carducci: Opere, Bd. XII, Bologna 1921, S. 66 f.

3 Zur deutsch-französischen Problematik des Zivilisationsbegriffes vgl. Norbert Elias: Über den Prozeß der Zivilisation [1939], 2 Bde., Frankfurt am Main 2001, Kap. 1.

4 Thomas Mann: Über Goethes «Faust». Gesammelte Werke in 13 Bänden, Frankfurt am Main 1960, Bd. IX, S. 581–621, besonders S. 601–608. Einen lebenslangen Widerstreit von «civilen und dämonischen Tendenzen» im Werk Thomas Manns beschreibt auch Michael Maar in seinem Aufsatz «Der Teufel möglicherweise», zu finden in dem Essayband «Leoparden im Tempel», Berlin 2007, S. 48–61.

5 La Bruyère: Les Caractères, hg. von Louis Van Delft, Paris 1998, S. 221.

6 Goethe: Faust, Schüler-Szene und Hochgewölbtes gotisches Zimmer. Dazu meine Schrift: Lügt man im Deutschen, wenn man höflich ist? Mannheim 1986 (Duden-Beiträge, 48).

7 Germaine de Staël, a. a. O., Kap. De la conversation et du bon goût.

8 Diderot: Le neveu de Rameau, kritische Ausgabe von Jean Fabre, Genf 1950. Deutsch von Goethe: Rameaus Neffe. Ein Dialog [1805]. Französisch und deutsch, Frankfurt am Main 1996. Die erste französische Ausgabe von 1821 ist eine Übersetzung der Goetheschen Übersetzung. Erst im Jahre 1891 er-

scheint eine französische Ausgabe, die auf dem (endlich wiedergefundenen) Manuskript beruht. Neuere deutsche Ausgabe, hg. von R. Münnich: Rameaus Neffe. Aus dem Manuskript übersetzt und mit Anmerkungen begleitet von Goethe, Weimar 1964.

9 (Pseudo-)Longinus: Peri hypsous, (1. Jahrh. n. Chr.) Erste europäische Ausgabe 1554. Auf Denis Diderot (wie auch auf Edmund Burke und Immanuel Kant) hat der Traktat vor allem in der Übersetzung von Boileau gewirkt: Traité du Sublime [1674]. Taschenbuch-Ausgabe, hg. von Francis Goyet (Livre de Poche, Bibliothèque classique Nr. 713), Paris 1972. Deutsche Ausgabe: Vom Erhabenen, hg. von Reinhard Brandt, Darmstadt 1983.

10 Paul Valéry: Mon Faust, Œuvres. Bd. II (Bibliothèque de la Pléiade), Paris 1949.

Der Stil, das ist der Mensch, das ist der Teufel

1 Buffon: Histoire naturelle, génerale et particulière, 44 Bde., Paris 1749 ff.

2 Wolf Lepenies: Autoren und Wissenschaftler im 18. Jahrhundert: Linné, Buffon, Winckelmann, Georg Forster, Erasmus Darwin, München 1988, besonders S. 63 ff. Jetzt auch in einer französischen Neufassung: Qu'est-ce qu'un intellectuel européen? Chaire européenne du Collège de France 1991/92, Paris 2007, S. 171–190.

3 Buffon: Histoire naturelle des oiseaux, Bd. IX (1784).

4 Joseph Joubert: Carnets, Paris 1938, S. 200.

5 Linnaeus: Systema naturae, Stockholm 1766, § 194.

6 Buffon: Œuvres philosophiques, hg. von Jean Pineteau, Paris 1954.

7 Heinrich Laube: Moderne Charakteristiken, 2 Bde., Mannheim 1835, Bd. II, S. 232.

8 Wolfgang G. Müller: Topik des Stilbegriffs. Zur Geschichte des Stilverständnisses von der Antike bis zur Gegenwart. Kap. III, Darmstadt 1981. Vgl. auch Hans-Martin Gauger: Über Sprache und Stil, München 1995 (Beck'sche Reihe, 1107).

9 Cicero: Tusculanae disputationes V, 16, 47.

10 Pierre Guiraud: La stylistique, Paris 1954.

11 Das Dictum von Buffon ist oftmals erörtert worden, letztlich noch von Wolf Lepenies (2007), a. a. O., S. 171 ff.

12 Die Unterscheidung res/verba (deutsch: Wörter/Sachen) stammt aus der rhetorischen Mnemotechnik. Näheres in meiner Schrift: La mémoire linguistique de l'Europe. Leçon inaugurale au Collège de France, Paris 1990.

13 Paul Valéry: Œuvres, Bd. II, a. a. O., S. 297 f. Deutsch: Werke, Frankfurter Ausgabe in 7 Bdn., hg. von J. Schmidt-Radefeldt, Bd. II, S. 272 f.

14 Stéphane Mallarmé: Œuvres complètes, hg. von H. Mondor/G. Jean-Aubry (Bibliothèque de la Pléiade), Paris 1945.

Chamissos Gedächtnisse

1 Vgl. die Belege im einzelnen bei Ruth Schneebeli-Graf (Hg.): «... und lassen gelten, was ich beobachtet habe». Naturwissenschaftliche Schriften mit Zeichnungen des Autors, Berlin 1983.

2 Ruth Schneebeli-Graf, a. a. O., S. 10. Werner Feudel: Adelbert von Chamisso. Leben und Werk, Leipzig 3., erweiterte Auflage 1988.

3 Vgl. Hannah Arendt: Rahel Varnhagen. Lebensgeschichte einer deutschen Jüdin aus der Romantik, München 1981 (und weitere Auflagen): Auf dieses Buch beziehe ich mich in verschiedener Hinsicht.

4 Zu Chamisso in der Identitätskrise von Hameln äußere ich mich ausführlicher in meinem Aufsatz «Lieux et non-lieux d'un écrivain franco-allemand: Adelbert von Chamisso». Commentaire 23 (2000) 409–414.

5 Vgl. auch das Kapitel VI, 1 in meinem Buch «Lethe. Kunst und Kritik des Vergessens», München 3. Auflage 2000.

6 Adelbert von Chamisso: Sämtliche Werke in zwei Bänden, hg. von W. Feudel und Chr. Laufer, München 1982, hier Bd. I, S. 57. «Peter Schlemihls wundersame Geschichte» steht in Bd. II, S. 17–79.

7 Germaine de Staël: De l'Allemagne (1813), Kap. II.1. Deutsche Übersetzung von Sigrid Metken: Über Deutschland, Stuttgart (Reclam) 1973.

8 Thomas Mann: «Chamisso» [1911]. Gesammelte Werke in 13 Bänden, Frankfurt am Main 1960, Band IX, S. 35–57.

9 Chamisso, a. a. O., Bd. I, S. 169 f., 544–546, 224–230.

10 Hannah Arendt, a. a. O., S. 20.

11 Heinrich Heine: Romanzero. Ullstein Werkausgabe, hg. von Klaus Briegleb, Bd. XI, Frankfurt am Main 1981, S. 9–172.

12 Maurice Halbwachs: La mémoire collective, Paris 1950. Deutsche Ausgabe: Das kollektive Gedächtnis, Frankfurt am Main 1991.

13 Chamisso, a. a. O., Bd. II, S. 21.

Als Hitler noch der Kutzner war.
Über Lion Feuchtwangers Roman «Erfolg»

1 Lion Feuchtwanger: Erfolg. Drei Jahre Geschichte einer Provinz, Berlin 2002.

2 Hans Wagener: Lion Feuchtwanger, Berlin 2001. Wilhelm von Sternberg: Lion Feuchtwanger. Materialien zu Leben und Werk, Frankfurt am Main 1989.

3 Veit Harlan: Film Jud Süß (1940).

Carl Zuckmayer zu loben

1 Zuckmayer: Der Seelenbräu. Erzählung, Frankfurt am Main 2002.

2 Zuckmayer: Festrede für Gerhart Hauptmann. 14. November 1932, o. O. 1932.

3 Zuckmayer: Der fröhliche Weinberg, Frankfurt am Main 1995.
4 Zuckmayer: Der Hauptmann von Köpenick, Frankfurt am Main 1995.
5 Katharina Thalbach in: Carl-Zuckmayer-Medaille des Landes Rheinland-Pfalz an Katharina Thalbach, Edenkoben 1998.
6 Alice Herdan-Zuckmayer: Die Farm in den grünen Bergen, Hamburg 1949. Zuckmayer: Als wär's ein Stück von mir. Erinnerungen, Frankfurt am Main 2006.
7 Zuckmayer: Elegie von Abschied und Wiederkehr (1939), in: Carl Zuckmayer: Als wär's ein Stück von mir. Erinnerungen, Frankfurt am Main 1969, S. 455.
8 Carl-Zuckmayer-Medaille des Landes Rheinland-Pfalz 1998 an Harald Weinrich, Edenkoben 1999, S. 51–57.

Victor Klemperer, Gedächtnismann gegen Hitler

1 Victor Klemperer: LTI. Notizbuch eines Philologen, 19. Auflage Leipzig 2005.
2 Victor Klemperer: Curriculum vitae. Jugend um 1900, 2 Bde., Berlin 1989. Weitere Ausgabe als Taschenbuch, hg. von Walter Nowojski: Curriculum vitae. Erinnerungen 1881–1918, 2 Bde., Berlin 1996.
3 Klemperers Bericht über seine weiteren Lebens- und Verfolgungsjahre unter dem Titel «Ich will Zeugnis ablegen bis zum letzten», hg. von Walter Nowojski, unter Mitarbeit von Hadwig Klemperer. Tagebücher 1942–1945, 2 Bde., 3. Auflage Berlin 1995. Eine Auswahl ist publiziert als Spiegel-Edition I, 23 (2006).

Deutscher Geist,
europäische Literatur und lateinisches Mittelalter

1 Ernst Robert Curtius: Europäische Literatur und lateinisches Mittelalter [1948], 10. Auflage Tübingen 2002. Vgl. Heinrich Lausberg: Ernst Robert Curtius (1886–1956). Aus dem Nachlaß hg. von A. Arens, Stuttgart 1993. Ferner Harald Weinrich: Planet ELLMA, in: Detlef Felken (Hg.): Ein Buch, das mein Leben verändert hat. Liber amicorum für Wolfgang Beck, München 2006, S. 441 f.
2 Ernst Robert Curtius: Deutscher Geist in Gefahr, Stuttgart 1932.
3 Julien Benda: La Trahison des clercs, Paris 1927. Deutsche Ausgabe: Der Verrat der Intellektuellen, München 1978. Vgl. Dietz Bering: Die Intellektuellen. Geschichte eines Schimpfwortes, Stuttgart 1978. 2. Auflage Berlin 1987.
4 Karl Mannheim: Ideologie und Utopie, 7. Auflage Frankfurt 1985. Vgl. Wolf Lepenies: Qu'est-ce qu'un intellectuel? Paris 2007, S. 359 ff.
5 Karl Mannheim: Das konservative Denken. Soziologische Beiträge zum Werden des politisch-historischen Denkens in Deutschland. Archiv für Sozialwissenschaften und Sozialpolitik 57 (1927).

6 Ernst Robert Curtius: Maurice Barrès und die geistigen Grundlagen des französischen Nationalismus, Bonn 1921.

7 Alexis de Tocqueville: De la démocratie en Amérique, a. a. O., Bd. II, Kap. 27, deutsche Ausgabe (Reclam) S. 267.

8 Vgl. Peter Jehn: Toposforschung, Eine Dokumentation, Frankfurt 1972. – Max L. Baeumer: Toposforschung, Darmstadt 1973. Vgl. auch W. Bersching/ A. Rothe (Hg.): Ernst Robert Curtius. Werk, Wirkung, Zukunftsperspektiven. Zum hundertsten Geburtstag 1986, Heidelberg 1989.

Ernst Robert Curtius. Das Deutschlandbild eines großen Romanisten

1 Ernst Robert Curtius: Europäische Literatur und lateinisches Mittelalter [1948], Bern, 10. Auflage Tübingen 2002. Vgl. auch meinen Aufsatz «La boussole européenne de Curtius», in: Ernst Robert Curtius et l'idée d'Europe, Paris 1995, S. 307–317.

2 Ernst Robert Curtius, a. a. O., S. 166.

3 Hans Magnus Enzensberger: Deutschland, Deutschland unter anderm. Äußerungen zur Politik, Frankfurt am Main 1967.

4 Jürgen Habermas: Heinrich Heine und die Rolle des Intellektuellen in Deutschland, Merkur 40 (1986), S. 453–468.

5 Johann Gottfried Herder: Auch eine Philosophie der Geschichte zur Bildung der Menschheit [1774], Frankfurt 1967, S. 50 f.

6 Germaine de Staël: De l'Allemagne [1813], Kap. Observations générales. Deutsche Übersetzung in: Über Deutschland, hg. von Sigrid Metken, Stuttgart (Reclam) 1973.

7 Hegel: Vorlesungen über die Geschichte der Philosophie [1833–36]. In: Werke, Bd. XX, Frankfurt am Main 1971, S. 314.

8 Stefan Gross: Ernst Robert Curtius und die deutsche Romanistik der zwanziger Jahre, Bonn 1980.

9 Paul Seippel: Les deux France et leurs origines historiques, Lausanne 1905.

10 Victor Guiraud: La troisième France, Paris 1917.

11 Ernst Robert Curtius: Die literarischen Wegbereiter des neuen Frankreich, Potsdam 1919.

12 Ernst Robert Curtius: «Deutsch-französische Kulturprobleme». Der Neue Merkur 5 (1921/22), S. 145–155. Auch abgedruckt in der zweiten Auflage der Wegbereiter von 1923, S. 309–321.

13 Thomas Mann: Gedanken im Kriege [1914], in: Gesammelte Werke in 13 Bänden, Bd. XIII, Frankfurt am Main 1974 (Nachträge). Ders.: Betrachtungen eines Unpolitischen [1918], Bd. XII, Frankfurt am Main 1960 S. 9–589.

14 André Gide: «Les rapports intellectuels entre la France et l'Allemagne». Nouvelle Revue Française 1. 11. 1921, S. 520.

15 Ernst Robert Curtius: «Les influences asiatiques dans la vie intellectuelle de l'Allemagne d'aujourd'hui». La Revue de Genève 1 (1920), S. 890–895.

16 Ernst Robert Curtius: Deutscher Geist in Gefahr, Stuttgart 1932, S. 50.
17 Ernst Robert Curtius: Französischer Geist im neuen Europa, Stuttgart 1925, S. 277.
18 Ernst Robert Curtius: Wegbereiter, a. a. O., S. 194 und 287.
19 Ernst Robert Curtius: Die französische Kultur. Eine Einführung, Berlin 1930, S. 7.
20 Ernst Robert Curtius: Deutscher Geist in Gefahr, a. a. O., S. 47 ff.
21 Ebd., S. 112 und 23 ff.
22 Hermann Sauter im Völkischen Beobachter vom 24. 3. 1933: «Aber den Kulturpolitiker Curtius müssen wir scharf ablehnen, denn er hat uns gezeigt, dass er für die wahren, nämlich biologischen Grundlagen der deutschen Kultur nur wenig Verständnis hat.»
23 Vgl. Dietz Bering, Die Intellektuellen. Geschichte eines Schimpfwortes, Stuttgart 1978, 2. Auflage Berlin 1987.
24 Maurice Barrès: Les Déracinés, Paris 1897, S. 319. Dazu Curtius: Maurice Barrès und die geistigen Grundlagen des französischen Nationalismus, Bonn 1921, S. 131.
25 Die Barbusse-Polemik findet man insbesondere in dem oben erwähnten Aufsatz «Deutsch-französische Kulturprobleme», die Polemik mit Mannheim in der Schrift «Deutscher Geist in Gefahr».
26 Ernst Robert Curtius: Französischer Geist im neuen Europa, S. 297 f. und 256 f.
27 Richard Wagner: «Was ist deutsch?» [1865], in: Mein Denken, hg. von Martin Gregor-Dellin, München 1982, S. 316–329.
28 Friedrich Nietzsche: Werke in drei Bänden, hg. von Karl Schlechta, München 1965. Die zitierten Stellen: III, 562; I, 108; I, 16; I, 137; III, 1305; II, 1083; II, 1149; II, 946; II, 984.
29 Curtius zu Goethe besonders in den Kritischen Essays zur europäischen Literatur, Bern 1950, S. 58 und 84.
30 Curtius zu Hofmannsthal ebenfalls hauptsächlich in den Kritischen Essays, a. a. O., S. 119 ff.
31 Vgl. den einführenden Essay von Lea Ritter-Santini in ihrer Ausgabe von Curtius: Letteratura della letteratura, Bologna 1984.
32 Ernst Robert Curtius in der Revue de Genève, Mai 1923, abgedruckt in der 2. Auflage der Wegbereiter von 1923, S. 294.
33 Ernst Robert Curtius: Kritische Essays, a. a. O., S. 79.
34 Germaine de Staël: De l'Allemagne [1813], a. a. O., Teil IV: La religion et l'enthousiasme.

Weltliteratur als Westliteratur

1 Henry and Renée Kahane: Lingua franca. The Story of a Term. Romance Philology (30) 1976, S. 25–41. Dazu auch meine Streitschrift «Deutsch in Linguafrancaland», Akademie-Journal 2/2001, S. 6–9.

2 Alexander Demandt: Metaphern für Geschichte. Sprachbilder und Gleichnisse im historisch-politischen Denken, München 1991.

3 Der Erstbeleg des Begriffs «Weltliteratur» findet sich bei Goethe in einer Tagebuchnotiz vom 15. 1. 1827. Es gibt zu diesem Begriff bei Goethe eine umfangreiche Literatur. Hier sind nur einige wenige Titel zu nennen. Fritz Strich: Goethe und die Weltliteratur, Bern 1946. – Hans Joachim Schrimpff: Goethes Begriff der Weltliteratur, Stuttgart 1968. – Albert Schaefer (Hg.): Weltliteratur und Volksliteratur. Probleme und Gestalten, München 1972. – David Barry: Faustian Pursuits. The Political-Cultural Dimension of Goethe's Weltliteratur and the Tragedy of Translation. The German Quarterly 74 (2001), S. 164–185 (mit weiteren Literaturhinweisen). – Vgl. auch aus dänischer Perspektive das Sonderheft «Verdens litteratur historie» der Zeitschrift Bogens Verden 4/2006, vor allem mit dem Beitrag von Per Øhrgaard: «Goethe og Verdenslitteraturen», S. 4–8.

4 Goethe: Gespräche mit Eckermann, 31. 1. 1827.

5 Karl Marx: Die Frühschriften. Von 1837 bis zum Manifest der Kommunistischen Partei, hg. von S. Landshut, Stuttgart 1971, hier S. 529.

6 Erich Auerbach: Philologie der Weltliteratur, in: Gesammelte Aufsätze zur romanischen Philologie, Bern 1967, S. 301–310, die Zitate S. 301. Dazu die ausführliche und mit Blick auf Auerbach sehr instruktive Rezension von Ulrich Schulz-Buschhaus: Weltliteratur und Globalisierung. Sprachkunst. Beiträge zur Literaturwissenschaft 31 (2000), S. 203–224.

7 Publications of the Modern Language Association of America. Special Topic «Globalizing Literary Studies.» Der Aufsatz von Livingstone steht unter dem Titel «Glocal (sic!) Knowledges: Agency and Place in Literary Studies», S. 145–157. Als Auseinandersetzung mit diesen Thesen ist in einem Folgeheft der genannten Zeitschrift auch mein Aufsatz erschienen «Chamisso, Chamisso-Authors, and Globalization», PMLA 119 (2004), S. 1336–1346.

8 Giles Gunn in dem zitierten PMLA-Heft, S. 17.

9 Harold Bloom: The Western Canon. The Books and School of the Ages (1994), New York Papermac 1995. Vgl. auch aus europäischer und kanonkritischer Perspektive Roberto Antonelli: Il canone Nobel, in: Critica del testo 3 (2000), S. 321–336.

10 Paul Jay: «Beyond Discipline? Globalization and the Future of English» in dem zitierten PMLA-Heft, S. 32–47, hier S. 33.

Was heißt und zu welchem Ende studiert man Gedenkgeschichte?

1 Die Wiederentdeckung des kulturellen Gedächtnisses im Kontext der Kulturgeschichte ist maßgeblich beeinflußt von Frances A. Yates: The Art of Memory [1966]. Deutsch: Erinnern. Mnemotechnik von Aristoteles bis Shakespeare, Berlin, 6. Auflage 2001.

2 Yosef Hayim Yerushalmi: Zachor! Erinnere dich! Jüdische Geschichte und jüdisches Gedenken (amer. 1982), Berlin 1988.

3 Jacques Le Goff: Pour un autre moyen âge (1977). Deutsch: Die Kultur des europäischen Mittelalters, München 1970.

4 Vgl. besonders Pierre Nora (Hg.): Les lieux de mémoire, 7 Bde., Paris 1984 bis 1992. Deutsch: Etienne François/Hagen Schulze (Hg.): Deutsche Erinnerungsorte, 3 Bde., München 2003.

5 Vgl. besonders Reinhart Koselleck/Wolf-Dieter Stempel (Hg.): Geschichte – Ereignis und Erzählung (Poetik und Hermeneutik, 5), München 1973.

Vorstudien und Vorarbeiten

Il prezzo del tempo. Il Mulino 1/2006, S. 5–15. Französischer Nachdruck: Conférence n° 23 (2006), S. 459–475.

Europäische Palimpseste. Romanistische Zeitschrift für Literaturgeschichte 30 (2006), S. 1–10.

Das Zeichen des Jonas. Über das sehr Große und das sehr Kleine in der Literatur. Merkur 20 (1966), S. 737–747. Auch in: Harald Weinrich: Literatur für Leser. München: Deutscher Taschenbuchverlag, 2. Auflage 1986, S. 37–49.

Narrative Theologie. Concilium 9 (1973), S. 329–334.

INRI. Eine römische *causa*, ein *titulus* und die *urbana dissimulatio* des Pontius Pilatus. Romanistische Zeitschrift für Literaturgeschichte 25 (2001), S. 13–27.

Literatur und Gastfreundschaft. Romanistische Zeitschrift für Literaturgeschichte 23 (1999), S. 257–267.

Ehrensache Höflichkeit. Romanistische Zeitschrift für Literaturgeschichte 20 (1996), S. 5–17.

Eléments d'une xéno-politesse, in: Alain Montandon (Hg.): L'Europe des politesses et le caractère des nations. Regards croisés. Paris: Anthropos 1997, S. 1–18.

Voltaire, Hiob und das Erdbeben von Lissabon. Portugiesische Forschungen der Görresgesellschaft 4 (1964), S. 96–104. Auch in: Harald Weinrich: Literatur für Leser. München: Deutscher Taschenbuch-Verlag, 2. Auflage 1986, S. 74 bis 90.

Weltironie im Taschenformat. Nachwort zu Voltaire: Candide oder Der Optimismus. Aus dem Französischen von Ilse Lehmann. München: Verlag C. H. Beck 2005, S. 169–176.

Der zivilisierte Teufel, in: Jane K. Brown/Meredith Lee/Thomas P. Saine (Hg.): Interpreting Goethe's Faust Today. Columbia SC: Camden House 1994, S. 61 bis 67.

Der Stil, das ist der Mensch, das ist der Teufel. In: Ulla Fix/Hans Wellmann (Hg.): Stile, Stilprägungen, Stilgeschichte. Über Epochen-, Gattungs- und Autorenstile. Sprachliche Analysen und didaktische Aspekte. Heidelberg: Winter 1997, S. 27–40.

Chamissos Gedächtnis. Akzente 6 (1992), S. 523–539.

Der Gedächtnismann. Ein Deutscher im verwegensten Sinne des Wortes. Über Victor Klemperer. Frankfurter Allgemeine Zeitung 3. 3. 1990.

Carl Zuckmayer als Dramatiker. In: Carl-Zuckmayer-Medaille des Landes Rheinland-Pfalz 1998 an Harald Weinrich. Edenkoben: Verlag K. F. Geißler 1999, S. 51–57.

Zu Lion Feuchtwanger: *Erfolg.* In: Marcel Reich-Ranicki (Hg.): Romane von gestern heute gelesen, Bd. II: 1918–1933. Frankfurt am Main 1989, S. 221–229.

Thirty Years after Ernst Robert Curtius's Book «Europäische Literatur und lateinisches Mittelalter». Romanic Review 69 (1978), S. 261–278.

Deutscher Geist, europäische Literatur und lateinisches Mittelalter. Merkur 32 (1978), S. 1217–1229.

Ernst Robert Curtius: Das Deutschlandbild eines großen Romanisten. In: Walter Berschin/Arnold Rothe (Hg.): Ernst Robert Curtius. Werk, Wirkung, Zukunftsperspektiven. Heidelberger Symposium zum hundertsten Geburtstag. Heidelberg: Winter 1989, S. 135–151.

Chamisso, die Chamisso-Autoren und die Globalisierung. In: Günter Gerstberger/Frank Albers (Hg.): Viele Kulturen – eine Sprache. Stuttgart: Robert Bosch Stiftung 2002, S. 7–26. Amerikanische Fassung: Publications of The Modern Language Association 119 (2004), S. 1336–1346.

Von der Ökonomie geistiger Werte. Ruprecht-Karls-Universität Heidelberg (Hg.): Wertepluralismus. Heidelberg: Winter 1999, S. 79–91.

Ereignisgeschichte und die Kunst der Erinnerung. Neue Zürcher Zeitung 24. 9. 1999.

Namenregister